大清
金孫
乾隆

內定皇帝不用爭，享盡人間福；
十全武功定盛世，難逃情愛糾葛

中國歷史上最長壽
實際掌權時間最久的皇帝

孟飛，華斌——編著

是許多電視劇的主角，更是歷史舞臺上的主角；
是最幸福順遂的皇帝，一朝登基成爲盛世下的帝王；
是那個締造十全武功、活成「風流倜儻」四個字的傳奇。

他是清高宗乾隆——愛新覺羅·弘曆！

目錄

目錄

盛極而衰

附錄：乾隆年譜

目錄

序

　　浩浩五千年的中華歷史長河，湧現出了許多帝王，他們曾經煊赫一時，有的是歷史長河中的順風船，有的是中流石，有的似春汛，有的如冬凌，有的是與水俱下的泥沙，有的是順流而漂的朽木……總之，浩浩歷史千百載，滾滾紅塵萬古名，史海鉤沉，各領風騷，薪火相傳，承繼著悠久的中華歷史。

　　在中國，帝王是皇帝和君王統稱，是封建王朝最高的統治者，擁有至高無上的權力。在周朝之前，「帝」與「王」字義相近。而在秦朝以前，帝王是至尊君主，等同「天子」。自秦嬴政稱「皇帝」後，「王」與「皇」有了區別，「王」成為地位僅次天子而掌控一方之諸侯的稱呼了。

　　在中國歷史上，「皇帝」這個名稱是由秦嬴政最先確定的，也是他最先使用的。「皇帝」取「德兼三皇、功蓋五帝」之意。秦始皇創建了皇帝制度，並自稱第一個皇帝，稱為「始皇帝」。皇帝擁有法律制定權、行政決策權和軍事指揮權。自此，中國開始了長達兩千多年的封建皇帝制度。

　　中國從西元前 221 年秦始皇稱帝起，到 1911 年宣統帝退位止，在 2131 年的時間裡，共產生了 230 位皇帝。第一個皇帝是秦始皇，最末皇帝是清朝宣統帝。其中在位時間最長的皇帝是清朝康熙帝，在位 61 年；在位時間最短的皇帝是明朝明光宗，在位僅 1 個月。當然，關於皇帝數量還存在多種說法。

　　這麼多帝王，我們細細思量他們在歷史上的價值和分量，還是有輕有重的。他們有的文韜武略兼備，建有蓋世奇功，開創了輝煌歷史，書寫了宏偉的英雄史詩，成為了民族的自豪，十分值得千古讚頌；有的奸猾狡詐，就是混世梟雄，糟蹋了乾坤歷史，留下了千古罵名永遠被人們口誅筆伐；有的資質平平，沒有任何建樹，在歷史上黯淡無光，如過眼雲煙，不值一提……

序

　　但是，無論怎樣，帝王是中國古代中央政權的突出代表，是最高的當權者，是政府和社會的核心，享有最高的權力和榮譽。作為歷史的重要角色之一，帝王是當時左右和影響國家、民族命運的關鍵人物。因此，有人忠從，有人利用，有人豔羨，有人嫉妒，有人覬覦，有人怒斥。他們充滿了謎一般的神奇誘惑力，我們能夠從他們身上，集中感受到歷史的豐富內涵與時代的滄桑變化。特別是歷朝皇帝的賢愚仁暴、國運的興衰更迭、政治的清濁榮枯、民生的安樂艱辛，都能給後世以鏡鑒。至於帝王本人的成長修養、家庭的維繫安頓、處世的進退取予、行事的韜略謀斷等，我們都可以從中受到震撼，獲得巨大的啟示。

欽定皇儲

在這危急時刻，十二歲的弘曆卻面不改色，拔出劍來和熊搏鬥。那熊本來就中了槍，再加之弘曆的武藝高超，幾個回合便被弘曆刺得鮮血直流。最後，弘曆靈活地躲開了黑熊的一擊，撤身幾步拉開距離，並立即搭箭向熊連珠猛射幾箭，大熊倒地而死。

康熙看見弘曆面對如此險情竟然面不改色、鎮定自若，忙來誇讚道：「好好好，大敵當前面不改色，真不愧為朕的好孫兒，頗有朕年輕時候的風範啊！」

眾人也都附和著：「小皇子真是英勇神武啊！」、「是啊，是啊。」、「小小年紀不簡單啊！」康熙召喚著弘曆：「來，弘曆，快過來，到皇爺爺身邊來。」

自幼深受康熙寵愛

西元 1644 年，清太祖努爾哈赤第十四子、攝政王多爾袞在大明王朝叛將、總兵吳三桂的幫助下，率領清軍浩浩蕩蕩地從山海關殺入中原，從此，滿族在中華大地上建立起了大清帝國。清朝歷經順治、康熙兩朝的勵精圖治，國勢逐漸強盛，經濟快速發展，百姓休養生息，世局逐漸穩定了下來。

但是，清朝皇室內部卻並不太平。自康熙繼位以來，眾皇子之間爭權不斷。為了奪得皇位，二十多位皇子之間糾集同黨、勾心鬥角，手足相殘，其中尤以大皇子、二皇子、三皇子、四皇子、八皇子、九皇子、十皇子、十三皇子、十四皇子的「九王奪嫡」最為突出。

皇位的爭奪甚至代替了正常人倫，權力的交替一直伴隨著血雨腥風。就在康熙為此而滿心焦慮的時候，他的眼前驀然跳出一顆明珠，那就是皇四子

胤禛的兒子弘曆。

1711 年 9 月 25 日，康熙五十年，愛新覺羅・弘曆出生，他是胤禛的第四個孩子。胤禛在子息上甚是艱難，四個兒子有一個還夭折了，所以從小對兒子們十分疼愛，但同時要求也非常嚴格。

弘曆自幼聰穎過人，勇敢而且又有智謀。當康熙第一次見到弘曆時，祖孫二人就頗為投緣。康熙第一次見到弘曆時，弘曆剛剛十二歲，當時四皇子胤禛請康熙到圓明園與自己一家人吃飯，康熙見孫子弘曆品貌端正、天資聰穎，立刻就有了好感。

弘曆的聰明靈慧使為皇位繼承而苦心焦慮的康熙立時感到了後繼有人，於是康熙當時就對兒子說：「胤禛，就讓弘曆搬到皇宮中，跟我一塊住吧。」

一直暗暗盯著皇位的胤禛感覺當真是天降之喜，馬上叩頭謝父皇垂眷之恩。弘曆搬到皇宮後，住進了皇子們住的毓慶宮。康熙非常寵愛這個聰明的小皇孫，他親自指導弘曆讀詩書，閒暇散步時也帶著弘曆說說笑笑。

有時候到圍場打獵和批閱奏章，康熙都要將弘曆帶在身邊。康熙利用一切時機對弘曆進行言傳身教。一次康熙談到宋代學者周敦頤的〈愛蓮說〉，弘曆倒背如流，康熙非常高興。

同時，康熙又讓弘曆向貝勒允禧學射箭，向莊親王允祿學放火箭。聰明的弘曆一學就會。康熙看在眼中，對弘曆更加欣賞。康熙六十一年的秋天，康熙帶著弘曆去熱河避暑，特意將避暑山莊內自己居住宮殿的側堂萬壑松風殿賜給弘曆居住、讀書。

有一天，康熙乘坐的御舟停泊在白殿下的晴碧亭畔，康熙站上船頭，遠遠地向萬壑松風殿呼喚：「弘曆！……」

正在殿北山坡上玩耍的弘曆聽到康熙呼喚，急忙從山坡上連蹦帶跳地直衝下來，邊跑口中邊喊：「皇爺爺，我來了！」

康熙看弘曆跑得太快，怕他發生危險，急忙擺手大聲勸阻說：「弘曆，慢點，別摔著了！哎呀，你慢點！」

不一會兒，弘曆便身手敏捷地跳上船來，小臉漲得通紅，喘著粗氣，跪在地下喊著：「孫兒給皇爺爺請安。」

康熙一把將弘曆摟進懷裡：「起來，快起來，你這孩子，怎麼這麼不知道輕重啊，剛才那麼急地跑下來，多危險啊！」

「弘曆怕皇爺爺等急了，再說，孫兒這不也是急著想到皇爺爺身邊來嘛！」康熙慈愛地捏著弘曆的鼻子：「你這孩子！」弘曆笑嘻嘻地說道：「孫兒下次再也不敢了。」康熙說：「來，弘曆，隨爺爺到那邊的亭子中小憩一下。」弘曆攙扶著皇爺爺走到了亭子中。大太監李德全端上一盤茶果點心，擺在桌子上：「萬歲爺，這是今年進貢的最新鮮的點心，您嘗嘗。」康熙信手抓了一把糖蓮子，心想：「朕何不以『蓮子』為題考考弘曆的才學呢？」想到這兒，康熙便捧著蓮子問弘曆：「你知道『蓮』字是平聲還是仄聲嗎？」弘曆立刻反應過來，知道是皇爺爺有意在考驗他，便謹慎地回答著：「是下平聲。」康熙追問道：「在哪一韻？」弘曆答道：「一先。」康熙暗暗點頭。這年秋天八月初八日，弘曆隨康熙入木蘭圍場秋獵，木蘭圍場的自然景觀如仙境一般，眾峰峭立的懸崖，九曲碧綠的河水，溝壑縱橫的山岳，驚馳的獐狍野鹿，天空翱翔的雄鷹，游翔淺底的細鱗魚。

這美麗的大自然，令少年弘曆心曠神怡。他右掛雕翎，左掛彎弓，身騎銀飾的白龍馬，行進在康熙帝身邊。一靠近獵場，御前侍衛馬武提醒道：「皇上當心，這叢林中經常有熊出沒。」

康熙有些激動地說：「如果能遇見熊那就太好了。朕這輩子，獵的熊少說也有百餘頭了，不過這幾年卻不曾獵到了。」馬武又提醒道：「皇上，這熊的皮毛十分厚，臣擔心，一箭恐怕不能將其斃命。」

康熙從腰間掏出了火槍，對馬武說：「你說的這些朕都知道，不過你忘了，朕有這個。有時候，這西洋人的玩意兒還是蠻管用的，聽人說，這玩意無論打什麼都是一槍斃命。」

馬武還是擔心地說：「總而言之，皇上小心便是了。」

一直跟著的弘曆此時並沒有說什麼，他在仔細地觀察著四周，尋找著熊出沒的地方。突然，他策馬揮鞭看著一旁對康熙說：「皇爺爺，您快看，熊。」

康熙順著弘曆馬鞭所指的方向騎去，一邊大叫：「好啊，朕來殺牠！」

弘曆和眾人在後面緊緊跟隨著。康熙看到了大熊，快速靠近，突然瞄準大熊，一槍向牠射去，「砰！」大熊頓時跌伏於地。

康熙見大熊倒了下去，有心試試弘曆的膽量，便對弘曆說：「弘曆，皇爺爺已經將大熊射傷了，過去看看牠死了沒有？」

弘曆答應一聲，跳下馬來向熊走去。但還未等走到熊跟前，不料，倒地的黑熊突然躍起，向弘曆撲來。隨駕的眾武將都被這一幕嚇得膽顫心驚。

誰知，在這危急時刻，十二歲的弘曆卻面不改色，拔出劍來和熊搏鬥。那熊本來就中了槍，再加之弘曆的武藝高超，幾個回合便被弘曆刺得鮮血直流。最後，弘曆靈活地躲開了黑熊的一擊，轉身幾步拉開距離，並立即搭箭向熊連珠猛射幾箭，大熊倒地而死。

康熙看見弘曆面對如此險情竟然面不改色、鎮定自若，忙來誇讚道：「好好好，大敵當前面不改色，真不愧為朕的好孫兒，頗有朕年輕時候的風範啊！」

眾人也都附和著：「小皇子真是英勇神武啊！」

「是啊，是啊。」

「小小年紀不簡單啊！」

康熙召喚著弘曆：「來，弘曆，快過來，到皇爺爺身邊來。」

弘曆答應一聲：「是。」策馬來到康熙身旁。

康熙問弘曆：「你剛才難道一點都不害怕嗎？」

弘曆拍拍胸脯：「不怕！有皇爺爺這真龍天子在孫兒身邊護著，孫兒什麼都不怕了。」康熙故意加重了語氣：「那可是一隻兇狠的大熊啊！」弘曆倒吸了一口氣：「皇爺爺，大熊攻擊孫兒只是因為孫兒要傷牠性命，牠只是為了保全自己而已，所以這並不可怕！」康熙大加讚賞：「我的孫兒真是勇敢啊！」然後轉過頭來對著眾人，「這把火槍，朕決定賜給弘曆了，你們沒有意見吧？」眾人齊聲表示：「皇上英明。」透過這件事，康熙見弘曆臨危不懼，心中更加堅定了：「不選皇子選皇孫。有一位好皇孫，即可保大清再續百年基業！」回帳之後，康熙激動地對和妃說：「我看弘曆是貴重命，他將來的福恐怕比我還要大呢。」後來，康熙還特地傳見弘曆的生母鈕鈷祿氏，滿意地說：「嗯，你能為我生下弘曆這樣的孫兒，你也是有福之人啊。」

康熙對弘曆毫不掩飾的偏愛和讚美，其意義，不僅僅是祖孫之情的表露，還隱含著康熙期待將來由弘曆來接承帝統的願望。康熙六十一年十一月，康熙病危。

臨終前，康熙對大學士馬齊說：「第四子雍親王胤禎最賢，稟性剛毅，我死後立為嗣皇，必能繼承大統，整頓朝綱。皇孫弘曆有英雄氣象，則必封為太子。」

多年得到名師教誨

康熙六十一年，康熙皇帝駕崩，四皇子胤禛繼位，也就是雍正皇帝。康熙臨終時的遺命為弘曆將來繼位打下了基礎。弘曆的少年，是在康熙、雍正兩朝帝王的教誨和寵愛中度過的。

弘曆十三歲就被祖父密定為皇儲，無需為此耗費精神；雍正鑒於康熙晚年的時候諸皇子捲入政治的前車之鑒，也盡量避免讓弘曆過早地與外界社會接觸。

所以，對於弘曆來說，皇子時代是他活得最得意、最灑脫的一段寶貴時光。他既不像順治和康熙那樣幼齡即位而沒有天真爛漫的童年和少年，也不同於雍正從青年時代便機關算盡以謀取皇位，直到四十五歲，韶華已逝，才坐上了皇帝的寶座。

弘曆幼年時期最為有利的條件是父親雍正帝對他的態度，因為雍正在處心積慮地維護弘曆王儲地位的同時，還貫注精力於他的教育，期望他在登基之前，具備成為一個帝王的素養。

在弘曆啟蒙時期，翰林福敏成為他的第一任老師。不久，弘曆便把這個翰林所有的本事都挖盡了。在弘曆的反覆要求下，雍正命徐元夢、朱軾、張廷玉等品行端方、學問淵博的名臣作為弘曆的老師。不久，徐元夢因為有罪而離開了弘曆。

張廷玉作為重臣，忙於應付公務，很少在上書房露面。只有朱軾經常到書齋為弘曆兄弟等人講授。對弘曆來說，松勁殿拜師雖有四位，但讓他終生念念不忘的只有朱先生一人而已。朱軾，字若瞻，號可亭，所以弘曆一直稱之為「可亭先生」。

朱軾是江西高安人，康熙三十三年中進士。朱軾為官清廉，學問很好，經學造詣尤其深厚。朱軾對弘曆一生影響深遠。福敏使弘曆飽讀經史諸子，

而朱軾則幫助弘曆將其慢慢地咀嚼、消化，把幾千年積累下來的中國傳統文化精華，特別是儒家的政治思想、道德規範變成了與弘曆的血肉之軀不可分離的部分。

朱軾歷任知縣、刑部主事、刑部郎中，康熙四十八年時出任陝西學政。他極力推行宋代哲學家張載的學說，他教導學生知禮成性、變化氣質。後來，朱軾因為政績突出，屢次受到提拔升遷至左都御史，擔任《聖祖實錄》總裁之職。

雍正年間，朱軾入職上書房，被提升為吏部尚書、太子太傅、文華殿大學士。朱軾很有才幹，為此，他兩度遇到家人病喪，被兩朝皇帝特準在職服喪。

朱軾是著名的理學家，研究禮記，又精明能幹，躬親治事，政務雖然繁重，但仍然好學不厭，生活上則很儉樸。朱軾除了比較推崇張載的學說外，對漢代的賈誼、董仲舒和宋代的周敦頤、程顥、程頤等也較為看重。

朱軾接任弘曆等幾位皇孫的老師時，弘曆十二歲，雖然課業已經有良好的基礎，但由於年齡正處在少年階段，性格、氣質、興趣愛好還未定型，所以，朱軾對弘曆的性格、愛好、志向、能力等的形成起了重要的作用。

弘曆的另一位師傅是蔡世遠。儘管弘曆並未對蔡世遠行拜師之禮，但弘曆卻從蔡世遠的言傳身教中逐漸領悟到了謀劃權力的樂趣。蔡世遠，字聞之，福建漳浦人，康熙四十八年進士。蔡世遠特別擅長寫古文，所以專門教弘曆兄弟習古文。他還曾協助李光地編纂《性理精義》，這也是弘曆曾經學習的課本。

雍正年間，蔡世遠入職上書房，後又升至侍講、侍講學士、少詹事、內閣學士、禮部侍郎，但主要工作是教弘曆等皇子讀書。蔡世遠教書非常認真，在內廷擔任老師十年，早出晚歸，沒有一天缺席。

蔡世遠也是一位十分崇拜宋儒的理學家，他說：「宋朝正是理學繁榮昌盛的時候，周程張朱，一個一個地成為大家，德行學問的能力，世上無人可以與之匹敵。」

因此，蔡世遠在教導諸位皇子時，也極力把這些宋理精義講給他們，把自己對於理學的理解與時政結合，深入淺出地將程朱理學的精神灌輸到弘曆的頭腦中去，這對於弘曆日後治理國家有著較大的影響。

弘曆跟著蔡世遠學習了八年，其間，蔡世遠不但教會弘曆寫作古文，而且還教會弘曆從古人的文章中體會皇子如何在奪取皇位中穩操勝券的技巧，這些都為日後奠定了堅實的基礎。

弘曆知道父皇雍正非常賞識讀書勤奮的皇子，為了博得父親的喜歡，他尤其用功，在上書房學完功課，回到家中，仍在自己的小書房不停地誦讀，沉浸在讀書的樂趣中。

由於弘曆天分很高，用功又勤，所以得到老師和一塊學習的其他皇子交口讚譽。老師朱軾讚譽弘曆：「皇四子精研周易、春秋、戴氏禮、宋儒性理諸書，另外還學習各種通鑒綱目，史記、漢書、唐宋八大家的文章，無不深深地探究其中的真義和奧妙。」

與他一起讀書的同窗也對他給予很高的評價。弟弟弘晝說：「我哥哥在向父皇請安和吃飯的空餘時間，每當心有體會，就寫成詩詞。每天都寫一篇，就算放學回到家裡，也不敢鬆懈，手不釋卷，力求達到古代作者的水平。」

福彭說：「皇四子在向皇上問安吃飯之餘，看的聽的想的都是學習，考證古今的道理，討論其中的異同，就算對某個字詞也很認真，每當寫文章，一下筆就停不下來，一會兒就寫成千字的文章，才思敏捷。」

弘曆透過師傅的教導、同窗的切磋，以及自己的理解，初步構建起以儒家價值取向為標準的倫理道德系統。他尊奉孔子，推崇宋儒，在詩文中經常闡發「內聖外王」的觀點。

弘曆堅信儒家「仁政」、「德治」的正確，認為「治天下者，以德不以力」，在處理君臣關係方面，則主張虛己納諫。他對孔子「寬則得眾」的格

言尤為欣賞，並在〈寬則得眾論〉一文中說：

> 自古帝王受命保邦，非仁無以得其心，而非寬無以安其身，二者名雖為二
> 而理則一也。故至察無徒，以義責人則難為人；推寬，然後能並育兼容，
> 眾皆有所托命，誠能寬以待物，包荒納垢，有人細故，成己大德，則人亦
> 感其恩而心悅誠服矣。苟為不然，以損急為念，以刻薄為務，則雖勤於為
> 治如始皇之程石觀書，隋文之躬親吏職，亦何益哉！

除詩文書畫之外，弘曆還有各方面的廣泛興趣。他喜歡打獵和比試射箭，喜歡在春天和秋天去郊遊，讀書閒暇的時候，還下圍棋、坐冰床、玩投壺、養鴿子、烹茶品茗、鑒賞古玩，甚至對鬥蟋蟀也饒有興味。弘曆也喜歡擺弄西洋「奇物」自鳴鐘、望遠鏡。

歷代帝王中，弘曆最崇拜的偶像是唐太宗李世民。弘曆在論唐太宗的史論中讚美說：

> 三代以下特出之賢君，虛心待物，損上益下，才能達到天下之盛。即位之
> 後，勵精圖治，損己益人，愛民從諫，躬行仁義，用房玄齡、魏徵之諫，
> 君臣相得，不敢怠慢，才能達到貞觀之盛。

自編《樂善堂文鈔》

雍正八年秋，年僅二十歲的弘曆對自己十四歲以後寫的詩文進行挑選整理，編輯成冊，取名為《樂善堂文鈔》。弘曆讀書很用心，過目成誦，並經常撰寫詩文，所以幾年下來積累了大量的作品。

「樂善堂」是弘曆的書齋，弘曆以「樂善」為他的書齋命名，是因為他對「樂」與「善」兩個字有深刻的理解。弘曆在《樂善堂記》一文中寫道：

余有書屋數間，清爽幽靜，山水之趣，琴鶴之玩，時呈於前。菜圃數
畦，桃花滿林，堪以寓目。顏之曰樂善堂者，蓋取大舜樂於人以為善之意也。

現在，弘曆又以「樂善」作為他的詩集名。弘曆刊刻《樂善堂文鈔》，是為了用自己的言論來檢查自己的行為，達到言行一致的目的。

他自己在《樂善堂文鈔》序言中寫道：

余生九年始讀書，十有四歲學屬文。今年二十矣。其間朝夕從事者，四書五經、性理綱目、大學衍義、古文淵鑒等書，講論至再至三。

顧質魯識昧，日取先聖賢所言者以內治其身心，又以身心所得者措之於文，均之有未逮也。日課論一篇，間以詩歌雜文，雖不敢為奇辭詭論，以自外於經傳儒先之宗旨，然古人所云文以載道者。

內返竊深慚恧，每自念受皇父深恩，時聆訓誨，至諄且詳，又為之擇賢師傅以受業解惑，切磋思索，從容於藏修息游之中，得以厭飫詩書之味，而窮理之未至，克己之未力，性情涵養之未醇，中夜以思，惕然而懼。

用是擇取庚戌九月以前七年所作者十之三四，略次其先後，序、論、書、記、雜文、詩賦，分為十有四卷，置在案頭，便於改正。且孔子不雲乎「言顧行，行顧言」。

《書》曰「非知之艱，行之維艱」。常取餘所言者，以自檢所行。行倘有不能自省克，以至於言行不相顧，能知而不能行，余愧不滋甚乎哉。

《樂善堂文鈔》刊行後，弘曆又進行多次重訂，直到將雍正十三年前的作品逐漸補入其中，最終成為《樂善堂全集》。弘曆不僅自己為《樂善堂文鈔》寫了序言，還另外請了十四個人閱讀並作序，其中有弟弟弘晝、同窗福彭，還有老師鄂爾泰、張廷玉、蔣廷錫、福敏、顧成天、朱軾、蔡世遠、邵基、胡煦以及和碩莊親王允祿、和碩果親王允禮和慎郡王允禧等。

從這些人的序言中，可以看出他們對弘曆詩文的充分肯定，並高度讚揚了年輕的弘曆懷有治理天下的道德和才能。

張廷玉說：

皇四子飽覽群書，精通經史詩，自經史百家以及性理之，諸賦之源流，靡不情覽。皇子以天授之才，博古通今之學，確實是因為得到了康熙皇帝的真傳。

邵基說：

《樂善堂文鈔》真可以稱為稀世之作，其氣象之崇宏，就像巍巍的大山一樣，其心胸之開闊，就像春風吹動山泉一樣，其詞采之高華，就像天上的彩霞一樣；其音韻之調諧，就像金鐘脆玉的聲音。

朱軾說：

聖祖仁皇帝康熙德合乾坤，功參化育。當今皇上欽明緝熙，聖以繼聖，四皇子天稟純粹，志氣清明，與康熙、雍正皇帝朝夕相處，受到了很深的薰陶，就像太陽和月亮的光華，也未必比得上他的文采。

由於政治環境的改變，弘曆不必像父輩那樣為奪權而明爭暗鬥。他要做的事情是在皇族和朝臣之中樹立起未來明君的形象。編輯《樂善堂文鈔》，就是弘曆為了宣傳自己而採取的一項聰明舉措。有了張廷玉、朱軾等人的一致稱許，弘曆果然得以在眾皇子中脫穎而出，就連最有力的競爭者弘晝也不得不表示佩服：

在我看來，我雖然和哥哥每天都住在一起，但我與他理解有淺深，氣力有大小，文采有工拙，不敢與他相提並論。哥哥跟著皇父在藩邸時，朝夕共寢食相同。

後來又得到皇爺爺寵愛，養育宮中，性情更加恪慎溫恭。皇父見了，心裡越來越喜歡他。哥哥樂善無窮而文思因以無盡。凡古聖賢之微言大義，修身體道之要，經世治國之方，無不發揮到最佳的境界。

弘曆刊刻《樂善堂文鈔》，其實是有明確的政治意圖。他一直將康熙對自己的鍾愛做為最有力的資本，因此在《樂善堂文鈔》中多次提及祖父，大

造輿論，說皇祖康熙曾賜他「長幅一條，橫幅一面，扇子一把」、「恩寵大異於他人」、「得皇祖的恩澤最深」。

弘曆自幼頗得康熙皇帝的垂青與厚愛。其父雍正即位後，弘曆自然成為王儲之一，在這種情況下，只要他能克勤克儉，樹立起寬厚仁德的形象，王位可唾手而得。

相反，如果弘曆急於登基，表現得鋒芒畢露，給皇祖康熙及父皇雍正一個刻薄寡恩的印象，那麼他就會被最高統治者所排擠，被權勢的洪流所淹沒。

鑒於此，弘曆表現得相當克制，做到了「淡泊以明志，寧靜以致遠」。他巧妙地利用其他人來為自己鼓吹，大肆宣揚自己的長處，並把他們拉入到自己的陣營中來，實現了「不爭為爭」、「一箭雙鵰」的目的。

《樂善堂文鈔》反映了涉世未深的年輕皇子弘曆的政治理想、生活情趣，以及閒適恬淡的心境，書中無處不浸透著正統的儒家思想。弘曆透過編撰《樂善堂文鈔》，不但向皇族展示了自己的才華，而且傳遞了自己的為人處世的理念。

經過十多年的皇子學習生涯，弘曆成了一個文武雙全、胸懷天下的帝位繼承人，為靖國安邦、治理天下打下了牢固的基石。

被定為皇位繼承人

雍正元年八月十七日，紫禁城乾清宮西暖閣。雍正召見諸王、總理事務大臣及其他滿漢文武要員，講了一件非常重要的事情，那就是宣布確立皇位繼承人的原因與辦法。

雍正說：「建立皇儲這是一件大事，應該早點決定。去年十一月聖祖選擇繼位人，倉促之間，只憑一句話而定，全憑他神聖睿哲，但是我自己承認神聖不及聖祖。」

　　雍正言外之意是說，他也像先父康熙那樣在倉促之間選擇繼位人，就難以這麼英明了。因此，受聖祖重託，對於立儲之事他不能不及早考慮，於是雍正就提出了「祕立皇儲」的方法。

　　雍正帝徵詢諸王大臣意見。吏部尚書、步軍統領、一等公、舅舅隆科多帶頭表態：「皇上考慮得周詳，為國家大計才說出這種想法，臣下但知天經地義者，怎麼能對您的決定有異議呢！只應該謹遵聖旨。」

　　既然衛戍京師、身居要職的隆科多已如此表態，諸王大臣對這個耳目一新的確立繼位人辦法也都沒有異議，一個個都摘下頂戴，連連頭，表示贊同。雍正帝對他們的表態很滿意。

　　接著，雍正帝令總理事務大臣留下，其餘大臣全部退下，將一個內裝傳位詔書的密封錦匣藏在高懸於乾清宮正中的「正大光明」匾後面。於是，中國歷史上嶄新的確立繼位人制度，那就是祕密建儲辦法誕生了。

　　雍正帝在闡述創立這項新繼位人制度原因時，說了幾層意思：第一層講了重視繼位人問題的必要性；第二層看似對先皇進行粉飾，但能看出這是巧妙的批評，實際上從接受先皇在最高權力移交問題上的教訓的角度，講了應當祕密確立皇太子的重要性；第三層意思則是假託之辭。

　　皇子年齡固然不太大，但是，論他們的年紀，比祖父、太祖父登上皇位時要大得多。當年，世祖福臨不滿 6 周歲當了皇帝，聖祖玄燁當皇帝時不滿 8 周歲。因此，皇子年齡太小，不是雍正帝革新繼位人制度的關鍵出發點。

　　這位被祕密確定為繼位人的皇子到底是誰，繼位人本人不知道，諸王大臣不知道，只有雍正帝一個人知道。為保萬無一失，雍正帝另寫了一份相同內容的傳位詔書，祕密藏於經常駐蹕的圓明園。這份詔書藏得更玄，除皇帝本人外，沒有任何人知曉。

　　雍正帝能夠創立如此獨特的建儲制度，能夠如此縝密、如此絕妙，除前

面所述的緣由之外，他於雍正四年正月講的一句話可以被視為深層註釋。他說：「我當年在藩邸，閱歷四十餘年，人情世態無不周知。」

為了不洩漏天機，雍正帝對待各位皇子不分親疏。當然，弘時是個例外，健在的皇子中，弘時年齡最大。但他放縱不法，祖父康熙帝不喜歡他，雍正帝也不太喜歡他。雍正五年，他因不改放縱的性情，遭到雍正帝的嚴懲，不久就死了。

對待其他皇子，尤其是年齡較長的弘曆、弘晝兄弟，雍正帝基本上給予了相同的待遇。他倆於雍正十一年二月初七同一天封王，一起參與苗疆事務，都獲得過代父祭天、祭祖等重大政治活動的鍛鍊。不過，從一些細微的地方，還是能看出一些不同之處。

雍正元年正月，胤禛當皇帝後首次從天壇祭天回來，把弘曆叫到養心殿，給他一塊祭過天的供肉吃，卻沒有給弘晝吃。弘曆日後思忖，可能父皇祭天時，已將定自己為皇位繼承人的心願默告於上天，所以回來給他這塊肉吃。如此非同尋常的肉，弘晝是不能分享的。

雍正帝將弘曆封為和碩寶親王，有的大臣認為這個封號蘊含特定含義，有「錫封鑒寶命之荷」的意思，「寶」就是「大寶」，也就是「玉璽」、「踐位」，預示將授皇印給弘曆。

但是，這並沒有引起弘曆特別注意，也沒有引起其他皇子和文武大臣特別注意。天長日久，雍正帝堅持與各位皇子保持相同關係，可謂用心良苦，實在很不容易。

雍正帝對自己的身體健康狀況十分自信。他在頒布建儲詔書的時候說：「此詔或許將要收藏數十年，亦未可定。」

這正表明了雍正對自己壽數的樂觀態度。按他當時的眼光來看，先皇康熙帝活了六十八周歲，他當時才四十四周歲，即便壽數與先皇差不多，還可

再活二十餘年。正是倚仗健康的身體，雍正帝不怕繁累，從早到晚，日理萬機。他一般白天召見廷臣和官員，夜晚批閱本章，常常點完幾根蠟燭直到子夜才休息。勤於政務，費神勞心，嚴重地影響了雍正帝的身體健康。

雍正七年冬，皇帝身體狀況開始走下坡路。冬天，雍正帝得了一場大病，此病持續了一年多，幾乎摧垮了雍正自己曾沾沾自喜的身體健康。這時雍正似乎意識到了病情的嚴重性，覺得應當對繼位人問題作出交代。

雍正八年六月，雍正緊急召見莊親王允祿、果親王允禮，皇子弘曆、弘晝，以及大學士、內大臣數人，面諭遺詔大意。這年九月，雍正帝對自己的健康信心產生動搖，於是將存放於圓明園的親筆傳位密詔一事悄然告訴心腹大臣大學士張廷玉。由此可見，病中的雍正帝對圓明園中的這份密詔非常重視。

圓明園是康熙帝當年賜給雍正的，雍正帝非常喜歡住在那裡，從雍正三年起，他時而住皇宮，時而住圓明園，兩處都成了施政之所。雍正八年，他還下諭規定，春末至秋初、秋末至春初兩個時令為官員到圓明園理政的時間，說明他到圓明園起居和處理政務已形成制度。

身患重病的雍正帝擔心一旦自己倒下，別人若不知道圓明園中那份密詔所藏之處，不得不去取放在乾清宮「正大光明」匾後面的傳位密詔，如此不僅太慢，而且兩份密詔對合、用以防偽的高明設想定也難以實現。然而，令雍正帝欣喜的是，這場大病終於過去了。他從死神手中掙脫出來，轉危為安。不過，雍正帝遭遇這場大病之後，身體健康已經明顯不如從前，他從此比以往更注意保養，身體狀況漸漸好轉。

雍正十一年六月，年近五十周歲的雍正帝又得了一個兒子，取名弘曕，這是他的第十個兒子。從雍正元年五月年貴妃為他生下兒子福沛，到此時謙妃劉氏為他生下弘曕，其間未生子女，時隔十年又添貴子，說明身體恢復得還不錯。

雍正帝對自己身體能恢復到這種程度非常滿意，喜不自禁之下，多次將有關喜訊告訴心腹大臣。雍正帝的婚配都在藩邸時完成，登上皇位後再沒有納妃嬪。

雍正共有后妃八人，生有十個兒子，依出生先後分別是：弘暉、弘盼、弘昀、弘時、弘曆、弘晝、福宜、福惠、福沛、弘曕。其中除六人早逝外，弘時因「性情放縱、行事不謹」，於雍正五年，也就是他二十三歲那年，遭父皇嚴懲，被削除宗籍，不久死去。

當時活著的皇子有弘曆、弘晝、弘曕三人。依出生前後排行，弘暉為皇長子，弘昀為皇二子，弘時為皇三子，弘曆為皇四子，弘晝為皇五子，弘曕為皇六子，後面的就沒有再排列進去。

雍正帝還生過四個女兒，其中三個早就夭折了，唯一長大成人的二女兒於康熙五十一年下嫁那拉氏星德。現在，弘曆是健在的三位皇子中最年長的，二十四周歲；弘晝比弘曆小三個月，二十三周歲；弘曕還未長大成人，年僅兩周歲零兩個月，繼承皇位的可能性較小。

弘曆、弘晝平時都為皇上所喜愛，似乎都有繼承皇位的可能。但只有雍正本人心裡清楚，他依照父親康熙臨終前讓馬齊傳達給自己的遺命，密立弘曆為皇位繼承人。

太和殿奉詔登基

雍正十三年八月二十日，雍正皇帝在圓明園處理政務時，突然感到身體不適，但他當時並未在意。八月二十二日，雍正病情突然加劇，太醫匆匆進進出出，但已經回天乏力。二十三日，這位統治中國十三年的皇帝就溘然去世了，為後世留下了許多關於他猝然離世的未解之謎。

在全國一片平靜的氣氛下，皇四子弘曆即皇帝位，順利完成了國家最高

權力的交接。雍正四十五歲即位，身體狀況一直非常好，但常年「晝則延接廷臣，引見官弁，傍晚觀覽本章，燈下批閱奏摺，每至二鼓三鼓」，終至積勞成疾。

據雍正自述，自雍正七年冬「身子就不大爽快，似瘧非瘧」，到第二年「三月以來，或徹夜不成寐，或一二日不思食，寒熱往來，陰陽相駁」，但仍然堅持接見廷臣，辦理事件，批諭折奏，接見官員，到四月底五月初曾一度出現病危跡象。

這是雍正即位後初次大病，而且持續時間相當之長，雍正曾向心腹鄂爾泰透露：「朕今歲違和，實遇大怪誕事而得者。」至於遇到了什麼「大怪誕事」，雍正在鄂爾泰的摺子上硃批：「卿或明年或後歲來陛見時當面細詳再諭。」

這年夏秋間，得河南道士賈士芳調治，雍正病情有所好轉，但很快又將賈士芳逮治處斬。經過此次變故，雍正對口誦經咒的調治失去了信心，爾後服食過醫生鍾元輔所製藥餌及據說有「奇驗」的「乾坤正氣丹」，看來身體狀況有所好轉。

十月初五日，雍正特命鄂爾泰齎折家人進宮瞻仰金顏，這個叫保玉的家奴返回雲南昆明時對鄂爾泰講：「親見萬歲佛爺臉面十分豐滿。」

總而言之，雍正七年冬至八年秋間雍正得了一場大病，從此元氣大傷。在他病劇之際，曾將傳位大事當面交代給大學士、軍機大臣張廷玉，說為防不虞，隨身還帶有親書傳位密旨一件。

雍正九年，鄂爾泰由雲貴總督任上內召主持軍機處事務。翌年，雍正又把他與張廷玉找來講了大事既出的應對之策，並說：「此事除你們二人之外，其他無一人知曉。」

雍正十三年八月二十日，皇帝開始感覺身體不適，但仍在圓明園召見軍機大臣口述旨意，大學士、軍機大臣張廷玉跪聆諭旨時並未感到異常跡象。

不料二十二日深夜張廷玉剛剛入睡，就有太監、侍衛前來傳旨，宣召甚急，於是起身整衣趕到圓明園。三四撥太監早已提著燈籠等在園子的西南門，待趨至皇帝寢殿，只見皇四子寶親王、皇五子和親王侍於御榻之旁，淚水漣漣。

先已趕到的原任大學士鄂爾泰、領侍衛內大臣豐盛額及御前大臣、軍機大臣訥親等肅立一旁，神色凝重。雍正已深度昏迷，太醫進藥全從嘴角流出，所以沒有任何遺囑交代。

至二十三日凌晨一時許，雍正皇帝崩逝，寶親王、和親王在一旁捶胸頓足哭嚎且不表，這裡鄂爾泰、張廷玉等皇上生前最親信的大臣則立即在燈下聚首，密議迫在眉睫的傳位大事。

鄂爾泰、張廷玉徐緩沉重地對各位重臣講：「大行皇帝慮事周密，非人所及，除大內乾清宮『正大光明』匾後緘藏有正式傳位諭旨之外，另親書傳位密旨一道，常以隨身。這件大事曾諭示我二人，此外無有知之者。這件旨諭看來藏在圓明園寢宮，應急請出，以正大統。」

重臣向寶親王、和親王請示後，立即傳圓明園總管太監詢問。總管回稱：「萬歲爺在日從未諭及此事，我輩真的不知密旨放在何處。」

張廷玉指示說：「這樣吧，大行皇帝當日密封之件，想來不會多，各處仔細翻檢，外用黃紙封固，背後寫一『封』字者，就是此旨。」

不一會兒，總管捧出黃封一函，當眾打開一看，上面赫然寫著「皇四子寶親王弘曆為皇太子即皇帝位」十六個遒勁的朱字。就在這一瞬間，君臣名分已定，和親王及各位重臣隨即匍匐在地。

寶親王弘曆尚沉浸在父皇去世這撕心裂肺的痛楚之中，只覺眼前一片空白，竟沒說出一句話。待他稍稍鎮定下來，腦海中最先浮出祖父康熙皇帝慈祥的面容，不禁悲從中來，號啕大哭，任鄂爾泰、張廷玉怎樣勸慰也抽泣不止。

對於寶親王弘曆來說，眼前遲早要發生這一幕的，不能講一點預感也沒有，但是，作為一個二十五歲的年輕人，當父祖兩代人真的把大清帝國的重擔放在他的肩上時，又覺得太突然、太沉重了！

「回宮吧！」皇太子溫和但又不失威嚴地說。

皇太子弘曆連夜奉大行皇帝黃輿自圓明園返回大內，紫禁城的警備交果親王允禮先行全面布置。進宮後，內侍將雍正元年緘藏於乾清宮「正大光明」匾後的封函取下，捧至皇太子前。

皇太子命將封函恭呈黃案之上，等莊親王允祿、果親王允禮、大學士張廷玉、原任大學士鄂爾泰等王公大臣都到齊了，才讓打開封函。大家跪閱一遍，與大行皇帝隨身所帶傳位密旨核對無誤，然後，由十六叔莊親王允祿恭宣大行皇帝遺命詔旨曰：

> 寶親王皇四子弘曆秉性仁慈，居心孝友，聖祖仁皇帝於諸孫之中，最為鍾愛，撫養宮中，恩逾常格。雍正元年八月間，朕於乾清宮召諸王滿漢大臣入見，面諭以建儲一事，親書諭旨，加以密封，藏於乾清宮最高處，即立弘曆為皇太子之旨也。其仍封親王者，蓋令備位藩封，諳習政事，以增廣識見。今既遭大事，著繼朕登基，即皇帝位。

八月二十三日當天，即將登上皇位的太子宣布，遵皇考遺命，命莊親王、果親王、大學士鄂爾泰、張廷玉輔政，總理一切事務。第二道旨意是召在浙江海塘工程上的大學士，也是自己最尊敬的老師朱軾回京辦事，準備大用。待朱軾到京，命在總理事務王大臣處協同辦事。

二十四日，弘曆宣布遵照父皇生前諭旨，命張廷玉、鄂爾泰日後配享太廟。這是雍正八年六月雍正留下的諭旨。張廷玉身被此不世之榮的原因是「纂修《聖祖仁皇帝實錄》宣力獨多，每年遵旨繕寫上諭悉能詳達朕意，訓示臣民，其功甚鉅」。

　　鄂爾泰則是「志秉忠貞，才優經濟，安民察吏，綏靖邊疆，洵為不世出之名臣」。皇太子命將此旨繕入大行皇帝《遺詔》，以昭鄭重。大事既已安排妥帖，下一步是擇吉舉行登基大典。

　　雍正十三年九月初三日，弘曆在大內太和殿舉行登基大典。這天黎明，百官齊集於朝，皇太子弘曆派遣大臣分別祭告田、地、宗廟、社稷後，身著素服緩步走到乾清宮大行皇帝梓宮前，行九拜禮，恭敬默告父皇即將受命即皇帝位，隨後更換禮服赴太和殿，升座，即皇帝位。

　　王公以下文武各官、朝鮮等國使臣，進表行慶贊禮。因在國喪期間，不宣表，不作樂。在向天下臣民頒布的《登基詔》中，新皇帝仍念念不忘皇祖父皇如天之恩：「朕自沖齡即蒙皇祖撫育宮中，深恩鍾愛，眷顧逾常，皇考聖慈篤摯，訓迪有加。」

　　《登基詔》宣告，以明年為乾隆元年。這時，大清帝國的萬斤重擔，就落在了年輕的弘曆身上。弘曆得以順利地繼承皇位，得力於雍正的傳位方法。在雍正傳位以前，滿族皇帝沒有傳位的定制，所以在太祖努爾哈赤和聖祖康熙帝死後，引起兩次皇位之爭。

　　雍正帝胤禛汲取這一教訓，認為明立太子容易使其陷於驕矜而失德，同時又難免諸王子之間為了爭奪儲位而明爭暗鬥，引起禍端。所以雍正親自選擇皇太子，生前將詔書寫好，封藏於錦匣，放置於乾清宮正殿堂前懸掛著的順治皇帝手寫的「正大光明」匾額後面，並密令大臣，等自己去世後，再取出來當眾宣布。

　　祕密立儲是雍正帝的創舉。雍正帝除在乾清宮「正大光明」匾之後放一份傳位密詔外，還親自在圓明園藏了一份密詔，病重時將密詔大意及時告訴一些大臣，後來，雍正還先後將此密詔給一位漢大臣和一位滿大臣閱覽，以防種種不測。

　　雍正帝所採用的祕密立儲方法避免了清朝的皇子互相爭鬥的局面，解決了皇位繼承人的問題。從此以後，清朝最高權力交接都採用雍正帝發明的祕密建儲辦法，形成了穩定的確立皇位繼承人的制度。

　　由於雍正暴病，皇宮內並無準備，文武大臣處於慌亂之中。據說，雍正遺體連夜運回宮中，半夜倉促間只找到幾匹劣馬，跑得都幾乎把馬累死了。可以看出，當時人們行色匆忙，情景相當狼狽。

　　雍正猝亡，權力交替。當眾大臣處於忙亂和不知所措的時候，弘曆卻處變不驚，有條不紊地做好權力的平穩過渡。弘曆在關鍵時刻表現出了一代君主號令群臣的能力。

　　承嗣帝位後，弘曆立即布告天下，詳述大行皇帝患病及死因，安撫天下。八月二十四日，弘曆頒布數道諭旨，曉諭內外大臣。諭旨內容有三條：

1. 我受先皇父託付，凡是先皇沒有辦理完的事，我從今日都應當敬謹繼述。
2. 諸王大臣都是深受重恩的人，都應該殫心竭力，輔助我這個新皇帝。
3. 外省文武大臣，若因先帝去世，將已上奏的本章中途趕回，另行反改，或到京城後撤回不進的，一經查出，一定從重治罪。

　　透過這三條諭令，弘曆很快地穩住了宮內、宮外的大局。弘曆剛登上皇位，就表現出勤政、幹練的處事風格，對先皇的喪事料理得有條有理。

　　弘曆白天帶喪辦事，夜晚照常見人處置政務，還要三次到雍正的靈柩前哭喪守靈，之後退回上書房批閱奏章到三更，五更時分便又起身到上書房。

　　如此周旋，不但張廷玉、鄂爾泰苦不堪言，就是弘晝諸兄弟也覺難以支撐。弘曆後來又及時變通，七天之後，便命兄弟們三日一輪入宮守靈，叔王輩每日哭靈後在各自府中守孝。

　　只有鄂爾泰、張廷玉兩位，既偷不得懶，又住不得大內，乾隆便下令為

他們在隆宗門內專設盧棚，上書房、軍機處近在咫尺，雖然累些，卻也免了往返之苦。

九月三日，年僅二十五歲的寶親王弘曆在眾臣擁戴下榮登大寶，即位於太和殿，祇告天地、宗廟、社稷，布告天下，並改年號乾隆，寓意「天道昌隆」，以第二年為乾隆元年。

弘曆在這期間連下詔諭，尊母妃鈕鈷祿氏為皇太后，冊立富察氏為孝賢皇后；頒恩詔於乾隆元年開科考試，並大赦天下。一直忙到九月十五，過了雍正三七之後，乾隆命將雍正梓宮安奉雍和宮，待三年孝滿再入泰陵殯葬。到雍和宮辭柩之後，轟轟烈烈的喪事暫告結束，紫禁城內外撤去白幡，一色換上黃紗宮燈。

登基親政

乾隆厲聲責備說：「弘曕想要干預朝政，毫無顧忌，已經到了很厲害的程度。此風一長，內務府旗員也將會傚法，這樣的話，外面的滿漢職官，京城的部院司寺，都將紛紛步其後塵，無法阻擋了。想到這裡，我實在是寒心啊。」

於是，乾隆將其舊過新犯一總清算，諸罪俱發後，弘曕被革去親王的一切差事，永遠停俸。這是乾隆第一次以如此嚴厲的態度對待他的幼弟，弘曕大出意外。平時，他以灑脫自居，此時只有大勢已去的傷感。從此，他居家不出。鬱鬱之下，竟然一病不起。

登基開始獨攬大權

乾隆深知，新皇繼位，首要任務是掌權。他為了實現皇權的至高無上，採取了幾項加強皇權的措施：在行政上，他採用了祕密奏摺制度，恢復了軍機處；在輿論上，他把自己神化為羅漢；在人事上，他嚴厲地處理前朝中不服新政的官吏。

乾隆一向尊崇「朝綱獨攬」，但久居深宮，如何才能通曉庶務、明察官吏呢？他採取了「廣布耳目，收取訊息」這一策略。一是實行密摺制度，使訊息充分流通，將臣僚完全置於自己的監督與控制之下；二是恢復軍機處，促成皇帝對國家政權的高度獨裁。

乾隆為了加強奏摺的保密程度，還採用了一些保密措施：一是堅持滿族官員奏事用滿文，而不用漢文；二是嚴禁將奏摺中皇上的批語洩漏出去；三是把奏摺放在匣子裡，匣子只有送折人和皇帝才能開啟，這就防止了奏摺在呈送途中洩密。

登基親政

　　乾隆對密摺的批閱非常仔細，只要屬於絕密的奏摺，他總是親自拆封。有的奏摺是絕密，乾隆就把奏摺內容默記在心，馬上燒燬原折。乾隆十三年以後，乾隆廢止了奏本文書，密摺的作用就更加突出了。

　　如果官員們有了機密的事情要匯報，往往先以密摺形式報告皇帝，在明白皇帝明確的意圖後，再以題本的形式向專職部門請奏。這時候，請奏就僅是走走形式而已了，最重要的還是奏給皇帝的密摺，這完全保證了乾隆能把大權獨攬於懷中。除了祕密奏摺制度，乾隆另一個獨攬朝綱的措施是恢復軍機處。

　　在剛即位時，乾隆是把軍機處當作前朝政治之弊來撤銷的，但頭腦敏銳、頗有遠見的乾隆很快就意識到：真正的弊端並不是軍機處的設立，而是由親王和重臣把持政務要職。

　　於是，為了充分削弱他們的權力，在乾隆二年，乾隆裁撤了雍正喪期內設置的總理處，恢復了軍機處，並制定相關制度，將皇權牢牢地掌握在自己手中。

　　乾隆是一個勤於政務的皇帝，可是天下庶事繁多，每天都有大量的奏摺和問題需要皇帝閱覽處理，僅靠一個人又怎能應付得了？然而這時的軍機處，說白了，其實還只是皇帝個人的一個祕書而已，裡面的大臣所做的事情也不過是些能夠貫徹皇帝意旨、通曉文字工作、工作效率比一般臣子高的高級祕書工作而已。

　　在軍機處的人選上，乾隆完全把皇族拒之門外，但為了保證滿族人在清政權中占重要地位，卻規定首席軍機大臣必須為滿人。因為乾隆往往只是一人說了算，便擔心軍機大臣們有二心，為了徹底收買他們為自己賣命，又規定凡為軍機大臣者可不以資歷高低為標準提拔自己的親信。

　　乾隆把重要的用人權牢牢地掌握在自己手中，他曾說過：「我登基以來，用人之權從不旁落。」即使是乾隆晚期，極其寵信放縱的權臣和珅也未

曾左右過乾隆的用人決策。

　　所以，軍機處與歷史上的丞相在權力上根本無法相提並論。如果有什麼重大決策，完全是由乾隆一個人拿主意出決策，而軍機大臣只需要把乾隆每天說的話從口頭上移錄到紙上，保證無誤、詳實即可。他們本身的種種建議僅供皇帝參考，根本就不能左右局勢。

　　在乾隆時期的清朝官制中，軍機大臣還都是兼職的，不是正式的職務。到了乾隆十年，為了能更牢固地牽制軍機大臣的權力，乾隆出人意料地把他年僅二十五歲的內弟傅恆提拔為首席軍機大臣，傅恆也就因此成為了中國歷史上最年輕的「宰相」。

　　雖然乾隆稱傅恆「籌畫精詳，思慮周到，識見高遠」，但傅恆當時畢竟只是一個二十幾歲的毛頭小夥，雖有遠見卓識，但還欠成熟。得到乾隆如此抬舉，傅恆自然拚命為皇帝分些勞苦，並且對乾隆言聽計從，沒有任何異議，做個最忠實的傳達人。

　　在傅恆之前，乾隆在軍機處提拔的還有訥親，訥親當時也是一個年紀輕輕的滿人。為了更牢固地獨握大權，乾隆一改雍正時軍機大臣不超過三人的慣例，而讓六名軍機大臣分割軍機處的事務和權限，使他們互相監督、互相牽制，不敢越雷池一步。

　　乾隆用人的確是費盡心機。他還規定軍機大臣不能同時觀見皇帝。當時傅恆不認識漢字，乾隆特許他可以和其他大臣一起觀見。對於象徵軍機處權力的大印，乾隆管理極嚴，印文鑰匙分別由值事太監和軍機章京保管，為了保密起見，還規定只能由十五歲以下不識字的少年充任軍機處聽差，還派御史往來檢查，不許任何人在外窺探。

　　在建立、健全軍機處及其管理工作制度後，乾隆透過各種方式大肆削弱中央和地方其他機構的權力，把權力集中於軍機處，由皇帝親自領導。實質

上，軍機處權力的擴大，就是皇帝權力的擴大，它不僅將傳統的議政王大臣會議的權力剝奪，使之名存實亡，而且也使內閣形同虛設。

過去的公文處理要經過眾多的環節，有了軍機處之後，皇帝的諭旨可以直接從軍機處發出，下面的奏摺也可以直接從軍機處遞入，這樣就大大提高了辦事的效率。

乾隆時的軍機處職責主要是：

· 幫皇帝撰寫上諭，處理奏摺，審查內閣和翰林院所擬的詔旨。

· 討論施政方針。

· 為皇帝準備政事參考資料。

· 參與科舉考試的工作。

· 奉旨出京查辦事件。

· 陪皇帝出巡。

· 記錄和積累有關檔案事務性工作。

· 對從中央到地力各級官員的使用、任免提出參考意見等等。

其實，軍機處已成為輔佐乾隆行使強權的常設中樞機構，成了全國的政務中心。乾隆實行的密摺制度和軍機處，為自己獨攬朝綱、統領國家政務造成了極大的作用。在乾隆的督促下，密摺制度和軍機處制度得到了空前的完善，而乾隆的皇權也得到了空前的集中和鞏固。

同時，為了在輿論上增強自己的地位，使自己在普通百姓中的威望更高，像漢代時的皇帝把自己比為「天子」一樣，乾隆把自己神化為羅漢。乾隆宣傳自己是金身羅漢轉世，是佛祖派到凡間來管理人民的，直接接受佛祖的意志，從而使自己的命令成為佛祖的命令。透過這種神化，乾隆的統治更加牢固了。

佛教在中國的歷史源遠流長，清朝也不乏對佛教表示興趣的君主。清世祖曾先後召憨璞性聰、玉林通琇、木陳道忞禪師入內廷說法，並分別賜號。

康熙帝六下江南，凡到名山大寺，往往書賜匾額；他又將明末隱跡山林的高僧逐一引入京師，以便控制和吸引明代的士人。雍正帝對禪頗有研究，自號「圓明居士」。

佛教認為，人修行後可達到不同的果位，有一、二、三、四果之分。其中四果成就最高，取名為羅漢，達到涅槃的最高境界，可以消除一切煩惱，不再生死輪迴。

佛教最初傳入中國時，只有四大羅漢。由於中國地域太大了，東南西北中，就是一個羅漢管一個地方恐怕也忙不過來，還需要加強力量，於是又出現「十六羅漢」之說。直至唐朝玄奘法師時，中國才知道這些羅漢的名字，從此十六羅漢在中國才有了「正式戶口」。

後來，有的畫家在畫完十六羅漢畫像之後，竟然把斯里蘭卡高僧慶友和中國玄奘法師也給畫上了，變成「十八羅漢」。但到了乾隆年間，乾隆和章嘉活佛均對此表示反對。

乾隆和章嘉活佛頗有淵源。乾隆在上書房讀書時就與三世章嘉活佛若必多吉是同窗。章嘉活佛若必多吉於康熙五十六年生於甘肅涼州，雍正元年，清廷派兵前往青海平定羅卜藏丹津叛亂，確認若必多吉為二世章嘉活佛阿旺羅桑卻丹的轉世靈童，將其護送到京師。

雍正曾以阿旺羅桑卻丹係為恩師，因此他的轉世靈童若必多吉到京後，備受雍正愛護，多次賜給金銀綢緞珠寶，讓他仔細誦讀大藏經《甘珠爾》。

乾隆看到自己父親對活佛的態度後，主動請求父親讓自己與章嘉活佛一起學經，與這位活佛結下了法緣。乾隆即位後，也給予了這位活佛較高的地位，他讓章嘉活佛管京師寺廟喇嘛，又授予他「振興黃教大慈大國師」之印。

乾隆一生信奉佛教，他認為自己的修行已達到了羅漢的程度，「聖心與佛心無二無別」。他雖不敢與觀音、普賢、文殊、地藏等菩薩相比，但認為

自己的修行有了一定的成就，不為世間一切所惑。乾隆十年時，乾隆在〈寄題獨樂寺詩〉中說：

> 丈六金身應好在，春風過後偶相思。

乾隆認為，羅漢金剛可以長久存在，把自己塑成金身羅漢，可以永遠受人們的供養，令後世思念。於是在乾隆十三年興建羅漢堂時，他下令把自己列入羅漢中。

於是便有了碧雲寺羅漢堂第四百四十四尊羅漢，名為「破邪見尊者」，其像腳不高架，雙手置於腿上，胸前護心鏡上有兩條飛騰的龍。乾隆有意神化自己，讓全國臣民對自己頂禮膜拜，從而穩固自己的權力。

乾隆初期，在官制上基本沿用原任官員。有的官員習慣了雍正時期的嚴苛政策，無法適應乾隆的寬仁政治。為了推行新政，乾隆嚴屬地處理了這些反對新政的官員。

在雍正、乾隆政權交替時，甘肅巡撫許容是以刻薄而聞名的封疆大吏。當乾隆下令賑恤災民、樹立自己仁君形象的時候，許容卻按雍正時的舊規，僅借給貧民三月口糧，大家庭每天三斗，小家庭每天兩斗。

乾隆對此十分不滿，下諭說：「寬政首先就是要愛民，甘肅用兵以來，百姓為國家事業踴躍捐糧，現在遇到歉收，應當加恩賑恤。你做事太實在，而理財過於刻薄。國家救濟貧民，不要什麼時候都斤斤計較。」

但是，許容仍遲遲不予照辦。乾隆對許容無視自己的諭旨大為惱火，他不能容忍這樣的人繼續擔任封疆大吏，便找了一個藉口將其解任，並給以嚴屬譴責。

不久，乾隆覺得不能就這樣便宜了一個處處與自己作對的大臣，如果不嚴辦他，以後還會有其他的大臣違抗自己的旨意。因此，乾隆暗示大學士查郎阿彈劾許容有隱匿災情、禍害災民、結黨營私的過錯，馬上下令將許容押

解來京，交刑部治罪，刑部審定後給予了杖責的懲罰。

後來，乾隆考慮到自己的一口惡氣已經出過了，況且許容多年來還有一些功勞，同時也為了讓其感激自己的恩德，便下旨同意免除他的皮肉之苦。

此後，許容雖再次復出為官，但名聲已經掃地，最後鬱悶而死。在對其他較為嚴苛的官吏中，乾隆反覆闡明寬仁的方針，讓他們以休養百姓為己任。

廣東布政使薩哈諒上奏辦理徵稅情形，乾隆下諭說：「徵稅騷擾百姓的弊端，我已經非常瞭解了，看你們辦理的情形，仍然沿襲原來刻薄的陋習，但是我特意降旨寬大百姓，想讓百姓實實在在地感受到朝廷的恩惠，如果你們稽查不得力，只知道中飽私囊，而百姓不能從我的特旨中得到好處，那麼你們這些地方大員的罪過是不可饒恕的。」

除了此諭外，乾隆還分別給四川總督黃廷桂、廣東巡撫楊文斌、福建布政使張廷枚等下諭，要他們減輕百姓負擔，不要做那些急功近利、苛刻百姓的事。他說：「對那些以苛求當成嚴明、以輕視作為德行、以重罰作為權威，這種違背人性、不通人情者，要嚴加查辦。」

在清除嚴苛的官僚時，除王士俊、許容外，因「嚴苛」被處置的官員還有很多。山東文登知縣王維干用杖刑打死兩個人，是個殘忍刻薄、肆無忌憚、草菅民命的酷吏。

乾隆聽說後，嚴厲斥責山東巡撫岳浚說：「像這樣酷劣的地方官，你作為巡撫，為什麼不進行查參？這次根據我的旨意嚴審王維干，審定後寫出詳細的上奏條文，不得回護他以前的罪行，如果有絲毫的包庇和隱瞞，一定對你從重處理。」

對一批推崇嚴苛政治的官僚加以懲處，表明了乾隆透過法紀來維護自己政治革新的決心。他決心殺一儆百，讓其他對新政不滿或存有疑慮的大臣官僚們明白不守新規、不行新政的人下場會和王士俊等人一樣。

乾隆曾反覆強調過：「安良必先除暴，容惡卻不養奸，這才是治理官吏的辦法。」

也正是在這種謀略之下，他對「奸」者毫不留情，對「惡」懲除務盡，從而促進了臣民的向心力、凝聚力的生成。乾隆透過一系列的嚴厲懲處，使得前朝大多數官僚對他敬畏有加，為他進一步實施新政準備了條件。

勇敢改革抑制宗室

乾隆名正言順地登上了皇位寶座，他的繼承權應該無可指摘。然而，圍繞在皇帝寶座周圍的陰謀與怨恨，就像那到了節氣就會來臨的風和雨，發生在皇宮大殿的內外，困擾著初登寶座的乾隆。那些與乾隆身上流淌著皇族血液的愛新覺羅的子孫們，上演著一幕幕皇室家族慣有的爭權鬧劇。

乾隆四年十月十六日，乾隆針對宗室子弟之間的結黨，對宗室勢力進行了嚴厲的打擊。由於莊親王允祿與弘晳、弘升、弘昌、弘晈等人結黨，給乾隆的皇權帶來威脅，乾隆先下手為強，對一撥人等削職免爵。

這一次議案涉及的人員全是宗室子弟。莊親王允祿是康熙的第十六個兒子、乾隆的叔父，他是這群獲罪宗室中唯一的長輩，也是他們當中爵位最高的一個。

其餘幾人，弘晳，是大名鼎鼎的康熙帝廢太子允礽的嫡子；弘升是康熙帝第五子允祺的長子；弘昌是康熙帝第十三子怡親王允祥的長子，弘晈是允祥的四子；弘普是允祿的長子；寧和是依附允祿的閒散宗室，並承襲了允祿的公爵。

其實，乾隆初登皇位的時候，這些人大多曾受到過乾隆的恩惠。弘升之父允祺在康熙年間被封為恆親王后，他以長子被封為世子。但他生性好事，康熙末年捲入了父輩們的皇位爭奪，於雍正初年獲罪囚禁，從而丟掉了世子

的身分。

乾隆即位後，見其仍然忠厚，就任命他為都統，讓他掌管火器營，隸屬八旗禁軍的要職，頗有重用之意。弘昌在雍正年間不但沒有借父親是皇帝的寵弟而加官晉爵，反而因魯莽狂妄，被怕事的父親奏請圈禁在家，直到父親死後才被放了出來。

乾隆即位後將他加封為貝勒。允祿、弘普父子，更是多蒙「聖恩」，獲寵於乾隆。然而，這些人都辜負了乾隆的皇恩，迫使乾隆不得不以嚴厲的態度對待他們。

在乾隆授意下，先是宗人府議奏：莊親王允祿與弘晳、弘升、弘昌、弘晈等人結黨營私，往來詭祕，奏請將莊親王允祿及弘晳俱革去王爵，同弘升一起，永遠困禁；弘昌革去貝勒，弘普革去貝子，寧和革去公爵，弘晈革去王爵。

乾隆在上諭中，只是含含糊糊地列舉了他們的罪行。莊親王允祿罪有兩條：一是沒有一點為國家分憂解難的心思，只擅長取悅於人，遇到大事模稜兩可，不肯承擔責任，生怕事情與自己有關係；二是與弘晳、弘升、弘昌、弘晈、弘普等幾個侄子私下交結，往來詭祕。

弘晳之罪有三條：一是行止不端，浮躁乖張，於皇帝面前毫無敬謹之意，只會一味奉承莊親王；二是心中自以為舊日東宮嫡子，居心叵測，例如十月八日遇乾隆誕辰，他派人製造了一個鵝黃肩輿進呈，好像等待著皇上不要，以便自己留用；三是事情敗露之後，在宗人府聽審時，不知畏懼，拒絕交代。

弘升、弘昌、弘普、弘晈等人，則被指為結黨營私，是一群擅作威福、不安本分的驕奢淫逸之徒。緊接著，乾隆比照宗人府的議案，量刑從輕發落：莊親王允祿從寬被革親王，仍管內務府事務，其親王雙俸、議政大臣、理藩院尚書職，都被革退；弘晳革去親王，圈禁高牆，仍準在京郊鄭家莊居

登基親政

住，但不準出城；其餘弘升、弘昌、弘普、寧和俱照宗人府所議，或圈或革；弘晈因雍正恩賜世襲王爵，免予革除。

雖然乾隆沒有詳細列出各人所犯罪行，但是此次皇室禍變並非一日而成，而是與清朝入關以來宗室干政的祖制有關。大清由馬上得天下，宗室子弟都立下了汗馬功勞，奪得權力後，便將宗室參與國政立為祖制家法。

這種制度，必然導致宗室與皇權之間的矛盾。自從太祖努爾哈赤創業以來，清皇室以血緣關係分配權力所導致的矛盾爭端已經釀成了幾代皇子皇孫同室操戈的悲劇。

乾隆不願這種歷史悲劇重演，更不願他手中的權力受到他人的威脅，所以一見有宗室聯結的苗頭，就加以重處。這是繼雍正皇帝殺戮宗室以來最大的一次皇家禍變。

何以一向寬仁的乾隆也痛恨起他的同宗同族來？何以同室操戈的悲劇，又輪迴般地在此時重演？何以曾經顯赫一時、承先皇顧命、又任新帝總理事務大臣的莊親王允祿成了禍首？

莊親王允祿身受三代皇帝的寵愛，在乾隆登基後位高權重。他本是康熙帝諸子中頗得寵眷的一個。允祿的生母為密妃王氏，蘇州人。康熙晚年，康熙親自教授兒子們功課，允祿得益最多，他的天文、算學、火器，都是康熙皇帝親手教授的，因而幼年即精數學、通音律，以才氣聞名。

雍正皇帝統治期間，在諸兄弟中，除了對怡親王允祥特殊地恩寵外，就數允祿得皇恩最多。相傳十三弟允祥曾為雍正爭奪儲位出過力，雍正看重允祥，當有一種感恩圖報的心理。但他善待允祿，卻不知道出自何種緣由。

允祿在康熙年間沒有封爵，雍正特地將他過繼給無子的莊親王博果鐸。博果鐸，是皇太極第五子、承澤親王碩塞的兒子，後改號莊親王。

莊親王死後，允祿不但承襲了莊親王的爵位，而且繼承了巨額遺產。

　　雍正八年，允祥死去，允祿的地位開始逐漸提高，雍正帝於彌留之際，命他與果親王允禮以宗室王爺的身分與大學士鄂爾泰、張廷玉同時奉遺命負責傳位的大事。

　　而後乾隆登基，允祿又因擁戴之功，奉命擔任總理事務大臣，位列諸人之首，並因總理事務有功，給予額外世襲公爵，隆寵至極。乾隆善待允祿，除了遵從父親遺命外，似乎因為他與允祿之間還有著一層特殊的關係。

　　早在康熙末年，年幼的弘曆就因天賦極高、聰明伶俐而被祖父康熙帝養育在宮中，由允祿的母親密妃撫養照看。他除了與允祿同時受教於祖父外，更多的情況下，則是由允祿做「師傅」，將所學轉授給他。兩人之間的感情，自然不能與其他的叔侄相比。

　　然而，在人君面前，人世間所有的親情都會變得無足輕重，血緣關係完全被政治關係所侵蝕。當允祿的地位達到了頂點即僅次於皇帝的時候，他的厄運也隨之而來。因為，乾隆雖然年輕，卻是個極端專制主義的身體力行者。

　　乾隆鑒於封建專制政體有它難以克服的弊端，一上台就著眼於對它的改進。他除了對母后、外戚、宦官、藩鎮等嚴立章程、事先防範外，還著力解決困擾已久的大臣朋黨和宗室干政。而宗室干政的苗頭竟隨著允祿權勢煊赫而日益嚴重，引起了乾隆的重視。

　　因而，乾隆在父親為他安排的親貴政治氛圍中，度過他居喪的 27 個月後，便毅然決然地將莊親王允祿和果親王允禮排除在國家權要之外。新成立的中樞機構軍機處，雖然設了六位軍機大臣，卻不再有二人的位置，乾隆由此杜絕了宗室干政的弊端，加強了皇權，並形成了親王宗室不入軍機處的慣例。

　　對允祿、允禮來說，權力受到削奪，終歸不是愉快之事。儘管他們與皇帝之間並不曾發生過直接的矛盾和衝突，卻不能不擔心這種剝奪會是禍患的先兆。因而他們變得特別地小心，並且消沉起來。允禮因為腿腳有病而出入

不便，解職之後在家養病，乾隆三年二月就去世了。

於是，允祿與皇帝的隔閡變得更加顯眼。允祿自知不為皇帝所信，處處瞻前顧後，生怕惹來禍患。以致乾隆說他只知道專心取悅於別人，遇事模棱兩可，不肯承擔責任。而允祿這種小心翼翼的處世、立身哲學，正是來自對君權的畏懼。

允祿的處境，在宗室中引來了同情，在那些滿族大臣看來，允祿於皇帝有擁戴、輔佐之功，宗室參與國政，乃祖制家法，先皇雍正在創立軍機處時，也是以宗室王公居其首席。

然而，這一切隨著乾隆坐穩了皇位以後，全變了樣。他們認為，乾隆在薄待宗室方面將超過他父親。於是，一種物傷其類的情感困擾著這些皇家子弟，使他們很自然地遠離了皇帝而向允祿靠攏，弘晳、弘升、弘昌、弘晈等人成了莊親王府的常客。

專制政治，只有一個中心，那就是皇帝。允祿在宗室中威望的增高，使得乾隆大為不快。雖然他們並未掀起大的政治風波，但是他們走得太過於親密，彼此攀附結交，已形成一種集團勢力，這對需要鞏固皇權的乾隆來說，不能不是一種隱患。

於是，為了防微杜漸，實現他所謂的「先機保全之道」，乾隆在觀察了一年之後，決定對他們進行懲戒，除了允祿之外，幾乎所有獲罪的宗室都被貶被革或被圈禁高牆。

在這次宗室事件所涉及的人當中，乾隆最最忌恨的是弘晳。在乾隆的眼裡，弘晳對自己所構成的威脅遠遠超過允祿。弘晳表現出的狂妄自大、傲慢無禮以及對他的冷漠，使乾隆感到這位舊日太子的嫡子對自己的敵視和不服。

自弘晳記事起，便知道自己的父親是皇太子，並知道等父親做了皇帝之後，他這個嫡子也會被封為皇太子，然後成為皇帝。幼年的弘晳聰慧過人，不

僅為父親所喜愛，且尤得祖父康熙皇帝鍾愛，與乾隆一樣，也被養育在宮中，而且時間更早、更長。如果沒有什麼意外，弘晳應該順理成章地繼承皇位。

然而，這順理成章的事隨著太子被廢化為烏有。但當他的叔父雍正皇帝即位後，弘晳又很快恢復了宗室親貴的身分。先是被封為理郡王，雍正六年又晉封為親王。而且，雍正皇帝還給了他種種特權，甚至允許弘晳在王府內設立會計司、掌儀司等機構。故而，他的藩府規模和服飾都超過一般的王公，以至於在他獲罪以後，這也成了他的罪狀。

弘晳表面上對雍正皇帝竭誠擁戴，然而，在他的心裡，卻永遠丟不掉那曾經屬於他的嗣統，他對自己的命運感到不平。弘晳由「罪人」得賜王爵，本該心滿意足了。無奈，他的慾望竟無法填平，他非但不感恩雍正父子，反而時時想著有朝一日能從他們手中奪過皇權。因為在他眼裡，那金鑾寶殿本來是屬於他的。

對皇位的窺伺，使弘晳注意到莊親王允祿，這位和他年紀相仿的小叔父，是長輩中唯一在朝廷任要職的宗室。而允祿待人寬厚，既使人容易接近，又便於駕馭。於是，弘晳開始了與允祿的頻繁交往。

在弘晳看來，一旦遇有國家動盪、皇帝暴崩等意外，他少不了要依靠允祿等人的擁戴去奪回皇位，因為清代的祖制給予了宗室權貴議立新君的特權。

弘晳並不是這場「宗室結黨案」的主犯，在獲罪的這些宗室親貴中，他排第二。但是，他所受的處罰卻最重，不但被革去親王的爵位，而且軟禁在家，不得出城。

一個多月以後，這一案件又有發展。一個名叫福寧的宗室首先告發弘晳，說他利用安泰搞邪術，有大逆不道的行徑。乾隆接到告發的密疏後，立即將安泰逮捕歸案，並命平郡王福彭與軍機大臣訥親一同會審。

會審的結果，竟讓乾隆大吃一驚。安泰供認：他曾經自稱為祖師顯靈，

能預先得知將來之事。弘晳對安泰的占卜深信不疑，常常請他盤算，不久前曾問過：「準噶爾能否到京？」、「天下太平與否？」、「皇上能活多久？」、「將來我還能否再向上升？」

這一連串的問題將弘晳窺伺皇位、圖謀不軌的險惡用心暴露無遺。乾隆以往所有的懷疑和猜測都得到了證實。弘晳不僅性情浮躁乖張，對自己不恭不謹，而且在心裡時時醞釀著篡奪皇位的陰謀。他竟然盼著準噶爾打到北京，希望天下大亂，好趁亂奪位；他還企望皇帝短命，待皇帝死後，好以舊日東宮嫡子的身分奪得皇位。

乾隆四年十二月初六日，乾隆對此案做出最後判決：「弘晳聽信邪說，應當被處以極刑。但我總是想到他是皇祖聖祖皇帝的孫子，如果給予他太重的懲罰，於心實有不忍。況且他也是誤信巫師的讒言，因此對他從寬，免其死罪，但不便仍留住鄭家莊，交內務府總管石景山東果園永遠圈禁。」

弘晳的帝夢最終成為一枕黃粱，隨著乾隆將他的「大逆」之罪昭示於天下，弘晳只能在高牆之內打發他的餘生了。安泰是附和弘晳、傳播邪說之人，著從寬改為斬監候，秋後處決。而後，乾隆將弘晳的子孫革去宗室，給予紅帶子。

大清入關之初就規定，努爾哈赤的父親、努爾哈赤的兄弟及其子孫叫「宗室」，繫黃帶；努爾哈赤的祖父覺昌安以下的子孫叫「覺羅」，繫著紅帶子。乾隆讓弘晳繫紅帶子，意味著弘晳一支便成了「覺羅」，就是皇家的遠支。

為鞏固和加強皇權，乾隆不遺餘力，即使天子支派也須待以國法，而弘晳的謀逆，使他更加注意從各個方面加強對宗室的控制。乾隆七年六月，乾隆頒布調令禁止擔任御前侍衛的宗室與大臣及閒散宗室交往。

乾隆十一年九月，禁止宗室命名使用內廷所擬之字；乾隆十八年六月，嚴屬禁止宗室諸王與臣下往來，並令各部院及八旗衙門各錄此旨，寫在各自

的牆壁上。為了抑制宗室的勢力，乾隆把宗室排斥在權要機構之外，哪怕是才德兼優的同窗好友，他也不予重用。

　　乾隆即位以後，宗室中除了重用莊親王允祿、果親王允禮之外，第三位重要人物當屬平郡王福彭。福彭是努爾哈赤的八世孫，代善、岳托父子之後。岳托最初被封克勤郡王，後改封平郡王，是清代世襲的八大鐵帽王之一。福彭雖是宗室中的遠支，卻受到康雍乾三朝皇帝的賞識。

　　福彭年長乾隆三歲，早在乾隆為皇子時，兩人就結為同窗摯友。福彭在康熙朝時就養育在皇宮中，雍正六年又奉旨讀書內廷。弘曆認為福彭器量寬宏，才德優長，把他視為自己的生死兄弟。乾隆繼承了皇位後，他沒有忘記遠在邊疆的福彭，立即召他回京，命他協辦總理政務。

　　於是，福彭成了宗室王公中僅次於莊親王允祿、果親王允禮的第三號人物，即使是總理事務大臣的鄂爾泰、張廷玉，也不得不對福彭禮遇有加。這不僅僅因為他是王爺，更主要的是福彭曾是皇帝舊日的同窗好友，擺在福彭面前的是無可限量的政治前程。

　　然而，福彭的政治生命注定了要從屬於專制政治的需要。儘管福彭年輕有為，而乾隆又在用人之際，但乾隆鑒於皇家禍變的慘痛教訓，已經決心把所有的親王、郡王通通排斥在權要機構之外。福彭的才德和能力，只在乾隆初政時留下了曇花一現的影響，隨後便成了乾隆廢棄親貴政治的犧牲品。

　　自乾隆二年十一月，福彭便隨著總理事務處的裁撤，開始在政治舞台上銷聲匿跡。雖然此後他被授命管理過正黃旗、正白旗的旗務，卻始終不曾大用，直到乾隆十三年十一月，年僅四十歲的福彭病逝。

登基親政

嚴密預防宮廷內部

深受皇室之禍震驚的乾隆在心有餘悸的同時，不但限制宗室加入權要機構，而且對自己的弟弟也多加提防。乾隆排行第四，大哥二哥早亡，雍正五年，三哥弘時被削爵後，不久就去世了。乾隆便成了雍正帝最大的兒子，在他身下，本來還有三個弟弟，到他即位時，也只剩下五弟弘晝和幼弟弘曕。

弘晝小乾隆三個月，生母耿氏，封裕妃。在乾隆的諸兄弟中，只有這位同齡的五弟與他最為親密，兩人從小生活在一起，同吃同住，同師讀書。長大以後，兩人同尊同榮，所享受的政治和生活待遇也是相等的。

雍正九年，兄弟倆同時受封，弘曆封和碩寶親王，弘晝封和碩和親王。雍正十三年，又一同擔任苗疆事務大臣，參與政務。所以，兩兄弟實際是皇位繼承的潛在競爭對手。

歷史上，皇帝的御座不知誘發了多少同室操戈的悲劇，使多少骨肉至親反目成仇。乾隆與弘晝之間，不曾發生這種流血的衝突。從兩人的交往過程中，甚至找不到在乾隆即位前二人有過嫌隙的記載。

然而，這並不等於弘晝沒有成為天子的願望和野心，也不能說明他是心甘情願地看著皇位為兄長所得，而沒有一絲妒忌和怨恨，生長在深宮中的皇子們又有哪一個不是盯著御座、眼睛發紅的野心家呢？

只是皇家子弟，歷來只有服從的本分，沒有抱怨的權力。從雍正的言語行動中，不但大臣們已猜測到皇位的繼承人，身為皇子的弘晝也有所察覺。但他沒有口出妄言，也沒有自暴自棄，仍和以往一樣，孝敬父皇，友愛兄長。直到雍正去世以前，他們始終是親情頗深的好兄弟。

然而，一旦乾隆成了皇帝，一切都變了樣。昔日純粹的兄弟之情，又多了一層君臣關係。既是兄弟，又是君臣，地位、身分、關係的驟然變化，已經預示著二人之間的矛盾衝突必不可免。

　　弘晝性格內向，為人孤傲，滿朝文武均不放在眼中。一次，在議政時，他和軍機大臣訥親發生衝突，竟在眾目睽睽之下舉拳相向。乾隆雖然沒有訓斥他，但對弘晝當眾毆辱大臣很是反感。

　　還有一次，朝廷舉行八旗科目考試，弘晝奉命在乾清宮正大光明殿殿試八旗子弟。時至中午，弘晝請乾隆退朝歇息用膳，由他繼續監考。乾隆是個事必躬親的人，他擔心旗人士子挾私作弊，遲遲沒有退朝。

　　誰知弘晝竟因此十分不快，對乾隆說：「你難道連我也不相信，怕我被士子買通了嗎？」

　　乾隆大為不滿，二話沒說就退了朝。第二天，當弘晝如夢初醒，誠惶誠恐地向乾隆請罪時，乾隆也毫不客氣地告誡他：「昨天，如果我答覆一句，雙方頂撞起來，你該粉身碎骨。你的話雖然不好聽，但我知道你內心友愛，故而原諒了你。今後要謹慎，不要再說這種話了。」

　　自此，弘晝開始收斂。他謹言慎行，時時檢點，不再有從前那種盛氣凌人的樣子；但是，仍然不時受到皇帝借題發揮的敲打。一次，弘晝與幼弟弘瞻一造成皇太后宮中請安，跪坐在皇太后座旁的藤席上，此座正是乾隆跪坐的地方。乾隆立時責備兩個弟弟於皇太后前跪坐沒有樣子，弘晝因此被罰俸三年。

　　乾隆十七年，弘晝與莊親王允祿、履親王允祹、慎郡王允禧等人奉命一起清點倉儲。這些飽食終日的王爺平日懶懶散散、無所用心，因而做事草率馬虎、敷衍了事。想不到，這微不足道的小錯在皇帝眼裡卻成了無視皇命、未能盡心的大過，要議他們的罪。

　　宗人府豈敢得罪這些王爺，便以或革諸王所兼都統，或罰所兼都統俸祿，兩議上奏。乾隆最反感臣僚顧及情面，宗人府的模棱兩可使他怒從心起，下令將宗人府王公嚴加懲處，將原案交與都察院審理。都察院戰戰兢兢

地接過了這個案子，卻不知比照哪條律例議罰，揣摩之下，只好從嚴處置，通通革去王爵。

不料，此舉又惹惱了乾隆，他大發脾氣，聲稱：「王公等沒有什麼大的過錯，從來沒有革去王爵、降為庶人的道理！」他又責備都察院，「為了保住自己，卻不以實心為國家辦事。」

乾隆下令將都察院官員革職留任，諸王罰俸一年。皇帝威懾四海，權秉生殺。乾隆一會兒怪宗人府顧及情面，罰罪過輕；一會兒又怪都察院不遵守朝廷體制，議處太重。天威莫測，無非是警告這些傲慢的王公大臣們要在皇權面前俯首帖耳。

強權之下，弘晝不得不低頭，然而，內心卻痛苦不堪。為了排解心中的鬱悶，打發無所事事的生活，他整日出入戲院，醉心於戲曲，尤其偏愛卞陽腔，並在家中養起戲團隊，排練由他自己改寫的戲文。或許由於改寫的水平太低，來客不得不掩起耳朵，藉故逃走。

弘晝以另一種方式無言地發洩著心中的不滿，那就是自己裝成死人，由家人演習喪禮。弘晝經常高坐院中假死，由王府的護衛侍從陳設好各種樂器，供上祭品哭奠，而他自己則吃著供用，以此作為娛樂。這種變態的舉止，給人一種在長期壓抑下精神失常的感覺。弘晝死於乾隆三十五年，終年六十歲。

在乾隆仁慈的另一面，是對威脅到自己地位的對手進行無情的打擊。這些對手中有威脅自己權力的臣子，有威脅到他地位的其他阿哥。無論是誰，只要對乾隆手中的權力造成一小點威脅，乾隆都窮追爛打，不把對手徹底擊潰不罷休。

弘瞻是乾隆的弟弟，自小就受到乾隆的寵愛。但這種寵愛並沒有為他帶來幸運和更加美好的生活。相反，在乾隆的寵愛下，他變得遊手好閒、無所

事事，成為真正的紈綺子弟，幹的壞事也越來越多、越來越大，結果把自己推進了火坑。

弘曕生於雍正十一年，比乾隆和弘晝小二十三歲。雍正帝死時，弘曕只有2歲。因而，在弘曕的記憶中，他的一切都是由乾隆這位皇兄安排的。乾隆對弘曕這個小弟弟頗多關照。弘曕長大以後，善作詩詞，又富藏書，這同乾隆令當時頗負盛名的詩人沈德潛做他師傅有直接的關係，而且乾隆還將弘曕過繼給果親王允禮，允禮在諸王中較為殷富，弘曕即得嗣封為果親王，租稅所入，給用以外，每年的盈餘可以累積達到數萬。

皇家子弟，多紈綺成風。弘曕倚仗御弟的身分，有恃無恐，放蕩不羈。一次，皇帝令他前往盛京，恭送玉牒。他卻上奏要求先去打獵，然後再去盛京。又有一次，圓明園「九州清宴」失火，諸王都趕到園中救火，住處最近的弘曕不但來得最晚，且和皇子們嘻嘻哈哈，好似此事與他無關。還有一次，弘曕的母親做壽，乾隆沒有稱祝加賜。弘曕以皇帝薄待自己的生母為由，就當眾說了一些抱怨的話。

弘曕如此放縱失檢，乾隆對他十分不滿，多次申飭。但弘曕卻不知收斂，膽子越來越大。他貴為親王，巨富無比，卻生性吝嗇，斂財聚物無所顧忌。不但開設煤窯，強行霸占百姓的產業，而且還常向母親索要財物。這種貪得無厭的劣性，終於使他惹下了大禍。

乾隆二十八年五月，兩淮鹽政高恆代京師王公大臣販賣人蔘牟取暴利一事被告發，弘曕是被指控的王公之一。在乾隆的眼裡，弘曕「一向不安分守己，往往向人請託，習氣最陋」，幹出這等事來不足為怪，他下旨將弘曕收捕，交軍機大臣審訊。弘曕沒有見過這種「陣勢」，他被哥哥的皇威鎮服了。在審訊的過程中，弘曕供出，他因欠了商人江起滔的錢，派王府護衛帶江起滔到高恆處托售人蔘，牟利以償還欠債。

登基親政

身為親王，弘瞻幹出如此有傷體面的事情，乾隆大為惱火。他對弘瞻的任性放縱，一直採取寬容的態度，但弘瞻卻始終不知檢點，屢蹈懲尤，反把事情鬧大，乾隆決意借此對弘瞻加以懲治。接著，乾隆又查出弘瞻以低價令各處織造、關差購買朝衣、刺繡、古玩、歌女等，並有私自請託軍機大臣阿里袞選任王府門下私人為朝廷官吏之事。

乾隆為改變清朝前期宗室王公干預朝政的惡習，對皇親國戚，包括自己的弟弟在內，雖給予很高的名位、優隆的待遇，卻絕對禁止他們干政。弘瞻不但以聚斂好財盡失御弟身分，且又違犯朝規，干預朝廷選拔官員，乾隆不能再容忍了。乾隆厲聲責備說：「弘瞻想要干預朝政，毫無顧忌，已經到了很厲害的程度。此風一長，內務府旗員也將會傚法，這樣的話，外面的滿漢職官，京城的部院司寺，都將紛紛步其後塵，無法阻擋了。想到這裡，我實在是寒心啊。」

於是，乾隆將其舊過新犯一總清算，諸罪俱發後，弘瞻被革去親王的一切差事，永遠停俸。這是乾隆第一次以如此嚴厲的態度對待他的幼弟，弘瞻大出意外。平時，他以灑脫自居，此時只有大勢已去的傷感。從此，他居家不出。鬱鬱之下，竟然一病不起。

弘瞻病危時，乾隆親自到弘瞻府上探視，弘瞻在被縟間叩首謝罪。乾隆似乎被弘瞻的軟弱和屈從所感動，喚起了他的手足之情。他嗚咽失聲，淚流滿面，拉著弘瞻的手說：「我因你年少，故而稍加處分，以改變你的脾氣，想不到你會因此得這樣重的病。」

乾隆立即恢復了弘瞻的爵位。兩年之後，弘瞻仍然死去了，年僅三十二歲。乾隆失去了幼弟，卻使皇權更加獨尊。作為一名封建君王，乾隆深深懂得「欲治天下，先治宗室、內宮」的道理。

儘管出於政治安定的考慮，乾隆繼位後在政治方針上採取了寬仁的一面，昭雪、平反、安頓了不少皇親國戚、親王宗室，但皇權鬥爭畢竟是殘酷

的，乾隆斷然採取了「整頓機制，施政有綱」這一策略，防止宗室、宦官、外戚干政專權。

為了不使母親干預政務，即位後的第三天，乾隆就發出一道諭旨，告誡宮內太監女子：

> 凡國家政事，關係重大，不許聽風就是雨地傳播。恐怕太后聽了之後擔心，宮禁之中，凡有關外面的言論，不過是太監人等在市井中聽說的，多是錯誤的謠言，如果不幸傳到皇太后耳朵裡，她向我說知其事，如果合她老人家之心，自然遵行。

如果不合她心思，就會讓她為此擔心，爾等嚴行傳諭，以後凡外間閒話無故向內廷傳說者，即為違法之人，總會被我知道，或查出，或犯出，定行正法。陳福、張保是我派出侍奉皇太后之人，這些都是他們的責任，應該首先瞭解這些。。

這個命令看似是乾隆愛護母親，感情篤深，其實是為了使皇權獨尊，不受母后干擾，避免歷史上母后亂政之嫌。皇太后既然徹底與外世隔絕，當然也就不可能有什麼作為了。

乾隆繼位不久遇到一件事，太后讓乾隆把順天府東一座廢棄的廟宇修葺一下。事雖不大，乾隆卻意識到了問題：太后在深宮之內怎麼會想起來修廟宇呢？乾隆雖然母命難違，派人修了廟宇，卻對在太后身邊的太監們提出了嚴重的警告。

後來，好事的太監將悟真庵的尼姑引入大內，又帶領太后的弟弟進宮，這些都是違反後宮規章的。乾隆礙於情面不好訓誡母后，但毫不留情地訓斥了太監們的多事非禮。

乾隆對母后的親戚非常優待，常常賞賜他們，但是不允許他們以權欺人、以權干政。頭等承恩公、散秩大臣伊江阿是太后的親侄子、乾隆的表兄弟，長年患病，不能供職，本應該罷任，乾隆念他是太后的親戚，所以特加

優公爵，免其革退，但是他的俸祿卻減少了一半。

在此嚴厲的監督和規章制度之下，外戚根本沒有參政的機會。乾隆對整個後宮的管束也比較嚴格，規定皇后只能管理六宮之事，不得干預外廷政事。他還用歷史上著名的有德行的后妃為例，作了十二幅「宮訓圖」，每到年節就在後宮張掛，作為嬪妃們的榜樣。

其中有「徐妃直諫」、「曹后重農」、「樊姬諫獵」、「馬后練衣」、「西陵教蠶」等等。在宮中舉行宴會時，乾隆還讓后妃們以「宮訓圖」中的人物為內容，聯句賦詩。后妃的娘家人雖不時蒙得賞賚，也不乏高官顯宦，但都不敢過於弄權。

對於宮內宦官，乾隆更是防微杜漸，極力防範。乾隆鑒於宦官之禍，改除舊制，將原來教習宦官讀書習字的內書堂廢掉。他說：「內監的職責就是聽命行事，只要略識幾個字就行了，何必派詞臣給他們講文義呢？明代宦官弄權，原因就在這裡。」

自乾隆三十四年以後，內宮便不再有詞臣教習宦官了。乾隆還有禁止宦官縱權的措施，就是讓當差的奏事宦官一律都要改姓為王。這樣一來，外廷官員就難以分辨仔細，避免他們之間相互勾結亂政。如果發現太監們有所非為，乾隆也定處不饒。有個太監是乾隆貼身之人，因對乾隆說了幾句有關外廷官員是非的話，乾隆馬上命令將其處死。乾隆發諭旨說：「凡內監在外邊滋擾生事者，外廷官員可以隨時處置行罰。」

宮中有個叫鄭愛桂的太監，經常在乾隆耳邊讚揚刑部尚書張照，貶斥戶部尚書梁詩正，說他「太冷」。乾隆討厭太監干政，並觀察其中的真相。事實終於弄清，原來張照捨得花銀兩破費錢財結交太監，而梁詩正卻廉潔自持，不善於籠絡太監，所以鄭愛桂「喜張而惡梁」。

乾隆得知真相，寫詩稱讚梁詩正說：「持身恪且勤，居家儉而省。內廷行星久，交接一以屏。不似張揮霍，故率稱其冷。翻以是嘉之，吾豈蔽近幸。」

為此，乾隆毫不客氣地懲治了鄭愛桂，並降旨要宦官們引以為戒。還有一個在御前聽差的太監，被乾隆直呼為「秦趙高」。其實這個太監也並沒有做下什麼大逆不道、弄權使壞的事，乾隆之所以這樣稱呼他，只是為了向他示警，不要向秦朝的趙高學習，要安守本分。

作為一位年輕的皇帝，乾隆在變幻莫測的官僚政治漩渦中，改革和完善了各種制度，使母后、太后、兄弟、叔父、外戚、太監等均受到約束和牽制，把皇權鞏固到無以復加的地步。

發現朋比結黨隱患

乾隆繼位之初，意識到前朝大臣大權在握，於是以潛移默化的方式，逐步削弱前朝老臣的權勢，組建起自己的勢力，實行「寬嚴相濟」的新政。

雍正彌留之際，遺詔莊親王允祿、果親王允禮和大學士鄂爾泰、張廷玉四人輔佐弘曆。這既為乾隆在繼位之初留下了可用之臣，也為乾隆開創大業留下了束手束腳的隱患。

乾隆初年，在他所任用的雍正舊臣中，以鄂爾泰、張廷玉的地位最高。自恢復軍機處、宗室王公被排斥在權要機構之外後，鄂爾泰為首席軍機大臣，張廷玉居其次，都是位居宰相的重臣。二人雖然各樹門戶、朋比結黨、相互傾軋，但卻不曾威脅到皇權的穩定。

鄂爾泰和張廷玉在乾隆推行新政的過程中，發揮了舉足輕重的作用。因而，乾隆在初政的過程中，雖不時給以告誡，卻仍很是倚重，十分寬待。所以，鄂爾泰和張廷玉均權勢顯赫，並在朝廷內外負有盛名。

乾隆二年，朝鮮使臣在回國後的奏報中，稱譽說：「新皇帝政令沒有大的失誤。閣老張廷玉負天下眾望，要求告老回鄉，乾隆不答應，人們都認為只要有張閣老在，天下就不會發生大事。」

登基親政

乾隆孤身置於先朝的老臣中，從那一張張陌生的面孔中，觀察到了變幻莫測的官場，感受到了盤根錯節的黨派關係。他意識到：「雖然我從父親手裡接過了皇位，卻沒有屬於自己的心腹之人。」

黨爭是官僚政治的痛疾。明末以來，官場相互援引，攀附成風。而各個林立的黨派之間，你攻我伐，相互傾軋，搞得烏煙瘴氣。在清朝的統治者眼裡，明朝的滅亡，在很大程度上來自於這種自相殘殺的「窩裡鬥」，因而清朝的皇帝都最忌黨爭，順治、康熙、雍正屢屢頒詔戒諭，並對官僚士子結黨立派的行徑進行了不折不扣的打擊。

然而，這種分門植黨、官官相護的惡習，卻有相當廣泛的社會基礎，由師生、同年、同僚官員所形成的特殊關係，竟是那樣的牢不可破，往往是舊的朋黨剷除了，又結成新的朋黨。

儘管乾隆屢次表示黨爭是他所深惡痛絕的，朝廷還是出現了鄂爾泰與張廷玉兩個漸漸對立的黨爭。乾隆即位時，朝廷上已形成鄂、張兩黨。鄂爾泰與張廷玉二人相國秉政，嗜好不齊，門下士子互相推奉，漸漸導致分朋引類，私下攻擊。

鄂爾泰、張廷玉皆為前朝遺老，又均有擁戴之功，兩人分門立戶，相互攻訐，因此，影響了朝政的統一，也為初政的乾隆儘快地熟悉政務、鞏固和加強他的皇權，製造了無形的障礙。

乾隆周旋於兩黨之間，既要打擊鄂爾泰、張廷玉的勢力，又要在自己沒有培植起親信大臣之前，倚靠二人幫助自己處理國政，使國家機器能夠正常地運轉。這使乾隆煞費苦心，幾乎成了他的一塊心病。鄂爾泰最先形成勢力，是在他發跡於雲貴總督這個重任的時候。

鄂爾泰對待屬下頗有長者、前輩的風度，對周圍的臣僚部將，凡有一技之長，他均過目不忘，及時給予獎勵提拔，所謂「知人善任，賞罰明肅」。因而，在他節制西南的七年中，文武官員張廣泗、張允祿、元展成、哈元

生、韓勛、董芳等人均甘願為其所用，並皆在平定貴州苗民的叛亂中立功。他們被鄂爾泰的才幹所折服，也為他的賞識而感恩。這種特殊的上下級關係，使他們固結一體。

雍正的寵眷和重用，使鄂爾泰的威望在朝野大增。雍正皇帝為了嘉獎鄂爾泰的忠誠，曾頒旨天下說：「我有時自信不如鄂爾泰專一。」而且，事無大小多委託鄂爾泰督辦，所以，鄂爾泰所到之處，巡撫以下官員出城很遠來拜見他。久而久之，在鄂爾泰周圍便聚集起一幫趨炎附勢之人。

到了乾隆即位前後，鄂爾泰在朝廷內外已結成以他為首的黨派。依附他的著名人物有史貽直、尹繼善、仲永檀等人。同時，鄂爾泰的家族也越來越有勢力。

鄂爾泰的家族是一個顯赫的家族，自從入關，多人得到封侯拜將。鄂爾泰的發跡，使這個家族更為顯赫，鄂爾泰的弟弟鄂爾奇，官居戶部尚書、步軍統領。

鄂爾泰的長子鄂容安開始擔任軍機章京一職，後任河南巡撫、兩江總督，在西征時任參贊大臣。次子鄂實也是參贊大臣。二人均死於西征準噶爾的戰場。三子鄂泥為山西巡撫，出任西安將軍。四子鄂寧也是巡撫一級的大官。五子鄂忻是莊親王允祿的女婿。鄂爾泰的女兒嫁給了寧郡王弘校。侄兒鄂昌擔任過湖北、甘肅巡撫。

如此一個滿門貴冑的家族，本身就有一種咄咄逼人之勢，何況還有位居首臣的鄂爾泰。相比之下，張廷玉似有在鄂爾泰下風之勢，但張廷玉的發跡和所獲雍正帝的寵愛，卻比鄂爾泰早得多。

張廷玉，安徽桐城人，字衡臣，康熙年間進士，任內閣學士、吏部侍郎。至雍正朝屢次升遷至保和殿大學士、軍機大臣，兼管吏、戶二部，並任翰林院掌院學士。

　　與鄂爾泰不同，張廷玉出生於書香門第、官宦之家。張廷玉的父親張英以文學之才獲寵於康熙皇帝，最早入值南書房，成為康熙身邊的寵臣，官至大學士，死後賜諡「文端」。

　　張廷玉是張英的次子，他的長兄張廷瓚官拜詹事府少詹事，弟弟張廷璐官拜禮部侍郎。張廷玉的七個兒子也都拜官。長子張若靄、次子張若澄均值南書房，為內閣學士。小兒子張若淳也自內閣學士起家，歷任軍機章京、侍郎、尚書等職，堪稱滿門貴冑。

　　張廷玉歷康熙、雍正、乾隆三朝，蒙恩得以蔭襲、議敍的子姪姻戚，更是不乏其人。因此，乾隆六年，左都御史劉統勛上書指責說：「官場輿論都掌握在桐城張姚二姓手上，朝廷官僚半數出自他們的門下。現在張氏做高官者有張廷璐等十九人，姚氏與張氏一直都是親家，姚家做官的人也有十人。」

　　足見張廷玉勢力之大，黨羽之眾。張廷玉和鄂爾泰各自形成了勢力強大的朋黨集團，雙方勢同水火，而兩家子弟賓客更是勾心鬥角，起了推波助瀾的作用。鄂、張兩黨在一定程度上反映了滿漢官僚之間的矛盾。當時的情況，就像乾隆指出的那樣：「滿族人都想著依附鄂爾泰，漢人則都想著依附張廷玉。」

　　為了爭權奪勢，兩派每天都在暗中較勁。據傳，鄂爾泰與張廷玉同朝十餘年，往往一天都不說一句話。張廷玉向以謙虛自居，但對鄂爾泰卻是寸步不讓。

　　本來鄂爾泰一直外任封疆，而張廷玉官居京城，兩人互不相擾。但自雍正十年，鄂爾泰內召還京，成為首席軍機大臣，班次在張廷玉之前，張廷玉大為不快。而後，鄂爾泰偶有過失，張廷玉必冷嘲熱諷，使其下不了台。

　　實際上，張廷玉雖然在咬文嚼字上比鄂爾泰高出一籌，常常以口角獲勝，但由於清政府的大權操縱在滿族上層的手中，乾隆的重滿輕漢、祖護滿

族官員的傾向較為明顯，所以更多的情況下，還是鄂黨占上風。鄂爾泰與張廷玉兩派早在雍正統治期間就多有較量。在朝廷處理苗民反叛的過程中，鄂、張兩派的勢力是此消彼長。

雍正四年至雍正九年，朝廷收復了黔省苗族四萬戶。在雲貴總督鄂爾泰的多次奏請後，實行「改土歸流」政策，取消土司世襲制度，設立府、廳、州、縣，派遣有一定任期的流官進行管理。苗族地區由「無君上，不相統屬」到設官建治，顯然是一種社會進步。

但是，官軍駐紮該地後開始修城、建署、築碉、開驛等，大量無償役使苗民，加之繁重的賦稅和各種名目的攤派，苗民不堪忍受，反抗情緒日益高漲。

雍正十二年七月，黎平人包利到苗疆腹地古州，以「苗王出世」作為口號，大造反清輿論。三月二十一日，包利率眾包圍台拱番招坌汛城。五月初至六月中旬，苗眾先後攻占凱里、重安堡、黃平等府。雍正諭令允禮、鄂爾泰、張廷玉等籌劃用兵事宜，並調兵圍剿。苗眾見清軍雲集，棄城回寨。

雍正十三年五月，苗民再次反叛，爆發了大規模的反清鬥爭。雍正帝怒形於色，頗有怪罪鄂爾泰「改土歸流」不當之意。實際上，苗民反叛的原因是多方面的。這一帶改土歸流最晚，而且由於鄂爾泰、張廣泗等得力大員相繼調離，歸流的工作很是草率，除了添設流官派駐軍隊之外，未對原有土司勢力做應有的觸動。

而後，隨著新派流官橫徵暴斂、作威作福，原有的土司勢力便利用苗民的不滿，鼓動反清。雍正以果親王允禮、寶親王弘曆、和親王弘晝、大學士鄂爾泰、張廷玉等人為辦理苗疆事務大臣，專門負責平叛。

鄂爾泰曾向雍正帝誇下海口，聲稱西南改土歸流後，可保百年無事。然而，不過幾年工夫，苗事再起。

 登基親政

鄂爾泰自覺心虛理短，便以從前管理苗疆籌劃布置不周向皇上請罪，並請罷免官職，回家養病。雍正帝正在氣頭上，再加上朝廷中反對鄂爾泰的呼聲頗高，便以鄂爾泰有病需要調養為由，解去他大學士之職，並削去伯爵爵位。

鄂爾泰被革職奪爵，意味著鄂黨的勢力受到嚴重的打擊，而張黨正在得勢。這時，雍正帝又偏偏用了屬於張黨的刑部尚書張照為撫定苗疆大臣，前往貴州主持平叛。張照見鄂爾泰失寵於皇帝，以為時機已到，可趁機報復，於是自薦前往貴州督理苗事。

鄂、張兩派在苗疆事件上的第一次較量便從張派的張照督苗開始了。張照一心想給鄂爾泰以致命的一擊，他甚至沒有為自己留退路，因為他既不知兵，又無帥才，手裡唯一的一張王牌便是他得知雍正有放棄苗疆的想法，一旦戰敗，他可以上奏請求調回。

在張照看來，只要能將鄂爾泰的「改土歸流」方針否定，不僅可以使雍正下定放棄苗疆的決心，免去這場戰爭，而且他還可以一洩私憤，在鄂爾泰站起來的地方扳倒他。

所以，張照一到貴州，便為鄂爾泰羅織罪狀，每次上奏都說「改土歸流」不是可行之策。張照的用心在於推翻改土歸流，敦促皇帝趕快廢棄這項政策。

張照把心思都用在整治鄂爾泰身上了，在軍事上卻一籌莫展。他毫無用兵經驗，一到貴州便提出了錯誤的「分地分兵進剿」之策。張照命將軍哈元生率雲南、貴州兵馬，副將軍董芳領湖北、廣東兵馬，分兩頭進剿。這一大調兵幾乎用了半月的時間，幾萬大軍調動，先已消耗了自己，將士苦於奔波，怨聲四起。

在用兵上，張照又犯了分兵太重、有守無攻的兵家大忌。哈元生為了保護營地不致失守，沿路分兵把守，以致數萬軍隊用以攻剿之師不過一兩千

人。董芳完全聽命於張照,所以,張照對董芳極力稱善,反指責哈元生的錯誤,導致哈元生與董芳之間相互攻擊。

另外,張照野蠻地對待苗人,激起苗人的強烈反抗。張照出於對苗民屢撫屢叛的憎恨,抓住苗民,不論降拒,一律剿殺。這種野蠻的屠戮,把苗民逼到了絕路上,他們反抗的決心越來越堅定,甚至殺掉自己的妻女從軍抗清。

由於以上種種原因,自張照出任苗疆大臣後,整個苗疆地區局勢極其糟糕。雍正死後,這一切改變了。乾隆即位的第二天,便下令召張照還京,命湖廣總督張廣泗為經略,代替張照督理苗疆。這表明了乾隆對苗疆一事的態度與雍正完全不同。

乾隆早在身為皇子時就開始參與機務,對國事有自己的看法。而且他曾以寶親王的身分奉命督理苗疆,對苗疆之事的始末也是一清二楚。

他並不贊成父親對苗疆一事的處理,反而從心裡肯定鄂爾泰改土歸流的做法。因而,當他在批閱張照奏摺時,立即感到了問題的嚴重。

雍正十三年九月,乾隆頒旨指責張照的奏摺說:「你對目前用兵情形,收復與未收復之地的狀況,以及日後的用兵方略等均未能一一分析陳奏,連篇累牘的奏摺,竟然以巧詞猜度,有意迎合。你說新開闢的苗疆地區因為叛亂不斷而要求我下旨放棄,實在是錯誤之極。從前,管理苗疆的事物都是由鄂爾泰單獨完成的,後來苗人叛亂,你在京時,看到了父皇訓斥鄂爾泰,那是因為他總是沒有將這件事情處理完備,接著你又見到父皇發出解除鄂爾泰職務的聖旨,因而你以此私下里揣測父皇的意思,落井下石,言辭過於激烈了吧。鄂爾泰解任的理由,主要在疾病而不在有過錯。況且是鄂爾泰自請解職,並不是被革職的,鄂爾泰的功過,待將來事情完成之後,自有定論,你們就不要再妄自議論了。」

十一月,乾隆便藉口「挾詐懷私,擾亂軍機,罪過多端」的罪名,下令

將張照革職下獄。於是，鄂、張兩派的第一回合因為乾隆洞悉張照的私心，以張黨的失勢而告終。與此同時，鄂派的勢力有所抬頭。雍正臨終前原諒了鄂爾泰在苗疆的失誤，使他仍以大學士身分輔佐新皇帝。

乾隆在懲治張照的同時，將鄂爾泰的得力心腹張廣泗派往貴州。一時之間，鄂黨的勢力甚囂塵上。鄂黨擺開了全面反攻之勢，並以牙還牙，藉機羅織罪名，製造大獄，想將張照置於死地，以達到徹底剷除張黨的目的。

鄂、張兩黨較量的第二個回合主要是鄂派的張廣泗趁機打擊張照。張廣泗，漢軍旗人，隸屬鑲紅旗。他沒有科舉正途的名分，康熙末年由監生捐得了知府的官銜，便一直任職西南，先是在貴州思州府，雍正四年又調任雲南楚雄，正碰上鄂爾泰在雲貴地區的改土歸流剛剛開始。

於是熟知苗情的張廣泗為鄂爾泰所賞識，成為左右手。從此，張廣泗以平苗之功，升遷貴州按察使、貴州巡撫、湖廣總督，並以有能力、處事幹練聞名朝野。

張廣泗是鄂爾泰部下，與鄂爾泰共事長達七年。後來，鄂爾泰內召還京，張廣泗也調任湖廣。改土歸流雖出自鄂爾泰的運籌和設計，但在執行上，卻有張廣泗不少的思索和規劃。所以，張照攻擊鄂爾泰經略苗疆不善，否定改土歸流，實際上也是在打擊張廣泗。因而，張廣泗這次奉命到貴州接替張照，他是絕不肯輕易放過對方的。

張廣泗於十一月到貴州，對戰事做了重新的部署。張廣泗以他對苗疆軍務的熟諳和幹練，僅用半年時間，便將各地起義鎮壓下去。繁忙的軍務並沒有使張廣泗忘記對張照的還擊，而乾隆的稱許和嘉獎更使他得意忘形。

乾隆元年正月，張廣泗借乾隆的倚重，開始落井下石，奏稱「貴州省的軍需銀兩，張照任意浪費，現在馬上就要用完了」。張照督理苗疆時，戶部撥解軍費一百萬兩。張照將這筆軍費收藏在貴東道庫，一直不讓貴州藩司經

手，這使地方官十分不滿。

當巡撫因軍需請張照協助接濟時，張照卻說：「此事與你毫不相干。」這種妄自尊大、傲慢無禮，又不負責任的態度，成了張廣泗攻擊他的把柄。張廣泗上奏，乾隆下令讓張照賠償十分之八，並命戶部查明嚴追。

在乾隆看來，張照作為國家經略大臣，非但沒有軍功，反而挾私敗事，即使處以死刑也不為過。然而，乾隆清楚地知道，在這場事端的背後，是鄂爾泰與張廷玉兩大黨派之間的較量。所以，當廷議判處張照死刑時，乾隆卻下令將張照寬免釋放。

而且，在乾隆的關照下，張照出獄未久，便奉命在武英殿修書。乾隆二年二月授內閣學士，入值南書房；乾隆五年又授刑部侍郎；次年，官復原職，仍居刑部尚書之位。在這一過程中，乾隆為張照洗清了冤情。

原來，張廣泗彈劾張照的百萬兩軍費用完了。張照上奏辯解說：「由我經手的錢糧只有十三萬，都派撥各府，其餘與我無關。」乾隆立即令張廣泗前去核查落實。

張廣泗想誣陷張照，給張照重罰，所以，他藉故拖延，直到乾隆四年正月，在朝廷的屢屢催促下，才不得不以「張照經手銀兩為二十五萬兩」匯報給戶部。乾隆看到張廣泗的匯報十分氣憤：「此奏摺與原折完全不相符，且推遲了二年才得到回覆，顯然有回護原參、阻礙處理的地方。」

一語道破了張廣泗的動機。乾隆隨即馬上頒旨：「張照經手的二十五萬兩，都分發給各路為軍需之用，本無應賠之項。」

在鄂、張兩派的第二次較量中，鄂派的張廣泗誣陷張照失敗，以鄂派失勢而告終。透過苗疆反叛事件，鄂、張兩派在較量中各有勝負，而調節兩派勢力的則是乾隆的平衡措施。

在處理前朝遺留的兩派勢力時，乾隆採取勢力均衡的措施，對鄂、張兩

派平衡駕馭，讓兩派勢力互相牽制，為己所用。他在張照得勢時給張派以適當的壓制，提高鄂派的勢力；在張廣泗打擊張照時，又為張照平冤，提升張派的勢力。

在這一個左右權衡的過程中，乾隆始終把握著平衡協調的利劍，不讓任何一派獨占鰲頭，讓皇權在兩派之間起著決定性的權威作用。

平衡削弱兩派實力

乾隆在平衡周旋於張廷玉、鄂爾泰兩派勢力之間時，也下定決心：絕不能像明朝那樣盛行門戶黨援，必須肅清綱紀。因此，乾隆一方面採用平衡手段，另一方面又適時削弱兩派的實力。

乾隆不時對大小臣僚發出警告，禁止朋比結黨。他說：「如果一定想要依附逢迎鄂爾泰、張廷玉，日積月累，實在是一種危害啊！」又警告鄂爾泰、張廷玉二人說，「你們兩人應該體諒我的心思，更加小心謹慎。」

然而，鄂、張兩黨長期對立，積怨太深，絕不是皇帝的幾道諭旨就能使數年的嫌隙煙消雲散的，而官僚政治為了個人的利害得失，相互傾軋，往往是無孔不入，從而使官場上的爾虞我詐愈演愈烈。

乾隆六年，鄂、張兩黨的矛盾日益尖銳化。這年三月，陝西道監察御史仲永檀上奏說：「步軍統領鄂善接受京城富民俞氏賄銀一萬兩。俞氏喪葬出錢請九卿弔喪。禮部侍郎吳家駒因參加俞氏葬禮，受弔喪謝儀銀五百兩，又侵吞分送給九卿炭金兩千兩。詹事陳浩在俞家陪弔，奔走許多天，而且，前往俞家弔喪的不止九卿，大學士張廷玉差人送帖，徐本、趙國麟都親自前往那裡。」

仲永檀所說的俞氏，名君弼，曾為工部鑿匠，善於鑽營而積攢大筆家資至巨富。然而，卻沒有兒子，只好過繼了一個孫子。不料沒過數年，俞君弼竟一病不起，沒過多久便死了，身後留下大量家產便成了導火線。

俞君弼還有一個義女，女婿許秉義貪財好利，欺負俞家嗣孫年紀小，圖謀爭奪家產。他利用為俞家辦喪事的時機，行賄於與他同宗的內閣學士許王猷，讓他遍邀九卿到俞家致吊，凡參加弔喪之人都給以重金酬謝。許秉義以為這樣就可以憑藉朝官的勢力，達到獨霸產業的目的。

許秉義意圖重金收買的事很快被朝廷知道了，乾隆大怒，下令將行賄者許秉義逮捕下獄，嚴加審訊，鎮以國法。並將許秉義的同宗、內閣學士許王猷革職查辦，然後申斥九卿各官，嚴禁到俞家弔喪。

但是，重金之下，必有勇夫。雖然皇帝申飭戒諭，仍有禮部侍郎吳家駒等人前往。就連鄂善也被俞家收買，接受了俞家託人送來的銀兩。

鄂善是滿族人，雍正年間的老臣，乾隆即位後，仍予重用，授予號稱九門提督的步軍統領之職，居禁軍頭領的地位，又先後任兵部尚書、吏部尚書等官，得寵於一時。他並非張廷玉的黨徒，但此次卻受了張黨的牽連。

仲永檀是山東濟南人，乾隆元年進士，曾以敢言聞名。仲永檀雖為漢人，卻投到了鄂黨的門下，在鄂、張兩黨的鬥爭中不遺餘力。此次，他終於看準了時機，狀告張黨受賄。

這一醜聞的揭露，矛頭直接指向了張廷玉及其黨羽。因事關貪贓，張黨狼狽不堪。仲永檀為鄂黨立了一功。

仲永檀給了張黨重重的一擊，但他認為這還不夠，又接著彈劾張黨洩密。他說：「向來密奏留中的事件，外面很快就能夠知道。這一定有人串通自己左右，暗地裡洩漏出去了。要是權要有自己的耳目，朝廷就將不再有耳目了。」

仲永檀所說的「權要」直指張廷玉，他暗喻張廷玉的黨羽將密奏留中之事私下透露給張廷玉。而所謂的密奏留中，是大臣們以奏摺的形式向皇帝陳奏的機密。按照規制，皇帝閱後，封緘留存，除了皇帝本人之外，任何人不能知道。

　　仲永檀密摺參了兩案，兩案皆事關重大，涉及權要。乾隆閱後為之一驚。但仲永檀氣勢逼人，倒使他提高了警覺，他意識到這是黨爭的信號，必須妥善處理。

　　然而，乾隆一時找不到合適的人選去處理這件事。因為，張黨中的主要大臣幾乎都被牽扯到此案中，在這種情況下，如果再派某個人單獨承辦此案，不論他是鄂黨，還是張黨，都無法擺脫將個人恩怨搞亂是非的嫌疑。

　　乾隆思前想後，命怡親王、和親王、大學士鄂爾泰、張廷玉、徐本、尚書訥親、來保成立一個「七人辦案組」，共同查審此案。這樣，既可避免有人做手腳，又可令人信服。

　　乾隆布置停當，想要徹查到底，但他仍懷疑有誣陷之嫌。他說：「如果這件事情屬實，那麼鄂善罪不容辭；如果純屬捏造，那麼仲永檀自有應得之罪。此事關係重大，如果不明晰辨理，判其黑白，那我還有什麼資格任用大臣？大臣又怎麼敢大膽辦理國家之事呢？」

　　至於仲永檀指稱有人洩密，在皇帝身邊弄權，乾隆視為妄詞。他批覆說：「所謂權要串通左右的言詞，我看此時並沒有可串通的左右，也沒有可串通左右的權要。」

　　他下令讓仲永檀明白問奏，並指示辦案大臣秉公查清。數日以後，在王公大臣們的嚴厲質訊下，鄂善及其家人供認了曾接受俞氏嗣孫俞長庚賄銀一千兩，鄂善被革職送交刑部。

　　鄂善是乾隆重用之人，他如此欺君枉法，令乾隆震驚之下大失所望。新做皇帝，當然更看重自己的聲譽，在他看來：鄂善一人違法所涉及的問題很小，但皇帝用人不當的過失則關係重大；如果再不明彰國法，則人心將會散失殆盡？於是，乾隆賜令鄂善自盡。

　　這是乾隆登基以來，第一次如此嚴厲地處置大臣。他自己也痛心疾首，

整整一個多月，食不甘味，寢不安席。但比起法辦鄂善來，張廷玉等大學士更難處置。

內心中，乾隆不願自己所任用的大臣一個個都是欺君罔上的奸臣。如果不是有干國法，乾隆絕不允許他們在這場涉嫌黨爭的案獄中受到傾軋。

因而，在處理了鄂善之後，乾隆只將禮部侍郎吳家駒和詹事陳浩革職，其餘均從寬開脫，並頒旨：「仲永檀奏摺裡面提到的大學士等到俞家送帖弔奠一事，今查詢明白，全屬子虛烏有。」

乾隆明明知道所謂大學士送帖弔奠一案，根本無法查實。因為仲永檀早就聲稱：「大學士等人已於皇上申斥九卿時，毀掉原帖，送帖弔奠的證據不復存在。」

乾隆是何等的精明，他怎會不知呢？而且，在他挑選辦理此案的七名大臣中，就有張廷玉、徐本二人，他們是仲永檀點名參劾之人。以當事人辦理自己的案件，其結果更是可想而知了。

乾隆不予追究，又有誰還敢再查呢？實際上，仲永檀所說密奏留中洩密於權要之事，並不是無的放矢，他舉出御史吳士功彈劾尚書史貽直密奏曾被宣揚於外。

吳士功是張廷玉的門生，河南光州人，字唯亮。雍正十一年中進士，頗具才氣。由於吳士功與張廷玉的特殊關係，仲永檀所參吳士功洩密，並串通權臣，矛頭直指張廷玉。而史貽直又與鄂爾泰交好。因而，這件案子所表現出的門戶黨派之爭實在是太明顯了。

雖然乾隆清楚地記得吳士功去年確有密奏，而且確實被宣揚於外，但他決定放下此事。本來，乾隆一直最痛恨臣僚洩漏機密，常說：「大臣們報告事情，應當謹慎嚴密，如果有彈劾的奏摺，都應當採取密摺這種形式，不能洩漏給外人，以擅自做主。」

　　凡是臣下洩密，乾隆往往嚴懲不貸。但這一次，乾隆的態度卻完全不同。他頒旨說：「御史吳士功奏參尚書史貽直一折，我現在姑且不究。讓他們二人閱看後，封入內閣。如果你們將來不知改過，再有過錯，特此取出，一併從重處置。」

　　如此重大的洩密事件，就這樣被乾隆壓了下來，史貽直沒有因為被人彈劾受到審查，吳士功、張廷玉也沒有因為相互串通、洩漏機密，受到懲處。

　　乾隆置身於兩黨之間，竭力保持公允，不使雙方失之於均衡。他並非不願消滅黨爭，而是實在不願在朝廷中形成一派獨占鰲頭之勢，從而構成對皇權的威脅。所以，他小心謹慎，在剷除朋黨時機尚未成熟的情況下，仍使雙方維持勢均力敵的狀態，以收到相互牽制的效果。

　　在張黨受賄和洩密案件中，乾隆庇護了張廷玉集團，只為了造成牽制鄂黨的效果。但是，張黨無視朝廷的做法也更堅定了乾隆的打擊兩黨、收歸大權的決心。

　　在鄂、張兩黨的爭鬥中，鄂黨一直處於上風。乾隆針對這種狀況，不斷地對鄂派勢力進行警告、控制，防止鄂派勢力的極度膨脹。乾隆認為，鄂爾泰生來喜歡虛名而近乎驕橫，張廷玉則善於自我批評而近乎懦弱。所以，乾隆尤其注意對鄂爾泰的壓制。

　　清代滿族貴族一直在政治上享有特權。鄂爾泰在雍正所留下的一班大臣中位居魁首、權勢傾朝，而他的倨傲驕慢更給人以權臣震主的感覺，因此乾隆不斷地打擊鄂爾泰的鋒芒。

　　雍正生前，曾有意要將他為雍親王時居住的藩邸舊居改建為廟宇。雍正帝死後，搬出皇宮另闢新居的和親王弘晝向乾隆索要原雍親王府舊邸時，鄂爾泰為博得皇帝之弟的歡心，主張將王府賜給弘晝。

　　在乾隆眼中，賞罰只有皇帝能決定，他絕不允許大臣自作主張，何況乾

隆本來就認為此府為龍騰所在，不宜再做王府。因而，他斷然拒絕了鄂爾泰的建議，將原雍親王府改為禮佛的喇嘛廟，稱「雍和宮」。

乾隆三年，朝廷議「三老五更」，這是復行古帝王敬禮老者之意。在古代，以年過八十以上的老者稱「三老」。「五更」主要指鄉宦的名稱。相傳，古代設「三老五更」，以尊養年老的官員，而能被選入「三老五更」的人，皆是德高望重之輩。後來，歷朝歷代皆沿襲這種禮制，但年齡則放寬在六十歲左右。

其時，鄂爾泰、張廷玉俱可當三老之位，但張廷玉遇事謙退，不願招搖。他以「典禮隆重，名難實副」為由，堅決反對舉行此禮，所謂「斷以為不可」，並作〈三老五更議〉陳說己見，這個禮制於是因為張廷玉的奏疏而宣告作廢。

但鄂爾泰的態度卻不一樣。他依然我行我素，以耆老自命，並希望由此博取美名。乾隆對鄂爾泰的態度極為反感，甚至在閱讀張廷玉的〈三老五更議〉時，感觸頗深之餘撰文題記，指責鄂爾泰「因好虛榮，近於驕者」。

有一次，永州總兵崔起潛所參有損皇帝的尊嚴，乾隆本想嚴加懲處，但後來又降旨從寬發落。詔旨下達後，朝廷內外立時紛傳這是鄂爾泰上疏所奏，而鄂爾泰在擬罪具題時，確實有疏陳將崔起潛寬釋的密摺。乾隆說：「如果不是鄂爾泰把這件事情洩漏給外人，其他的人怎麼能知道這件事呢？」

乾隆雖然對鄂爾泰這種邀買人心的做法十分不滿，但在尚需倚用這些前朝遺老的情況下，未加追究。然而，五年以後，因為鄂爾泰在朝廷內外勾結過甚，已經超出了皇帝所能包容的限度。

乾隆舊事重提，當眾抖出鄂爾泰洩密買好，有丟顏面的事情，並且公開說：「喜歡揣摩人情，而反省自身需要縝密⋯⋯鄂爾泰縝密之處，不如張廷玉。」

乾隆直接拿鄂爾泰與張廷玉作比較，對鄂爾泰不能不是一個極大的刺

激。而在一抑一揚之間，失勢與得勢已有分曉。

乾隆這是第一次以如此嚴厲的態度對待鄂爾泰，也是第一次歷數他的過錯，並點名指責他。由此，作為宰相的鄂爾泰即使謹小慎微，但面對著乾隆這個一心想大權獨攬的皇帝，君權和相權的矛盾遲早爆發。

乾隆六年夏，乾隆到塞外打獵來到古北口，按照慣例檢閱當地的軍隊。當乾隆看到古北口鎮的官兵「隊伍整齊、技藝擁熟」的演習後，十會滿意，稱讚不已。乾隆認為，這一切都是由於統率有方、將弁兵丁勤於練習所致，當即賜賞黃廷桂戰馬兩匹。

兩個月後，乾隆返回京城，便授黃廷桂為甘肅巡撫。黃廷桂是漢軍旗人，出身世宦之家，康熙末年，由監生承襲曾祖雲騎尉世職，任侍衛。雍正年間，遷總兵、提督、四川總督。乾隆元年，西部邊疆軍務基本結束，朝廷裁撤四川總督，黃廷桂降為提督。

但是，就在乾隆於北部邊境對黃廷桂倍加稱道、大有識拔太晚的時候，奉命留京辦事的鄂爾泰卻以黃廷桂濫舉匪人的罪名按例議處，降二級調用。

原來，古北口守備和爾敦鑽營行賄部院被人告發，而黃廷桂又曾經推薦和爾敦為守備，故而黃廷桂也被懷疑接受了和爾敦的賄賂，有貪贓的行為。

鄂爾泰一向討厭黃廷桂，正好抓住把柄。鄂爾泰是主管兵部的大學士，於是他下令兵部對和爾敦進行嚴審，兵部審後又交刑部，欲藉機整治黃廷桂。可是，雖經兩部反覆審訊，和爾敦卻始終供稱，不曾有鑽營懇請黃廷桂之事。

鄂爾泰抓不到黃廷桂有貪汙贓私的證據，只好給他安了一個「濫舉匪人」、「將劣等官員特殊保留」的罪名，議罰降調。而且，鄂爾泰為了不使皇帝出面干預，勾結刑部官員，以最快的速度趕在乾隆出巡返京之前審理結案。

在鄂爾泰看來，乾隆遠在古北口外，批閱本章絕不會比在京城仔細，定

能矇混過關。乾隆豈是能被人欺瞞之主？於是，君權與相權之間發生衝突。

奏本送到乾隆手中，他就發現了問題。乾隆意識到這是鄂爾泰利用他出巡未歸私下報復，先發制人。

他氣憤地說：「黃廷桂不過因我出口行圍，路經古北，防備守禦事務需人料理，是以將和爾敦請調，並非薦舉升遷，也不是保舉和爾敦久留此任。辦理此事的大臣與黃廷桂有不睦之處，說不是挾嫌報復，誰會相信呢？」

乾隆早已對鄂爾泰不滿，此事尤其讓乾隆反感，認為鄂爾泰非但不識抬舉，且欺君攬權，所以不點名地數落他說：「那人如此辦理已經辜負了我以誠待大臣的本意，況且這些事情本來我早就知道其中的詳情，而那人卻仍要一意孤行，是不把我放在眼裡啊。這樣擅自行事的人，竟然都出自我以前十分信任的大臣，你們這樣做是把我當成一個什麼皇帝呢？」

乾隆越說越氣，先時一直沒有提到鄂爾泰的名字，這時乾脆點名道姓，下令說：「將辦理此案的大學士鄂爾泰等人嚴行申飭。對黃廷桂免除處分。」

鄂爾泰從權臣到被皇帝申飭，他的驕縱之氣受到了嚴重的打擊。鄂爾泰像被人猛擊了一掌，開始清醒起來。自雍正末年以來，鄂爾泰位至極品，新皇帝在他眼裡也不過是個涉世未深的雛兒，雖說天資聰穎超絕，但終歸在深宮里長大，閱歷有限，在官場政界的風雲迷霧中，絕非他這個久經歷練的老臣能比。

鄂爾泰沒有想到，就在他自以老臣自居的時候，他的一舉一動都沒有逃過乾隆的眼睛，以權洩憤之事被乾隆全盤抖了出來。鄂爾泰為之震懾，從心裡佩服乾隆的精明。從此，他開始收斂，暗自修身，做起太平宰相來。

不管鄂爾泰糊塗還是不糊塗、真糊塗還是假糊塗，太平宰相都不是那麼容易當的。正所謂「樹欲靜而風不止」，宦海中從沒有平靜的港灣。雖然，鄂爾泰畏於皇帝的天威，甘於淡泊，不再兜攬事權。但是，依附在他周圍的黨徒卻不甘寂寞。

登基親政

　　仲永檀因在乾隆六年彈劾步軍統領鄂善貪贓、御史吳士功洩密兩案皆實，加官晉爵，由御史授至左副都御史，成為三品大臣，和鄂爾泰的關係也更加密切。

　　乾隆七年二月，仲永檀擔任會試副考官，由貴州趕赴京師，一路仗勢欺人，令家人鞭打平民，被河南巡撫雅爾圖參劾，處以罰俸。但這小小的懲罰，並沒有使仲永檀引以為戒，他仍然毫無顧忌地為所欲為，在京期間，與鄂爾泰的長子鄂容安商量謀陷他人之事。仲永檀的所為很快被人告發。事發後，兩人都被革職拿問，交大臣會審。

　　十二月，在審理的過程中，仲永檀像洩了氣的皮球，與鄂容安一一供出他們相互串通在參奏別人之前先行商謀、參奏之後又相互照會的事實。這種無視法網、朝綱及明知故犯的結黨營私行為，令乾隆感到髮指。

　　乾隆一針見血地指責說：「仲永檀受我的深恩，由御史被提升到副都御史。可他卻依附師門，將密奏密參之事無不預先商量，暗結黨援，排擠與自己不和的人，罪惡實在是重大。鄂容安在內廷行走，且是大學士的兒子，理應小心供職，他卻向言官商量密奏之事，罪惡也是不小啊！」

　　仲永檀與鄂容安，一個是鄂爾泰的門生，另一個則是他的兒子，兩人皆與鄂爾泰關係密切。且鄂爾泰不止一次地在乾隆面前奏稱仲永檀端正直率、可為大用。

　　因而，乾隆對鄂爾泰的不滿，也形於辭色，他批評鄂爾泰：「既不能擇門生之賢否，也不能訓子以謹慎，有營私黨庇之過。」

　　見乾隆對鄂黨一派動了怒，張黨圖謀報復，要求刑訊仲永檀和鄂容安，並逮問鄂爾泰。乾隆深知一國的政治都在於皇帝的賢明，此事於鄂爾泰罪名重大，如果查個水落石出，鄂爾泰承受不起，所以乾隆故意不予深究，從寬了結此案。

　　除仲永檀下獄，後病死獄中外，鄂容安退出南書房，鄂爾泰交部察議，只稍稍給以懲罰。乾隆不願造成一黨得勢的局面，因而竭力維持兩黨的均勢。而已知收斂的鄂爾泰，在雍正的一班舊臣中是一個熟悉政務的能臣。這一點，更為乾隆所看中，他說：「如果將鄂爾泰革職拿問，國家少了一個能辦事的大臣。」

　　雖然鄂爾泰被乾隆寬釋了，但乾隆並沒有忘記告誡他：「我也不能多次赦免。」

　　言外之意，鄂爾泰如若再有過犯，定會嚴懲不貸。只是，鄂爾泰沒有等到那一天。自乾隆九年（1744 年）入冬以後，他便臥病在床，手腳不能動彈，好像患了中風偏癱之症。乾隆十年（1745 年）四月就病故了。遺書上達後，乾隆頒旨說：

> 大學士鄂爾泰公忠體國，直諒持躬，久任邊疆，突出的政績很多。處理大事簡練有效……才格經綸，學有根柢。不愧國家之柱石，允為文武之儀型。

　　這是乾隆對鄂爾泰一生的蓋棺之論。乾隆還親至鄂爾泰府第品酒，準予配享太廟，入賢良祠堂，並賜諡「文端」，恩禮都很隆盛。鄂爾泰的去世給以鄂派勢力嚴重的打擊，鄂黨群龍無首，在朝廷中的勢力大不如從前。

　　鄂爾泰一死，張派想趁機致鄂派餘黨於死地。但在乾隆的平衡策略下，鄂派勢力並未受到徹底的打擊，而且還出現了以史貽直為首的另外一些鄂派頭領。

　　乾隆十一年九月，有人彈劾鄂爾泰的弟弟、戶部尚書、步軍統領鄂爾奇有「提拿越控、濫用部牌、庇護私人、壞法擾民」等罪名，鄂爾奇被革職罷官。但經過諸王大臣會審核實後，張黨提出應加倍治罪。

　　乾隆不容張黨趁機落井下石，他雖然認為鄂爾奇理應從重治罪，但仍然聲稱：「我念及鄂爾泰於國家政事益處很多，以此可以抵消他弟弟的罪過。」

登基親政

因此，乾隆免去了鄂爾奇加倍治罪。兩年之後，鄂爾奇也死了。鄂爾泰兄弟雖相繼死去，但鄂黨的勢力卻固結不散，大有「百足之蟲死而不僵」之勢。朝廷內有大學士史貽直固持門戶之私，朝廷外又有鄂爾泰的子侄和門生故吏相邀相聚，他們朋比徇私、傾軋異己、繼續黨爭。

於是，大學士史貽直又引起了乾隆的注意。史貽直，字儆弦，江蘇溧陽人，康熙三十九年進士，歷任吏部、工部、戶部侍郎，署理福建、兩江、湖廣、直隸等省總督，乾隆年間累遷至尚書、協辦大學士、文淵閣大學士，可謂出將入相的老臣。史貽直善於辭令，曾有許多傳聞。

雍正初年時，年羹堯獲罪被誅以後。雍正誅謬年黨不遺餘力，史貽直與年羹堯同年進士，又為年羹堯所薦，所以雍正帝問他：「你也是由年羹堯所推薦的嗎？」

這本來帶有問罪之意，史貽直卻不慌不忙，十分平靜地答道：「推薦我的是年羹堯，使用我的卻是皇上您啊。」

一句話，為自己擺脫了干係。當然，雍正不加以治罪，反而重用他，並非因為他的巧辯，主要還是因為他有可用之處。乾隆即位以後，史貽直仍以老臣身分得到重用。

在漢人大學士中，除了朱軾、福敏之外，就數張廷玉和史貽直的資歷最老。而朱軾死於乾隆元年，福敏於乾隆十年因病離任。徐本、趙國麟、陳世倌等人雖比史貽直早晉大學士，但徐本在乾隆九年退休，趙國麟早在乾隆六年解職。

所以，自乾隆十年以後，漢人大學士除張廷玉而外，便以史貽直、陳世倌居於望位，汪由敦、梁詩正等皆其晚輩，陳世倌雖位在史貽直之先，但科舉功名卻在史貽直之後，且其屬於不好生事的一類。於是，史貽直的所為便突出起來。

官場上，漢人歷來重視科舉功名，將其視為為官的本錢和論資排輩的依

據。史貽直以「器量宏大，風度端凝」而為文人所稱道，但這或許是文人的溢美之言，事實上這並非他的一貫作風。

史貽直十九歲考中進士，可謂功名早就。他比張廷玉小了十歲，卻與他為同科進士，隨後一同考選庶吉士，一同被欽點為翰林，雍正元年又一同入直南書房。只是自此以後，兩人的官運便有了明顯的不同，距離拉大了。

張廷玉是平步青雲、扶搖直上，官至翰林院掌院學士、戶部、吏部尚書，以大學士出任軍機大臣，綜理樞要，出納王命，成了皇帝的心腹大臣。而史貽直只是官居侍郎，外放署理總督，直到乾隆七年才晉為協辦大學士，且始終沒有入直軍機處。

這或許是史貽直與張廷玉結怨的潛在原因，而史貽直出於嫉妒，不甘居於張廷玉之後，轉而投到與張廷玉對立的鄂爾泰門下。

自乾隆五年被隸屬張黨的御史吳士功彈劾後，史貽直便耿耿於懷，伺機報復。只是由於鄂爾泰在，諸事輪不到史貽直出頭露面，他才未能如願。

乾隆十年，鄂爾泰一死，朝廷中便儼然形成了史貽直與張廷玉對峙的局面。

自乾隆十三年，張廷玉上疏請求退休歸田，史貽直便開始就張廷玉配享太廟一事大做文章。他四處宣揚張廷玉於清王朝無有大功，不當配享太廟之榮，並多次在乾隆面前陳說其詞，欲達到使乾隆改變雍正遺命、罷張廷玉配享太廟的目的。

乾隆深知史貽直的用心，雖然他對張廷玉配享太廟素有成見，而張廷玉不親自到朝廷謝恩，這種對皇帝不尊不信又帶要挾的態度令乾隆不能忍受，但乾隆還是奉行不為大臣左右的原則，僅削去了張廷玉的伯爵爵位，沒有聽從史貽直罷配享之請。

不僅如此，乾隆反而在申斥張廷玉的同時，還點了史貽直的名，說：「張廷玉與史貽直一直不相合，史貽直多次在我面前奏張廷玉將來不應配享

太廟，史貽直本不應如此陳奏，而那個時候我就不聽他的話。史貽直既然與張廷玉不和，又怎麼能夠在我的面前得逞呢？」

在乾隆明察秋毫、恩威並施的政治氣氛中，史貽直雖有行私之心，卻始終無法得逞。在鄂派勢力日漸削弱的時候，乾隆加強了對以張廷玉為首的張派集團的抑制。

張廷玉之所以能與那些滿族的「英賢」相提並論，不過是因為他具有超乎常人的好手筆。張廷玉正是憑著自己的好手筆，參與了雍正一朝的最高機密，劃策決疑，為雍正皇帝定天下立下大功。

因此，雍正帝對張廷玉倍加稱道，非常依賴他，賞賜也甚厚。在雍正臨朝的十三年中曾六次賜金帶給張廷玉，每次賞賜都以萬計。張廷玉為感激皇帝的恩寵，也為了炫耀自己的體面，將自家花園命名為「賜金園」。

然而，在乾隆的眼裡，張廷玉在雍正朝時僅以撰寫諭旨為職責，這是靠文墨為生的文人的資本。所以，張廷玉雖為雍正帝所寵信，卻不為乾隆所依賴。

對此，乾隆有著他自己的理解，他說：「我之所以能夠容忍張廷玉，不過是因為他擔任朝廷重臣有一定的年數了，就好比放在櫃子裡的古董那樣，僅僅是一種陳設罷了。」

乾隆滿漢之見極深。張廷玉雖以漢人久居高位，卻得不到乾隆的信任。再加上乾隆深惡朋黨，在對鄂爾泰集團勢力多方裁制的同時，為了保持派系之間的力量均衡，收相互牽制之效，不得不庇護張廷玉，但也不時給予裁抑。

乾隆即位之初，張廷玉與鄂爾泰同封伯爵，加號「勤宣」。張廷玉以此為榮，乾隆七年，他請求將伯爵由其長子張若靄承襲，乾隆沒有答應。為抑制張氏家族勢力過分膨脹，也為了裁抑張廷玉本人，乾隆令伯爵銜只封張廷玉本人，到他死為止。

　　其時，張廷玉已是接近七十歲的老人。乾隆準其在紫禁城內騎馬，又允許他不上早朝。這一方面是出自對老臣的關照，但另一方面，卻不無排斥之意，從而形成了由訥親獨自面承聖旨的局面。

　　乾隆十一年，張廷玉的長子、內閣學士張若靄病故，這對張廷玉實在是個意外的打擊，白髮人為黑髮人送終，不能不使他倍覺傷心，更引起了他的思鄉之情。

　　這年他已是七十五歲的老翁了，雖不時上朝奏事，但內廷行走，已是步履蹣跚，需要人來扶持了。乾隆特意命令其次子庶吉士張若澄在南書房行走，以便照料。但皇帝的關照卻無法阻止他的歸隱之心，退休歸家的念頭越來越強烈。

　　乾隆十三年正月，張廷玉上疏乞求退休，理由是：馬上就要八十歲，請求能夠榮歸故里。這本是人之常情，但乾隆認為，作為大臣，只應鞠躬盡瘁，死而後已。他對張廷玉說：「你受兩朝厚恩，而且奉我父皇的遺命，將來配享太廟，豈有回歸故鄉終老的道理？」

　　乾隆不批准他的請求，而張廷玉極力陳奏，以至於說到動情之處不覺淚流滿面。儘管乾隆反覆講明他不應該引退的道理，張廷玉還是不斷爭辯、不甘罷休。

　　雙方爭執的結果：張廷玉被迫留下了，乾隆心裡對其愈加不悅。在張廷玉再三表達請辭的決心後，乾隆終於答應了他的請求。而張廷玉此時卻一心考慮自己死後配享太廟的問題，反而惹惱了乾隆。

　　乾隆十三年十一月，乾隆見張廷玉仍然歸心熱切，且老態日增、精神大減，故而動了惻隱之心。乾隆覺得強留不近人情，經過長時間的斟酌，派人到張廷玉的府邸，將自己對他依依不捨但又不願強人所難的意思告訴了他，讓他自行抉擇。

　　張廷玉見乾隆恩準還鄉，喜出望外。當即表示：「仰蒙體恤垂詢，請得暫辭朝廷，臣一定於後年江寧迎駕南巡。」

　　如果張廷玉就此與乾隆一別，便可以榮歸故里，以享晚福了。誰知他自取其辱，反落得蓬頭垢面的下場。原來，張廷玉在得到允許退休之後，又顧慮起身後能否得到配享太廟的問題了。

　　太廟，是封建帝王祭奠列祖列宗的廟宇。而帝王至尊，不僅生前要有文武百官俯首聽命，即使死後，也要有佐命功臣陪伴。因而，得以身後配享太廟，便成了大臣們無與倫比的殊榮。

　　雍正十三年八月，雍正皇帝臨終留下了令鄂爾泰、張廷玉配享太廟的遺詔。

　　嗜爵如命的張廷玉尤其看重這配享的特別恩遇，將其視為光宗耀祖的殊榮，因為在整個清朝配享太廟的十二名異姓大臣中，他是唯一的漢人。張廷玉擔心自己回鄉後配享太廟可能會落空，於是猶豫不決。他唯恐身後不得蒙榮，於是進宮面見皇帝，請乾隆賜給自己一個文書憑據。

　　乾隆因配享出自雍正的遺詔，久成定命，並無收回之意。見張廷玉對自己如此防備，提出這近似要挾的請求，心中十分不快。但乾隆還是勉從所請，答應了張廷玉並寫詩一首：

　　造膝陳情乞一辭，動予矜惻動予悲；
　　先皇遺詔唯欽此，去國余思或過之。
　　可例青田原侑廟，漫愁鄭國竟摧碑；
　　吾非堯舜誰皋契，汗簡評論且聽伊。

　　這是一首寓意頗深的詩句，它一方面重申了雍正帝的遺命，同意張廷玉配享太廟，並以唐朝開國功臣的身後之榮作比，聲稱對他的恩典會超過那些唐朝的功臣。

　　但另一方面，更浸透了乾隆對張廷玉的不滿和警告。所謂「漫愁鄭國竟摧碑」，是說他可以像唐太宗那樣給鄭國公魏徵樹碑立傳，也可同樣傚法太宗倒碑毀文。而「吾非堯舜誰皋契，汗簡評論且聽伊」，更是直截了當，說張廷玉的功德不比皋契，實不應配享，將來歷史自有評論。

　　這首詩對張廷玉來說不是好兆頭。張廷玉身為三朝元老重臣，久經政治風雨，應該完全知道為官當如臨深淵、如履薄冰的道理。可是他聰明一世糊塗一時，在得到恩準配享的諭旨後，他只是具折謝恩，並以年老天寒為由不親赴殿廷，讓兒子張若澄代往。

　　乾隆動怒了，他認為這是張廷玉對自己的不敬。恰逢這年由於內憂外困，乾隆心態大變。先是皇后富察氏病逝，乾隆失掉愛妻。繼之，又是金川戰事不利，清軍吃了敗仗。

　　乾隆受到張廷玉這一刺激，不由得大發雷霆。他讓軍機大臣傳旨，令張廷玉第二天回奏。

　　承旨的軍機大臣是傅恆和汪由敦。汪由敦出自張廷玉的門下，浙江錢塘人，雍正二年進士。乾隆即位以後，汪由敦又被新皇帝賞識，入直南書房，為內閣學士。而後，累遷至侍郎、尚書。乾隆十一年署左都御史，擢升為軍機大臣。

　　汪由敦顧及到師生之情分，看到乾隆對張廷玉的事情發怒，當即摘下頂戴，叩頭為張廷玉求情。但乾隆怒氣正盛，對汪由敦的請求毫不理睬。汪由敦無奈，又不忍負師生之誼，便不顧軍機處的規矩，將乾隆發怒的消息透露給了張廷玉。

　　乾隆龍顏大怒，張廷玉已知此事非同小可。第二天一大早，他便趕到宮廷跪叩請罪。不料，這亡羊補牢之舉，非但沒有任何用處，反而授人以柄。乾隆明知張廷玉的「請罪」並非出自真情，而是汪由敦洩漏了消息，因而更加惱怒，對張廷玉大加責罰，歷數他的罪狀。

第一，配享太廟，乃非常恩典。

張廷玉不親自至宮廷謝恩，是視配享為應得之分。乾隆指出張廷玉這樣做是認為皇帝配享之言既出，自無反悔之理，而自己以後再無可視之恩、也無復加之罪了，因而無需顧及君臣之情了。

乾隆質問張廷玉說：「你就住在京郊，即使衰病不堪，也應該親自來表示一下謝意呀。只是寫個奏摺，竟然不到朝廷中來，你將我給你的如此大的恩惠，看作是你應該得到的，這個道理在哪裡呢？」

第二，張廷玉要求兌現雍正的遺言，請乾隆重申配享太廟的恩典，是信不過新君。

所以乾隆說：「張廷玉的罪過，本來不在於他不親至朝廷向我謝恩，而在於他屢次請求按照先皇的遺詔給自己配享。他這樣做，是完全不信任我這個新皇帝。」

第三，張廷玉歸心似箭，多次上奏皇帝。

乾隆認為，張廷玉在尚未龍鍾衰老之時就圖謀思退，這是因為自己的門生親戚不能由於自己的推薦而獲得官位或者提拔而採取的一種以退為進的手段，是對新皇帝的要挾。張廷玉這樣一而再、再而三地請求回歸故里的舉動顯然是對新君不予重用的不滿。

第四，張廷玉不能親至朝廷謝恩，卻於次日黎明赴朝請罪。

汪由敦以師生之情，先是捨身向皇帝請命，後又不顧朝規洩密露情，更加深了乾隆的成見。

乾隆痛斥說：「張廷玉，你的得意門生在朝廷替你當耳目，雖然你退出朝廷但卻跟自己在朝廷時一樣消息靈通，這樣的伎倆能瞞得過我嗎？你試著想想大學士是什麼官，怎麼可以徇私引薦自己的門生做官呢？你再想想我是什麼樣的皇帝，又怎麼能容忍我的大臣們植黨樹私呢？」

專制帝王最容不得大臣「震主」和「欺主」，張廷玉對乾隆已經犯有不

信、不敬及外加欺矇之罪，乾隆忿忿地說：「我大清朝乾綱獨斷，我即位至今十四年了，事無大小，哪一件事情不是由我來獨斷。即便是選拔一個縣令這樣的小事情，都由我來仔細斟酌選擇。哪有大學士這樣高的官職我不慎重詳審，卻聽憑你張廷玉去安排自己的門生呢？你這個做大臣的，難道就不能不做些收斂嗎？」

乾隆於盛怒之下，出言威厲，大有傾覆張廷玉之勢。但是，為示寬容，乾隆下令讓張廷玉仍以大學士銜休致，身後仍準配享太廟，只是削去了伯爵。而被牽連的汪由敦卻被革去協辦大學士和尚書銜，令其在尚書任上贖罪。

乾隆十五年三月，張廷玉在遭到乾隆的訓斥後，便遵照乾隆的「明春回鄉」的旨意，奏請啟程。但是，這時正碰上乾隆的長子定親王永璜去世。作為永璜老師的張廷玉在永璜剛過初祭就急請辭官回鄉，令乾隆非常不快。

乾隆不喜愛永璜，對永璜不予重用。乾隆十三年（1748 年）孝賢皇后大喪時，永璜又因禮節疏簡被乾隆痛斥，聲稱絕不立永璜為太子。但父子感情多少還是有的，永璜在遭到冷遇後兩年即病死，乾隆深感內疚。

因而在永璜死後，乾隆一反往日的態度，喪禮儀典甚優，禮部奏請輟朝三天，乾隆下令改為五天，而且乾隆也在永璜初奠時親臨現場。在初祭完成之後，喪服未完，張廷玉便匆匆告歸。

本來乾隆對張廷玉加恩，寬留原職，準其配享，而張廷玉卻是剛過永璜的初祭就奏請南還。這使乾隆非常不滿，他覺得張廷玉不近人情：

「想想你曾經教過我讀書，又作為定親王的師傅，卻對他的死如此漠然無情，你的人情味都到哪裡去了呢？」

或許也是張廷玉的官運到了劫數。這時，恰好蒙古額附、超勇親王策棱病故。策棱能征慣戰，為清王朝拓疆開土，守護邊陲立有大功，臨終時又留下「自己死後，請求陪葬到公主園寢」的遺言。

　　乾隆聽後，大加讚賞，稱讚說：「死後還不忘自己的職責，他一生實心為國由此可知。」

　　乾隆於是下令侍衛德山與策棱之子成袞扎布護送其遺體進京，賞銀萬兩辦理喪事，照宗室親王典禮進行。隨後，又下令讓策棱配享太廟，開蒙古親藩配享太廟之先。

　　對於乾隆來說，令一個屢立戰功的蒙古親王配享太廟，不足為怪。只是他如此慷慨地把配享的殊榮賜給一個並不為他平日稱道的大臣，是對張廷玉邀恩的一種嘲諷和鄙視。

　　乾隆十五年四月頒布上諭，乾隆列舉張廷玉不得配享太廟的理由。他毫不掩飾地指出，凡得配享太廟的均為立有汗馬之功的佐命元勛，鄂爾泰尚有開闢苗疆經略邊陲之功，配享已屬過優。張廷玉僅以繕寫諭旨為職，為文墨者所為，於經國安邦毫無建樹，配享實在過分。

　　乾隆不客氣地對張廷玉說：「明朝的劉基，原來是輔佐朱元璋的助手，有重大的貢獻，而當時給他配享還曾引起許多人的非議。現在張廷玉你捫心自問，你的貢獻能比得上劉基嗎？」

　　接著，乾隆下令將此旨並清朝配享諸臣名單一同交給張廷玉看，讓他自己思考一下，看能否與配享諸臣比肩並列。張廷玉一心想著配享太廟，卻遭到了乾隆的否決。到此時，他才如夢方醒，知道如若再行堅持，則不僅自身受辱，還會禍及家門。於是，張廷玉戰戰兢兢地具折請罪。

　　乾隆以大學士九卿議奏的名義，修改了雍正皇帝的遺詔，宣布罷免張廷玉的身後配享。解決了配享問題之後，張廷玉終於告老回鄉，回到了桐城老家。但是，剛剛還鄉的張廷玉，又由於他的兒女親家朱荃獲罪，受到了牽連。

　　朱荃官至四川學政，被御史參劾匿喪赴任，賄賣生童，罷官回籍。乾隆十五年三月，行至巴東，於船上投水而死。這種畏罪自殺的行為，自然瞞不過耳目眾多、明察秋毫的乾隆，他認為這其中定有情弊，於是下令對朱荃的親戚

嚴加審訊，並讓四川總督策楞、湖廣總督永興、巡撫唐綏祖協助審理此案。

在乾隆的督責下，督撫聞風而動。七月，湖廣總督永興具折上奏，聲稱朱荃家人供出，御史所劾朱荃之罪件件屬實。原來，朱荃有家人過世，他接到訃告時，正值地方科舉考試臨近。按照規定，朱荃該丁憂守制，以盡孝道。但他為了不失掉監考官的肥缺，當即將訃告焚燬，匿喪不報，一直到嘉定等三郡一府考完。

當時，地方「童試」兩考，本縣為初試，學政「按臨」為院試，以府為單位，分兩場，一場正試，一場複試，取中者都是生員，俗稱秀才。朱荃從中賄賣生童九名，貪得銀兩、貂衣等物。

朱荃的弟弟朱英等人也供出，朱荃勒索新進門生規禮約有四五千兩。隨後，又查出朱荃原為呂留良、嚴鴻送文字獄大案中獲罪之人。諸罪齊發，朱荃劣跡纍纍，贓私狼藉，乾隆氣憤至極。

因為，這不僅關係到他用人的臉面，更主要的是在朱荃一事上他確有被人欺騙之處，張廷玉、梁詩正、汪由敦等人都先後舉薦、包庇過朱荃。

張廷玉在京察大典時，曾把朱荃列為一等，直到引見時，才被乾隆降為二等。他的黨羽門徒也處處關照朱荃。汪由敦曾在試差人員中力保朱荃。梁詩正在朱荃交部審議時，聲稱「功令森嚴，無人更敢作弊」，言外之意是朱荃被人誣陷。

這種明目張膽的黨庇行徑，令乾隆震怒。他本對張廷玉餘怒未息，於是怒責張廷玉說：「你竟然肆無忌憚到如此地步，難道你忘記了先皇給予你的恩賜了嗎？你這樣藐視我又是為了什麼呢？張廷玉你如果還在任上的話，我一定將你革去大學士交刑部嚴審治罪。現在既然批准你回籍，就由兩江總督黃廷桂與司道大員內派員前往傳旨詢問你吧。」

隨後，乾隆又下旨，將張廷玉罰款一萬五千兩，追繳從前賜給的御筆、書籍及一切官物，查抄其在京官邸。興師動眾，嚴追嚴查，大有窮治張黨之

勢，張黨的重要人物梁詩正交部察議，汪由敦貶為侍郎，均為包庇朱荃獲罪。

經過這場問罪，張黨完全被擊垮。張廷玉以垂老之軀幾遭乾隆的嚴厲譴責，已經是奄奄一息，門生故吏各尋出路，樹倒猢猻散。至此，乾隆打擊前朝勛臣、嚴禁朋黨之患的鬥爭以皇權的獨尊進入尾聲。

乾隆二十年三月，張廷玉病逝，乾隆寬恕了張廷玉的過失，仍讓其配享太廟，聲稱：「張廷玉所請求對他寬恕的罪過雖然是他咎由自取，但是父皇的遺詔我是不忍心違背的。況且張廷玉於先皇在位時，勤慎贊理，小心書諭，原屬舊臣，應該給予優厚的撫卹，所以我仍然謹遵遺詔，將他配享太廟，以彰示酬獎勤勞的盛典。」

乾隆下旨要求對張廷玉的祭葬按照舊例辦理，給他的謚號是「文和」。直到死後，張廷玉才為自己挽回了一點面子。

剷除朋黨殘餘勢力

乾隆十年、二十年，隨著鄂爾泰、張廷玉先後死去，鄂、張兩黨的紛爭已經不能再掀起朝廷的大波瀾了，但是，十幾年的統治經驗使乾隆意識到，只要朋黨的勢力還在，便有滋生的可能，他必須嚴刑峻法，達到朝野震怖的目的。尤其是鄂黨，他們蠢蠢欲動，大有復起之勢。

於是，乾隆選中了胡中藻，從他的集子《堅磨生詩鈔》下手，開始羅織罪名。胡中藻，江西新建人，乾隆元年的進士，官任內閣學士，兼侍郎銜，是鄂爾泰的得意門生。因鄂爾泰姓西林覺羅氏，胡中藻自誇為「西林第一門生」。他與鄂爾泰的侄子、官居地方大員的鄂昌關係密切，勾結往來。

早在乾隆十八年，乾隆接到下臣祕密進呈的《堅磨生詩鈔》，便命令戶部尚書協辦大學士蔣溥暗中查辦胡中藻詩集一事。乾隆二十年初，又密諭廣西巡撫衛哲治：「將胡中藻任廣西學政時所出試題、與人唱和詩文……並一

切惡跡查出速奏。」

乾隆首先在《堅磨生詩鈔》的書名上找岔子，他說：「『堅磨』出自《魯論》，胡中藻以此自號，是何居心！」

「堅磨」語出《論語‧陽貨》中的「不日堅乎，磨而不磷；不日白乎，涅而不緇」。這句話是有其背景的，晉國趙簡子攻打范中行，范的家臣佛肸在中牟反叛，孔子打算到佛肸那裡去，子路堅決反對，孔子對他解釋說自己雖然到佛肸那裡去，但是自己是堅而磨不破的、白而染不黑的，是不會與叛亂者同流合汙的。

在此，乾隆強加意思，把「堅磨」解釋為出自《論語》，套進了一段歷史典故，認為胡中藻把自己比作孔子、把乾隆比作佛肸，居心險惡之極。乾隆向以乾綱獨斷自命，最忌臣下對朝政有權臣當道、欺君弄權的評論。

而在胡中藻的《堅磨生詩鈔》中，有「讒舌狠張箕」、「青蠅投昊肯容辭」之句，這是指責張廷玉及黨羽在乾隆面前搬弄是非。因而，胡中藻詩中的「讒舌青蠅」之語，不僅是他攻擊張黨的罪證，也有指責皇權旁落之嫌。

於是，乾隆質問說：「試問此時在我跟前進讒言的人是誰？你在鄂爾泰門下依草附木、攀授門戶、恬不知恥。」

不僅點出了鄂爾泰的名字，而且抓住胡中藻詩中有「記出西林第一門」之句，對胡中藻以西林覺羅氏鄂爾泰第一弟子自封的行徑大加痛責。見到胡中藻詩中還有「一把心腸論濁清」之句，乾隆批道：「加『濁』字於國號之前，是何肺腑！」

其實，這個「濁清」是來比喻人品的卑汙與高尚的，而乾隆把它歪曲為誣罵大清國，實在是故意冤枉胡中藻。所謂「欲加之罪，何患無辭」，在胡中藻詩文中有些歌頌清朝盛世的詩歌也被乾隆認為是反詩，比如「天所照臨皆日月，地無道理計西東。諸公五嶽諸侯瀆，一百年來俯首同」之句，形象

描繪了清朝一統天下，四海威服的政治局勢，分明是讚揚國力的強盛。可是乾隆卻說此詩是對清朝統治漢人不滿。

在《堅磨生詩鈔》中還有「那是偏災今降雨，況如平日燃佛燈」

這句詩詞，以甘霖、佛燈比喻皇帝普免苛稅、拯救生靈的善政。而乾隆卻認為它「謗及朕躬」，說：「朕一聞災歉，立加賑恤，何乃謂如『佛燈』之難見耶？」

意思即是說，我乾隆一聽說有災情就馬上賑恤百姓，怎麼能說賑恤百姓像「佛燈」一樣罕見呢？在胡中藻所出的試題中有「乾三爻不像龍說」一題。乾隆說：「乾隆是我的年號，『龍』與『隆』同音，其詆毀之意可知！」此外，還在其詩集中找出「又降一世」、「亦天之子」、「與一吐爭在醜夷」等數十句。

雖然臣子朋黨比起攻擊大清王朝的悖逆之罪來，實在微不足道。但是乾隆似乎更想借此打擊群臣的朋黨惡習，在面諭群臣的最後，他聲色俱厲地申飭說：「我見其詩，已經很多年了，而在大臣及言官中並無一人參奏，足見相習成風、牢不可破。我更不得不正我國法，正爾囂風，仿效父皇誅殺查嗣庭的辦法。」

四月，胡中藻被處以斬決。但案情並未由此終結，涉案範圍反而越牽越廣。在審理胡中藻一案中，乾隆發現胡中藻與鄂爾泰之姪、甘肅巡撫鄂昌來往密切，命令協辦陝甘總督劉統勛：「親往甘肅巡撫鄂昌署中，將其與胡中藻往來應酬之詩文書信嚴行搜查。並將他與別人往來文字中有涉及譏諷和結交同黨之類書信等搜查和查封，然後進送到京都。」

鄂昌被革職罷官，鎖解京師。因為鄂昌平日裡與胡中藻敘門誼、論杯酒、詩詞唱和、引為同調。而陝甘總督劉統勛又從他的書籍和信札中查出所作詩篇〈塞上吟〉有悖逆之詞，詩中稱蒙古為「胡兒」，並對其從弟鄂容安被差往西北前線不滿，發出「奈何，奈何」的感嘆。

在乾隆看來，鄂昌身為滿族人，世受國恩，任廣西巡撫時就看到了胡中藻的《堅磨生詩鈔》，本應對其「大逆」之詞憤恨譴責，但鄂昌反而與之往復唱和。這是沾染了漢人分朋引類、以浮誇相向的惡習，丟掉了滿族的尊君親上、樸誠忠敬為根本的古樸風俗，說穿了就是鄂昌丟掉了皇權至上的思想。

因而，乾隆斥責鄂昌是「喪心已極」、「悖謬之甚者」，而且膽敢把與滿族一體的蒙古稱為「胡兒」，自加詆毀，不是忘本又是什麼？再加上不願其弟從軍，破壞了滿族尚武的精神，乾隆痛罵鄂昌：「滿洲舊俗，遇有行師，必踴躍爭先，以不預為恥，而鄂昌不願其弟從軍西征，實為破壞滿族勇敢尚武風氣之『敗類』，理當治罪。」

最後，乾隆賜令鄂昌自盡。鄂昌以身封疆重臣與逆犯胡中藻勾結的罪名，成了乾隆整飭滿族士風、以樹君主之威的犧牲品。在處理鄂昌的兩個月中，乾隆兩次傳諭八旗官兵，令其務必保持滿族古樸風俗，尊君親上，杜絕玩物喪志的漢人陋習，並警告說：「今後如果有與漢人互相唱和，較論同年行輩往來之人，一律依照處理鄂昌的辦法嚴懲不貸！」

鄂昌被處以重典，受到株連的鄂黨也逐個被人指參。大學士史貽直首先難脫干係。史貽直是繼鄂爾泰之後鄂黨中的核心人物，他與鄂昌的伯父鄂爾泰為同年舉人，鄂昌便效漢人之習，也稱史貽直為「伯父」，交往極厚。

史貽直見原任甘肅布政使出任河道官職，便向任甘肅巡撫的「姪兒」鄂昌去書請託，替自己的兒子史奕昂謀個布政使之職，書中有「鼎力玉成」之語。而頗重門誼的鄂昌也果真鼎力玉成，為他這位伯父了卻望子成龍的心願。

在刑訊的過程中，鄂昌供出了他與史貽直之間的徇私之情，但史貽直卻被乾隆殺氣騰騰的陣勢嚇昏了頭，在鄂昌供認不諱的情況下，死不認帳。乾隆早已知曉一切，於是史貽直以「為子請託於前，又不據實陳奏以圖掩飾」的罪名，被勒令以大學士原品退休回家了。

登基親政

　　兩年之後，乾隆南巡，史貽直至沂州迎駕，乾隆賜詩給他，仍然舊事重提，頗帶譏諷。在詩中乾隆已經原諒了史貽直當年的護犢之私，而前提是因為史貽直知錯能改。

　　乾隆殺人立威，以儆臣僚的手段取得了成功，致使老於官場、以臨事不改常態聞名的史貽直也成了戰戰兢兢、服服帖帖的「安靜之人」了。乾隆的目的達到了，是年三月，他頒布諭旨宣稱：

> 史貽直兩年以來，家居安靜，業已改悔，著仍補授大學士。

　　除了史貽直外，乾隆對鄂黨的打擊不遺餘力，大有不達目的絕不罷休之勢。乾隆為了從根上杜絕，甚至連去世已達十年之久的鄂爾泰也沒有放過。他指責鄂爾泰過去曾對胡中藻大加讚賞，以致胡中藻肆無忌憚，鄂爾泰對釀成此等大逆之案負有無可推卸之責，下令將鄂爾泰撤出賢良祠。

　　乾隆聲稱：「假使鄂爾泰此時還活著，必將他革職重治其罪，作為意圖結黨營私的大臣的借鑑。」

　　而任西征軍參贊大臣的鄂爾泰長子鄂容安，在清軍平定伊犁、朝廷恩賞官兵時，卻不受分毫之賜。不久，鄂容安與其弟鄂實相繼在平定準噶爾的戰事中陣亡，才算保住了晚節。乾隆賜諡「剛烈」，親臨奠祭，命入昭忠祠。

　　乾隆利用胡中藻一案給了鄂黨致命的一擊，他那五雷轟頂之勢，不僅使鄂黨為之傾覆，即使是張黨的內外臣工也無不為之震驚斂絕。經過胡中藻一案，黨爭之禍至此宣告結束，正如禮親王昭槤所說：「時局為之一變。」

　　乾隆終於收拾了前朝遺留的兩派勢力，把權力集於一身了。

培植自己心腹大臣

乾隆十三年，乾隆破格起用傅恆，這是乾隆擺脫前朝老臣的牽絆之後，培植御用大臣的開始。俗話說：「鐵打的衙門，流水的官。」歷史上，伴隨著封建王朝的鼎革交替和帝王的父死子繼，必是文武百官政治命運的大起大落。有的人一朝顯貴，通達王侯；而有的人則一落千丈，糞土不如。這就是沉浮的宦海，也是人們常說的「一朝天子一朝臣」。

乾隆上台之際，為年尚輕，也許對繼位準備不足，還沒有屬於自己的心腹之臣，他承襲的是父親的統治格局，任用父親留下的人馬，在一群老臣的包圍中開始自己的帝王生涯。然而，當他在初政的甘苦中邁出艱辛的第一步、當他以過人的聖明英斷樹立起懾服群臣的皇權獨尊時，他同時也培養起一代新的臣僚。

乾隆登上帝位以後，要做的最重要的事就是安排好自己的人，把他們放在重要的職位上。這些人可以不是文武全才、可以不是進士出身、可以不是皇親貴戚，但必須聽從乾隆的號令。

自鄂爾泰、張廷玉兩黨的勢力物故星移，朝廷年富力強的大臣將帥相繼而起，滿族中有傅恆、舒赫德、兆惠、策楞、富德、阿里袞等，漢人中有劉統勛、劉綸、蔣溥、於敏中等，連原來張黨中的汪由敦、梁詩正也因洗心革面，再為乾隆重用。

在清除了鄂張朋黨勢力之後，最能得到乾隆信任的是傅恆。傅恆，字春和，滿族鑲黃旗人，出身於顯赫世族富察氏家族，是孝賢純皇后的弟弟，比乾隆小十多歲。

傅恆的發跡似乎全憑皇帝的一言九鼎。同滿族大多數官員一樣，傅恆沒有科甲的頭銜，以侍衛登上仕途，於乾隆五年被任為藍翎侍衛，是六品以下的官員，兩年之後為內務府大臣，乾隆十年在軍機處行走。

登基親政

　　乾隆十三年訥親被殺，傅恆代替他為首席軍機大臣，這時他不過二十五六歲，可稱之為歷史上最年輕的宰輔。當時，滿朝文武，都年長於皇帝，已有主少國疑的危機，作為一個對朝政尚未熟練的皇帝，理應選拔一個年輩較高、威望較重的大臣執掌相權。

　　但是，乾隆卻異乎尋常地起用了資歷尚淺、一名不聞的傅恆。因為傅恆確實太年輕，他那短淺的為官資歷確實不足以服眾望。這種越格的提拔和任用，引來一些非議：忠君之士為此而憂慮，奸猾之人也在人前人後搬弄口舌。

　　然而，乾隆看中傅恆的恰恰就是年輕、無資歷。他認為：傅恆以青年當上宰相，他不會有那些老臣的奸猾和世故，皇帝無需從那些堆滿皺紋的臉上去察看他們的心理，無須從那些廢話連篇的奏詞中辨別利害，也無須再遷就倚老賣老的陳請和要挾。

　　乾隆十三年對於傅恆來說，這是個時來運轉、飛黃騰達的一年，是他一生命運轉折的契機，而他的幸運與成功，是因為他緊緊抓住了這個千載難逢的機會。

　　在傅恆之前，最得乾隆寵信的是訥親。乾隆曾不止一次地說：「我自從登基以來，最親近的人莫過於訥親了。訥親受到我特殊的恩寵，朝廷中的大臣沒有誰能夠超過他，這是大家都知道的事情。」

　　但是，出身於鈕鈷祿氏的訥親，為開國元勛之後，先天優越，而訥親本人又少壯顯赫，仕途得意。因而，他養成了孤傲的性情，遇事傲慢倔強，待人嚴苛無情。傲慢，為皇帝所忌；苛嚴，又被同僚嫉恨。久而久之，訥親在朝廷中的地位開始動搖。

　　乾隆十二年開始，乾隆開始平定大小金川。由於大將張廣泗指揮不當，清軍屢屢失利。金川戰爭失利以後，訥親作為親信大臣被派往前線，負有力挽狂瀾的重任，乾隆寄希望於有棟樑之才的訥親，希望他扭轉敗局，早奏平定金川的凱歌。

　　然而，訥親辦事不力，致使金川之役一敗再敗。這固然有他不熟悉帶兵的原因，但也有寵久而驕和貪生怕死等方面的因素。無論如何，訥親都是徹底地「栽」到金川之役上了，他的種種弱點暴露無遺。驕橫、專橫的個性加上用兵的無能，使他在乾隆面前不僅盡失往日的風采，且成了一個毫無用處的酒囊飯袋。

　　在乾隆看來，大臣與君主休戚與共，君主對大臣的衡量標準也是「唯於重大緊要之關鍵，方足以見報國之實心」。訥親恰恰在關鍵時刻表現出自己的無用和不忠，他的政治生命的完結是注定的。

　　乾隆可以不測之威，使跟從多年的大臣斃命致死，自然也可用逾格之恩令親信平步青雲。當訥親以一人之身兼理數職、操柄軍政大權之時，傅恆只不過是個藍翎侍衛，在訥親成了軍機首輔之後，傅恆才剛進入軍機處。

　　然而，在傅恆進入軍機處之後的三年中，訥親與乾隆的關係發生了微妙的變化，傅恆以他敏銳的政治嗅覺和皇親國戚的特殊身分，或者得到了乾隆的某些暗示，總之，他已經預感到仕官生涯將發生巨大的變化。

　　乾隆十三年，當金川失利的消息令乾隆輾轉反側，憂心如焚之際，傅恆首先請命前往疆場。這份為國分憂、為君解難的「摯情」，令乾隆龍心大悅、感動萬分。只是乾隆權衡再三，還是以訥親久任樞要、位高望重，授以金川經略。

　　訥親剛剛離京，傅恆便加官晉爵，由領侍衛內大臣升至協辦大學士，加太子太保，開始王命大臣。對於傅恆的青雲直上，舉朝上下是有目共睹的。訥親作為皇帝身邊的近臣，尤其清楚乾隆的用意，他已經想到在自己之後奉命督師的必是傅恆。

　　乾隆十三年九月，傅恆前往金川。在乾隆的大力扶助和將士的輔助下，傅恆捷報頻傳。乾隆十四年一月，金川土司莎羅奔等因久戰乏力，畏死乞降。傅恆既為乾隆解除了金川戰爭兩年來的沉重壓力，又為乾隆爭回了張廣

泗和訥親戰敗失去的面子，成為功臣。

傅恆於乾隆十四年二月勝利班師，此時終於功成名就。捷報奏至，乾隆喜出望外，連連稱讚傅恆，下令按照開國元勳超勇公的待遇加賜他豹尾槍二桿、親軍二名，以顯示對他的恩寵。並公開宣稱：「我這次獎賞，實在是出於公心，而且具有深意。」

乾隆十四年三月，傅恆凱旋，乾隆又舉行了最隆重的迎接典禮，命皇長子率諸王大臣等郊勞將士於黃新莊，還朝後使傅恆上御殿受賀。不久，又下旨按照勳臣額亦都、佟國維的先例，建立傅家宗祠，春秋兩季用官禮祭祀，並賜傅恆一棟新宅於東安門內。

從此，傅恆便以乾隆朝第一功臣的地位，在朝廷中樹立起權威形象。他不僅完全取代了訥親的地位，以保和殿大學士、太保、一等忠勇公的頭銜，擔任軍機處領班大臣，而且備受寵眷，是一個名副其實的乾隆朝宰輔大臣。

傅恆秉性寬厚謹慎，為人雍容謙和，他不僅臨事有道，而且尤其能揣摩皇帝的意旨，很得皇帝的歡心。因而，乾隆對他的關注也非比尋常。傅恆作為皇親貴戚，早年入侍禁庭，論閱歷比不得那些起自微官末秩的達官貴人。

如果說他的能力和識見高人一等的話，那只能說他有著卓絕的天資。傅恆非科舉出身，卻能在那些出自文宗士子之手的文翰中找出漏洞，以至於連以文學才子自負的趙翼也心服，足見傅恆的精明和幹練。傅恆從不談詩論文，卻能修改文豪筆下的詩文。

一次，傅恆為兩江總督尹繼善在乾隆南巡時奉迎粉飾之事，命司屬代作詩文來加以嘲諷，其屬員詩中有「名勝前番已絕倫，聞公搜訪更爭新」之句，傅恆聞後，將「公」字改作「今」字，使人更覺嚴謹。對於傅恆的天分之高，乾隆也不諱言。在清代帝王中，乾隆對大臣是頗為挑剔的一個，但他對博恆卻也是極盡稱道。

乾隆十三年十二月，傅恆自金川奏報前線軍情，乾隆覽後，竟抑制不住

內心的激動，讚不絕口地誇起傅恆來。他說：「今日接到經略大學士傅恆所奏料敵情形一折，籌劃詳細，思慮周到，識見高遠。經略大學士隨朕辦事數年，平日深知其明敏練達，初不意竟能至此。即朕自為籌劃，亦恐尚有未周，朕心深為喜悅，經略大學士為有福之大臣。」

最後這一句，乾隆尤其沒有說錯。傅恆的確是個有福的宰相。乾隆十三年，當別人在皇帝剪除朋黨勢力下戰戰兢兢、時時擔心橫禍飛來之際，唯獨他開始飛黃騰達，不時承受冠世的殊寵。

傅恆不僅輕而易舉地成了紫光閣群英圖的第一功臣，而且成了名副其實的太平宰相。一直到乾隆三十五年七月，傅恆病死，他在朝中執掌權柄達二十餘年。

或許由於傅恆是乾隆繼訥親之後所倚重的第二個名相，因而時人總好自覺與不自覺地將兩人作以比較。兩人同為能臣，均練達有為。但比起訥親的驕橫來，傅恆卻以謙和有禮深得人心。

乾隆十九年，兵部尚書舒赫德因準噶爾之戰辦理軍務不當，被革職查辦，黑龍江家產亦被籍沒。這是舒赫德最為晦氣、眾人亦皆遠避的時候，傅恆卻暗中為他贖回了府第，待他官復原職返京之日，回贈於他。

乾隆二十三年，吏部尚書汪由敦病故，傅恆眷念故人，為其子代請恩蔭，趙翼以知情人的身分，十分細緻地記下了當時的情景。先是汪由敦之子汪承儒給趙翼寄書告訃。趙翼出自汪由敦之門，與汪師生相稱，情誼甚厚。

所以，當訃告寄來後，趙翼於悲痛中竟然想到以大臣身分邀賜恤典，為老師爭些余寵。因為趙翼清楚地知道汪由敦共有三子，唯長子蒙恩蔭官職，卻是早早病死，其餘二子均為監生，沒有功名。所以，汪由敦一死，其子嗣中便再也沒有登仕籍之人。

趙翼為老師後人考慮，給汪承儒回信，讓他以皇帝有御賜祭葬的恩典赴京謝恩，希望此舉能感動皇帝，皇帝萬一眷念老臣，或可再得一恩蔭之職，

當個內閣中書的京官等。於是，汪承儒欣然聽從趙翼之言，貿貿然奔赴京師，來朝謝恩。

官場上，向來只講交易，不論友情，最是世態炎涼之地。汪由敦已死，權勢不復存在，其子突然來京，非但無人賙濟，反而成為勢利之人納涼閒談時的笑柄。事實上，這種賴以老臣故吏的情分到皇帝門下乞討殘恩的行徑也實在有失體面。

傅恆從趙翼處聽說汪家二子來京的實情後，與眾人的冷嘲熱諷相反，傅恆先是對趙翼所出的主意拍手叫絕，隨後便於第二天上朝時，為汪家二子請蔭。

遺憾的是，乾隆卻沒有傅恆那麼熱心。他在召見了汪由敦的二子後，感到他們的學問平常，無意賜官，告訴他們於明年參加地方會考，若沒有考中再來。

傅恆知道這是乾隆的託詞，便趕緊尾隨奏稱，明年為省級會試，而二人皆為監生，沒資格考試。乾隆見被說破，不便拒絕，只好對汪由敦二子各賞一個舉人。但傅恆卻猶以為不足。他心中的目標是想給汪由敦之子爭個內閣中書。於是他又奏稱，汪家二子中，大兒子書法似其父。

乾隆嗜好詩詞字畫，亦珍愛書法。傅恆終於以汪承儒的這一特技打動了乾隆，乾隆命將從前賞給汪由敦長子的蔭官賜給汪承儒，於是汪家二子，一個得了戶部主事的頭銜，一個捐了舉人的功名。一時之間，滿朝大小臣工無不將傅恆垂憫故人子弟傳為佳話。

對於傅恆來說，類似的事例不勝枚舉。趙翼在軍機司員中是最貧寒的一個，但卻以才學出眾、辦事敏捷為傅恆所賞識。趙翼頭上戴的一頂貂帽已經三年有餘，帽不成其為貂帽，像是刺蝟毛。傅恆看在眼裡，記在心上，並不計宰相之尊，解囊相助。

一天黎明，於隆宗門外小值房當班的傅恆將趙翼召到近前，從懷中掏出

五十兩銀子給他：「這是給你買新帽子過年的。」

其時正值殘臘歲末之際，趙翼一家正缺錢過年，50兩銀子正好派上用場。所以第二天入直，趙翼仍舊破帽照戴，而傅恆只付以一笑而已。傅恆的謙和個性，使乾隆時期的政治風格為之一新。

乾隆初年，只有訥親一人承旨。訥親記憶力強，但對於奏疏的文字意思不太瞭解，每次傳旨，就命令汪由敦撰擬。訥親唯恐不得當，勒令再撰，有時經過多次修改後轉而還用初稿。

一稿敲定，又傳一旨，改動又跟上次一樣。汪由敦十分苦惱，又不敢跟他爭辯，當時傅恆在一邊暗自鳴不平。恰逢他掃平金川回來，按功居於首位，就說要記的東西太多了，擔心會有遺忘，要求各位軍機大臣一同覲見，於是作為常例。

當時，汪由敦以左都御史命在軍機處行走，但實際做的卻是軍機章京的撰擬工作，在訥親的獨斷之下，心中十分不滿但又無可奈何。傅恆與汪由敦先後入直軍機處，他雖貴為皇親國戚，卻能為汪由敦暗抱不平，這使有口難言的汪由敦心感慰藉。

傅恆為首輔之後，立即改弦更張，使軍機諸大臣一同面承聖旨，無形之中提高了群臣的地位。這在專講等級利祿、人人都巴望獲寵晉級的官場上也是一絕。

而且，傅恆還以軍機首輔的身分，改革一些舊的規章制度，命令軍機章京具稿以進，既減輕了一些老臣的手筆之勞，又使微末之員因參與機密而擔任了重要的角色。這些舉措無疑成了傅恆得到同僚及下屬另眼相看的原因。

傅恆禮賢下士、恭敬皇上的作風，不僅使同朝的大臣們有親切感，即使是高高在上的皇帝也信任有加。傅恆非但沒有驕橫之態，不攬權生事，難能可貴的是他在皇帝面前諸事謙退、唯命是從，真正以帝心為心、以帝意為意。

登基親政

在傅恆建議軍機大臣共同覲見皇帝以後，乾隆仍然最信任傅恆。乾隆每天晚上進完晚膳後單獨召見傅恆，就批閱過程中發現的問題進行商榷，稱作「晚面」。晚面獨對也使得傅恆獨承皇恩寵。

傅恆雖居權要之位，卻非專權之人。如果說他能給皇帝以一定的影響，並非靠他手中的權力，而是以他對皇帝的耿耿忠心。傅恆為國盡忠，求賢若渴，由他薦舉的官員不計其數。尤其是起用了「廢員」孫嘉淦和岳鐘琪，最能說明傅恆的為人。

孫嘉淦是當時有名的骨鯁之士，連對清王朝不滿的人也用他的名字對朝政進行攻擊，製造了轟動一時的偽奏稿。傅恆因欽佩孫嘉淦的直率和耿介，對這位前輩頗多關照。

乾隆八年，孫嘉淦奉命審理湖南巡撫許容參奏糧道謝濟世一案失實，照例革職，回了老家。在朝廷上，接到革職的諭旨，便是皇帝對大臣的嚴厲苛責。何況乾隆在諭旨中，又口口聲聲指責孫嘉淦「瞻詢」、「唯事虛文」。這使孫嘉淦心灰意冷，求仕之意索然。

所以，乾隆十年雖經皇帝開恩寬釋前罪，給孫嘉淦補了個左副都御史的官銜，但兩年之後孫嘉淦仍以年老為由致仕還家，而乾隆也沒有挽留。可見乾隆並不喜歡這位耿直的老臣。

但在乾隆十四年，孫嘉淦又突然被召來京，而後官職累進，由侍郎、尚書、翰林院學士，直到進入內閣為協辦大學士。乾隆也開始對孫嘉淦滿口稱道，說他「老成端莊，學問淵博」。這一明顯的變化，就是傅恆為之周旋的結果。

岳鐘琪是傅恆重用的又一個被廢棄的能臣。岳鐘琪是四川成都人。康熙年間由捐納同知改武職，官至四川提督，雍正初年以平定青海之功，授三等公，賜黃帶，擢官川陝總督，成為朝臣中頗負盛名的封疆大吏。他以沉毅多

謀和忠誠被雍正帝賞識，是清代唯一以漢臣拜大將軍專征、滿族將士受其節制的朝臣。

雍正九年，清廷發兵準噶爾，岳鐘琪為大將軍奉命督師。次年兵敗喪師。宦海中驟起的暴風雨，隨時都能吞噬任何一個達官貴冑，無論他曾經有過怎樣的高功顯績。

大學士鄂爾泰、總督張廣泗先後彈劾，將岳鐘琪交兵部拘禁，兩年之後定罪斬監候，被打入了死牢，直至乾隆二年，新皇帝大赦天下，岳鐘琪才回到家中。

逃過了這場劫難，岳鐘琪並沒有立即被起用，在度過了幾乎沒有指望的十年鄉里田園生活後，卻又因金川之役的失利，被召回朝來，以總兵銜隨師西征。至前線又授四川提督，賜孔雀翎。

但是，乾隆的起用沒有改變岳鐘琪的處境。當時，金川前線的兩員主帥均不把他放在眼裡，訥親剛愎自用，張廣泗專橫，岳鐘琪的用兵之策均不為採納。

直到傅恆出任經略，岳鐘琪才得以一展軍事才能。這位久經沙場的老臣，不僅以赫赫戰功迫使金川土司俯首就範，且為自己贏得了晚年的前程，還找回了曾經失去的高官厚祿。乾隆為嘉獎他，加銜太子太保，復封三等公，賜號「威信」，並恩賞了他的兒子。乾隆在御製詩中，將岳鐘琪列入了五功臣中，稱他為「三朝武臣之臣」。

如果沒有傅恆的鼎力拔擢，岳鐘琪也無法以其殘燭之年成就輝煌大業。傅恆在相位二十餘年，為他賞識和重用的將士不計其數，如畢沅、孫士毅、阿爾泰、阿桂等位至封疆、官拜宰輔的大吏皆其一手提拔。因而，隨著他久執樞垣、拜相年久，在他身邊也聚集起奔赴往來的勢力，阿附之人比比皆是。

在傅恆跟從皇帝避暑於熱河期間，其兄傅成去世。傅恆乞假返京治喪。

這期間，傳成家的訃告已遍及京城故舊之家。但在傳家受吊的三天中，前兩天竟無一人來吊。第三天，傳恆到京，大小官員無不爭先恐後趨勢赴吊，以至於傳家周圍方圓數里之內擠得水洩不通。

傳恆雖以忠謹傳家，並能夠得到皇帝的寵幸，但卻無法抵禦官僚政治中慣有的個人勢力膨脹，而傳恆的豪門出身也使他擺脫不了性喜奢侈的惡習。大樹底下好乘涼，不僅登仕途者俯首於傳恆的權勢，就連傳恆的家婢奴僕也倚勢橫行，幹起狐假虎威的事來。

有一次，以嚴直聞名的孫嘉淦應邀入傳恆宰府，未等入座，就馬上要告辭離府。傳恆大惑不解，追問：「您這是什麼原因？」孫嘉淦直言不諱說：「早年與您相交，是看您正直樸素，而現在看這排場，你竟然也喜好起奢侈來，所以我看您不宜居此，而且，我話說在前，雖然因你舉薦使我被重新起用，但我還是要上疏彈劾你。」

傳恆聽了十分慚愧，主動向孫嘉淦請罪，立即改掉那些排場。孫嘉淦這才入席，歡飲而歸。傳恆以奢侈違制超過常格，這在等級森嚴的專制政治中，已有僭越之嫌。但他卻能二十餘年如一日，始終得到乾隆的寵信，其中的奧祕除了他能以平和待人、不樹政敵之外，更主要的是傳恆牢牢把握了皇權獨尊的信條和原則。

繼傳恆之後，乾隆又培植了阿桂。阿桂，字廣庭，姓章佳氏，初為滿洲正藍旗人，因駐伊犁期間治事有功，改隸正白旗。作為滿族人，阿桂不僅出身滿洲世族之家，又以武功出眾為乾隆所知，而且通文學，仕出科舉功名，為乾隆三年舉人。

阿桂性情沉穩、端重，卻不失為機敏。先是以萌生授職為大理寺丞，累遷至吏部員外郎。乾隆八年升任郎中，命在軍機處行走。這一年，阿桂二十五歲，可謂早年得志。

　　但阿桂很快仕途受挫，先是因失察庫項銀物被降調，接著又牽涉乾隆十三年的政治風暴，阿桂被投入了大牢。第二年，這場突發的風暴到了煙消雲散的時候，阿桂才因父親年老且只有自己這一個獨生兒子，而罪過又與貽誤軍機不同，獲釋回家。

　　在阿桂的一生中，作為戰爭統帥的業績似乎比他任宰輔還要輝煌。阿桂作為大學士之子獲釋後，很快官復原職，仍在軍機處行走；乾隆十七年繼任江西按察使，次年，召補內閣侍讀學士，乾隆二十年為內閣學士。

　　當時正在進行的準噶爾戰爭，將阿桂捲入了戎伍的行列。阿桂先是奉命赴烏里雅蘇台督理台站。遇父阿克敦之喪，回京丁憂，旋即又返回前線，以參贊大臣、鑲黃旗蒙古副都統駐守科布多。烏里雅蘇台和科布多皆為清朝的重要駐防之地，足見阿桂此時已開始為皇帝所重視。但這次戰役，阿桂雖然得到花翎之賞，卻也因「觀望」受到責備。

　　乾隆二十五年，阿桂因鎮守回疆、屯田有功得到了乾隆的稱許，在平定回部的功勞中排名第十七位。此後，阿桂似乎與戰爭結下了緣分。自乾隆二十九年，阿桂奉命署伊犁將軍，到乾隆三十二年實授，中間又一度署理四川總督，阿桂皆以封疆大吏的身分鎮守邊疆、彈壓叛亂。

　　在緬甸之役開始後，阿桂很快又作為扭轉敗局的能將，與阿里袞同為副將軍隨大學士傅恆征緬。然而，這是一場得不償失的戰爭，清廷雖然是最終的勝利者，但卻付出了沉重的代價。在那小小的彈丸之地不僅丟下了數以萬計的官兵屍骨，而且，阿里袞戰死沙場，傅恆也染病身亡。

　　阿桂成了三名主將中的唯一倖存者，俗話說：「大難不死，必有後福。」這句話用在阿桂身上也極為合適。緬甸之役後，阿桂作為雲貴總督留駐雲南。

　　乾隆三十六年，阿桂卻又因不合機宜地上疏懇請大舉征緬，被奪官留軍效力。就在這年，金川再起戰事，阿桂奉命隨副將軍溫福進討。但金川之役

也是一場蹩腳的戰爭，清軍連連失利，乾隆三十八年，援軍在木果木大敗。

危難之中，乾隆和在朝的大臣們幾乎同時想到了阿桂。於是，於軍中屢立戰功的阿桂，官階由提督、副將軍、尚書，升到指揮這場戰爭的前線統帥定西將軍。

乾隆四十一年，金川之役告捷，清廷第二次於紫光閣圖功臣像，在五十人中阿桂居首。阿桂的地位由此一躍而上。是年，阿桂因功記封一等誠謀英勇公，晉封協辦大學士；次年五月，又官拜武英殿大學士，管理吏部，行走班次居為首位。

而後，阿桂又三次在紫光閣中圖像，但不再以軍功，而是以協助籌劃之勞。第二次是乾隆五十三年，於清朝平定臺灣林爽文起義後。第三次圖像功臣領兵大臣雖為福康安，但阿桂仍以指示方略，位居功臣之首。第四次是平定廓爾喀入侵西藏後。

阿桂作為朝中的老臣，有協助謀劃大功，本應居於首功，但「阿桂自以此次未臨行陣，奏讓福康安為首功」，自己甘居第二。因此，乾隆稱讚他「從不言功」。而實際上，在乾隆的十大武功之役中，阿桂幾乎是唯一的一個每役都參與的功臣。

阿桂為相不失國體，對屬下亦寬仁大度。阿桂得勢之後，最不安的是岳鐘琪。岳鐘琪在第一次金川之役時，以一張奏疏，使阿桂身陷囹圄，丟官解職。

數年後，當阿桂出任雲貴總督時，岳鐘琪降補雲南提督，恰好受阿桂節制。因擔心阿掛挾嫌報復，岳鐘琪整日提心吊膽，惴惴不安。但阿桂卻心無芥蒂，解除了岳鐘琪心中的疑懼。

有關阿桂用兵的傳奇，在史書上不乏記載，而尤以金川之役為多，其中的每一個傳奇故事，皆展現阿桂的勇敢形象，也可反證乾隆的知人善任。據

說，征金川時，一日大軍安營已定，但阿桂卻突然莫名其妙地傳令遷營。

官兵人困馬乏，諸將皆以天晚力阻。阿桂見眾人不從，使出令箭為示，聲稱「違者立斬」。諸將雖被迫從命，卻不免怨聲不絕。等到入夜以後，大雨滂沱，從前所居的營地已被雨水淹沒，水深達一丈多。眾人皆為阿桂的神機妙算感到驚詫，而阿桂卻謙和而率直地告訴眾人，他只不過看到群蟻搬家，知道天勢將雨，因營地低窪才強令眾人移營，並非有何異術。

由此可見，阿桂雖然賦性機敏，卻不講權術，又胸無城府。或許阿桂的這種個性也是他日後對奸猾的和珅無可奈何的原因之一吧。阿桂雖然對人不善於心計，但在用兵上，卻常常有出奇之舉。木果木失利後，阿桂奉命為大將軍，代為統帥。其時，戰局尚未扭轉，清軍仍處敵優我劣之勢。

一天，太陽西下，阿桂率十餘騎登高處偵察敵營，被敵軍發現。敵騎數百從四周呈環形之勢包圍上來。阿佳急命隨從官兵下馬，脫掉身上的衣服。

當眾人大惑不解地於匆忙之中脫掉身上所有的衣褲，並將衣褲撕裂掛到高坡的樹上後，阿桂再率眾人上馬朝另一個方向悄聲馳去。這時夜幕降臨，當趕到近前的敵兵見到那些破碎的衣褲隨風抖動時，誤以為援兵已到，勒馬返回。阿桂能在十倍於己的敵人眼皮底下得以逃脫，足見其智勇均非常人所及。

阿桂不僅善於用兵，是個帥才，而且遇事善於籌劃，深謀遠慮。在清軍平定回疆之後，朝廷中就其如何治理的問題產生了分歧，有人主張照內地之制設立郡縣，但阿桂卻主張因俗而治，認為「回部性頑，難治以漢法，宜擇邑建國，而駐大將軍於烏魯木齊責其貢賦」；否則，遇有清朝派駐的官員貪族橫行，便會激起變亂，並預計「不過六十年後，終當有變」。後來的張格爾之亂，證明了阿桂的遠見卓識。出將入相，對阿桂來說，可謂當之無愧。作為宰相，阿桂凜然一身正氣，令人敬畏。有一件事頗能說明阿桂氣度不凡。

登基親政

緬甸之役以後，西南諸屬國安於稱臣納貢。唯安南時有蠢動，雙方見以兵戎。兩國停戰後，安南國王阮光平於乾隆五十五年至京，為乾隆祝壽，遣其陪臣拜見阿桂，並贈以土產禮物，阿桂只禮節性地收下其中一兩件，其餘全部退回，然後正色對陪臣說：「你們的國王既誠心朝覲我大清，其優資厚寵皆出自皇上體恤遠人之意，不要認為我大清朝的王公將相不知道順正與邪逆。」

阿桂言語中的警告和震懾力，令陪臣汗流浹背，歸告其主說：「這都是阿桂宰相的話。」

古人云：「舉賢任能，是政治的根本。」政治是一種極其複雜的事業，絕非一個人所能獨任。乾隆透過人事變革，培養了自己的親信，他以獨特的用人眼光和得力的馭下之術物色了一批忠臣幹將，鞏固了自己的統治。

實行寬嚴並用政策

乾隆九年，一向自稱「敬天法祖」、「以皇祖之心為心」的乾隆竟然宣布了一個會令他的列祖列宗們吃驚的諭旨，這就是變更祖制，釋放皇莊壯丁為平民。說起皇莊壯丁，還得從歷代清帝崇尚節儉來說起。

康熙皇帝曾多次告誡群臣和皇族人等：「從歷史教訓上說，明朝末年的奢侈浪費是很驚人的。明朝宮廷一天的費用可以夠我們一個月所用，明朝宮內每年花費金銀九十多萬兩。我們絕不學他。」

因此，在康熙時戶部撥銀僅有三萬兩，其他的薪炭所用的費用也比明朝少得多。而且沒有明朝宮中脂粉錢四十萬兩，供應銀數百萬兩。康熙、雍正、乾隆三朝執政期間，的確很注重節儉，宮中費用也大為減少，但這與清帝擁有的大量皇莊有直接的關係。

這些皇莊數量，遠比明朝皇莊多上幾倍。皇莊能夠提供皇帝大部分的消費用品，減少了向戶部要銀和向民間征派。在乾隆時，口內、盛京、錦州、

熱河等處的許多莊園歸內務府管轄，為清帝所私有，這些莊園即稱為皇莊。

清朝的皇莊起源於進關之前清太祖努爾哈赤之時，清朝入關之後，順治帝和康熙帝又採取圈占民田、調撥官地、逼民帶地投充、墾拓官荒等方式占據了大量土地，設立了名目繁多的莊園，如銀莊、糧莊、果園、瓜菜園、牧場、鹽莊等有近兩千座，在裡面供勞役的人就稱為壯丁，多是一些獲罪之人或關外舊奴等。

乾隆初期皇莊壯丁共有七萬多名，加上一家老小總人數達二三十萬以上。清帝靠這數百萬畝自留田地、大量牧場及壯丁，收入頗豐，每年都有米、豆、谷、蔬菜、麥、芝麻、棉花、瓜、果、雞、魚、鹿、油、草、炭等一百多個品種的進貢，這些都為清帝「躬行儉約」提供了雄厚的物質條件。因此，宮廷節約是官樣文章，而不是實質。

在前清的幾代中，皇莊採取了農奴制的經營方式，即壯丁在莊頭的指揮下，耕種官地，繳納皇糧，並遭受皇室子弟的殘酷壓迫。這種落後的生產關係和剝削方式，隨著時代的發展已不適合當時生產力的發展，壯丁們開始有組織、有力量地進行了反抗。

到了乾隆時期，不少壯丁鬧事，並且受漢族地租制的影響，莊頭們不得不大量出租莊地和典賣莊地，向封建地主方向演變。乾隆初年，皇莊採取莊頭招民佃種的租佃制已非常盛行，但是皇莊裡成千上萬的壯丁卻成了莊頭無法解脫的累贅，他們無地可種、無力可下，還需要莊頭養活，很多莊頭因不堪重負，便不再贍養壯丁。

在這種情況下，壯丁們又不願意坐受饑寒，由此引起的爭端已迫使皇莊農奴制進入了窮途末路。這種情形日益突出，乾隆便果斷地做出了變更祖制的決定，對舊有的皇莊制度進行大膽改革。乾隆規定：

內務府所屬的莊園，除莊頭親生子弟及有罪在身的壯丁、鰥寡老幼、殘疾壯丁、長期在莊內務農的壯丁必須「留養」外，其他的壯丁可以由莊頭移交給地方官載入民籍，聽任其各謀生計。

乾隆批准釋放大量壯丁為平民以後，很多皇莊普遍實行了封建租佃制的經營方式，佃農成為皇莊的主要勞動力，大大地提高了勞動生產力。那些被釋放改籍為民的壯丁擺脫農奴制的枷鎖，成為自耕農或佃農，人身有了很大的自由，生活境況也有較大改善。至此，自太祖努爾哈赤時始的清朝皇莊壯丁制度宣告結束。

乾隆這一明智之舉，雖然破壞了祖制，但這種改革對滿族的內部矛盾有積極的緩和作用，並且也促進了滿族的進步和發展。乾隆即位後，就制定了自己的施政準則：改變雍正在位時的苛嚴政治，採用「寬嚴相濟」的新政。乾隆指出：

「寬大」就是要愛民，與民休息、去民之累、去民之憂……寬大與廢弛，相似而實不同。不顧民生，事物變化，樂於賑濟，外表看似振作，而實際上是廢弛。勤於瞭解百姓情況、與民休息，這不是廢弛的舉措，而是真正能夠振作的實際行動。

乾隆一再強調，自己倡導的「寬仁」是有原則性、有針對性的。他說：

寬厚二字，不可以一概而論。厚民生，舒民力，加惠於兵，施恩於百姓，這才是寬厚。我所以仰承先祖遺志而日夜孜孜於這個，並不是為了姑息以養奸、優柔以縱惡，聽任那些書吏損害百姓利益和危害國家政治，而是為了給予百姓安居樂業的生活環境和清明的國家政治。

雍正時，清政府查禁私鹽很嚴格，小民往往觸犯法令。乾隆初政後即大發慈悲，允許老百姓攜帶和販運少量食鹽，他下命令說：「貧窮老少的人，如果挑的重量在四十斤以下，一概不許逮捕。」

不料命令頒布不久，天津就有許多人以奉旨為名，肩挑背負，販運私鹽。鎮江、廣州等地很多人藉口自己是貧民，公然販賣私鹽，成群結黨，目無法紀。這使鹽商的經營和政府的收入大受影響。幸虧總督李衛採取措施，及時糾偏，才避免這些人給地方造成危害。

乾隆由此認為：「像私鹽這樣的問題，我本來想放寬國家的禁令，以幫助老百姓，然而奸民乘機鑽空子，成群結黨，以前一直不敢違反法律的人，現在則肆無忌憚。看到這樣的情形，他們都是奸頑的刁民，不容許我實行寬大的政治。」

乾隆警告說：「朕豈能姑息養奸，影響社會風氣。遠近百姓，你們都好好反省自己的行為，洗心革面，一定要做奉公守法的良好公民。」

此外，乾隆還訓斥了地方大臣的過錯，對總理事務王公大臣們說：「天下的大道理，只是一個中庸，中庸強調做事不要過頭，這是寬嚴並用的基本原則。臣子侍奉君主，一味地迎合揣摩，便是具有私心。然而現在失去中庸準則的事情還是很多啊。」

乾隆列舉自己即位以來，為了消除雍正時期的繁苛，與民休息，而諸臣誤以為他的意思就在一個「寬」字，於是便相互縱弛，使得有些地方又出現了盜賊賭博之類的端倪。有鑒於此，他懇切告誡各位大臣說：「從現在開始，必須拋棄以往心存私心的陋習，都以中庸的處事原則輔佐我來辦理天下的事務，讓平安富足的政治局面永遠存在。」

乾隆還嚴厲警告臣子說：「管理朝廷事物，貴在君臣上下孜孜不倦、互相勉勵。我以寬政為主時，而諸王、大臣應該嚴明振作，以輔佐我的寬政，然後政和事理，這樣才能使我可以常用這樣的寬政，而收到寬政帶來的效益，這也是諸臣子幫忙的功勞。如果不能這樣，恐怕互相推諉，必至人心玩忽，事務廢弛，促使我不得不採取嚴酷的政治措施，這就不僅是你們這些臣子的不幸，也是天下百姓的不幸，更是我的不幸了。」

　　乾隆為了防止這些弊端重新出現，他希望能和大臣們相互勉勵、相互促進。在這裡，乾隆並不排除隨時用嚴酷政治的可能性，乾隆知道：

　　天下的事情，有一利必有一害；凡人之情，有所矯必有所偏，是以中道最難。

　　所以，他反覆宣稱：「辦理事務，寬嚴適當，那種嚴酷到苛刻的程度、寬大到廢弛的程度，都不是寬嚴相濟之道。寬大不是寬縱的意思，嚴屬不是嚴酷的意思，只要不張不弛，無怠無荒，大中至正，要不了多久就可以使國家走向富強。」

　　乾隆公開強調：「為政必須像古代聖帝明王，隨時隨事以義理為權衡，而得其中，才可以類萬物之情，成天下之務，所以寬大不是寬縱的意思，嚴屬不是嚴酷的意思，我害怕刻薄對民生有害處，也害怕縱弛對國事有妨礙，因此各位大臣要戒之、慎之。」

　　乾隆常常說：「對於貪官汙吏、惡棍奸民是不能寬大的，如果對這樣的人行使寬大，必然會造成社會和政治上的混亂，使人民陷於不幸。為政者如果對貪官汙吏一律包容，惡棍奸民一概從寬處理，以示寬大，就好像促使稻田裡的空殼穀子滋生而妨礙好穀子快速生長一樣，這是放縱虎狼以殘害善良的行為，殘忍酷虐沒有達到這樣的，這哪裡還談得上寬大啊！」

　　乾隆進一步補充說：「撫卹百姓與懲處奸惡之人，二者本來就是相輔相成的，想要撫卹百姓就不可不懲罰奸惡，而不懲罰奸惡就不可撫卹百姓。一定要寬嚴並濟、懲勸兼施，拋棄因循的積弊，去除平庸的浮風。如果各級臣僚不當寬而寬，我一定給予他們以廢弛的罪名；不當嚴而嚴，我又一定給予他們以嚴酷的罪名。」

　　後來，某些壞現象時有發生，乾隆果然以內外臣民「不明白我的意思，於是稱法令已經寬大了，可以任意疏縱，將數年前不敢行為的事情逐漸幹起來」而屢屢訓誡各位大臣說：「如果因為寬大而趨於廢弛，以使我不得已；

再存了聽言觀行之心，這種形勢迫使我不得不用術來駕馭，這真不是諸臣厚於自待之意，亦非所以仰體朕厚待諸臣之心也……如果因為禁令稍微鬆弛，進而導致廢弛，逐漸地使這些禁令流於形式，是各位大臣的罪過，國法都還在，難道你們的這些行為就能歪曲我寬大的本意嗎？」

另外，乾隆反覆強調寬而有制、寬不可恃，對待在寬仁政策下胡作非為的官吏，嚴加懲處。山西主政官員喀爾欽與薩哈諒互相揭發，引發了山西官吏大案。薩哈諒慫恿手下揭發喀爾欽考場舞弊，喀爾欽不甘坐以待斃，唆使門生到巡撫喀爾吉善那裡密告了薩哈諒貪賄情形。

事情的結果是，喀爾欽與薩哈諒兩敗俱傷，都被乾隆派去的大臣查處，乾隆下令將他們押解到北京來處理。到達北京後，喀爾欽與薩哈諒被關在一個養蜂夾道的獄神廟裡。他們在山西倒台後，便沒有人來搭理了，兩人一天三頓蕎麥麵糊糊，棒子面窩窩頭每頓一個，又不許家屬送飯，使他們倍感淒涼。

乾隆考慮到這兩人已經受了不少苦，便下令讓刑部官員好好招待兩人，給予他們伙食每月二十四兩白銀的標準，還經常有細米白麵、好菜吃，比起在山西時真是天上地下。這讓兩人感激涕零。

乾隆先對他們採取了寬仁的政策，認為這兩人罪行已經敗露，不必讓像孫嘉淦那樣鐵石心腸的人去辦理了，於是，特別開恩，決定由刑部史貽直接管理這個案子。然而，刑部的事其實是劉統勛實管，劉統勛是喀爾欽在山東取中的秀才。薩哈諒的靠山是允祿，喀爾欽的靠山是翰林院。

由於乾隆事先照顧喀爾欽與薩哈諒這兩個罪臣的尊嚴，劉統勛以為皇帝也沒有深究的意圖，便對他們放鬆了看管。於是，兩個人都有朋友前來探監、看望，今日一群、明日一夥輪流做東，比現任朝官還要吃得好。

乾隆得知此事後，極為不悅，下令劉統勛和錢度一起嚴懲這種待罪期間

還放肆作樂的行為。當寬仁的政策不能取得效果的時候，乾隆便毫不猶豫地採用苛嚴的懲罰措施了。

這一天，喀爾欽與薩哈諒又在一起喝酒消寒，劉統勛進來了。喀爾欽與薩哈諒一看刑部大人到了，心裡一顫。繼而又見劉統勛沒帶隨從，料是私人相訪，於是恢復了平靜。

喀爾欽仗著劉統勛是自己選中的秀才，還在擺老師譜兒，說道：

「是延清啊！進來坐。若不介意，一處吃幾杯。」

席間，喀爾欽與薩哈諒轉彎抹角地想打聽案子的處理情況，劉統勛卻環顧左右而言他，連連勸酒，以盡師生之誼。用完酒菜，錢度進來向劉統勛一躬，說道：「時辰到了。」於是，劉統勛展開詔書宣讀聖旨：

> 喀爾欽與薩哈諒均身為朝廷三品大員，乃敢知法犯法，欺心蔑理，貪墨受贓
> 纍纍積萬，實豬狗不如，無恥之徒，官場敗類，斷不可一日留於人間。即著
> 薩哈諒綁赴刑場斬立決。喀爾欽著賜自盡，午後覆命，勿待後詔。欽此！

薩哈諒和喀爾欽這時才明白，皇帝以前對自己的寬容並不意味著可以胡作非為，事到如今已經大事不妙，嚇得面如土色。薩哈諒和喀爾欽二人伏法，正是乾隆寬嚴相濟的政策的結果。

乾隆對待臣下既可以松，也可以緊，關鍵要看臣下的態度，喀爾欽和薩哈諒顯然不明白乾隆的真實意圖，竟然把乾隆的放鬆當成放縱，結果反倒送了自己的性命。

乾隆達到了殺一儆百的目的，在不經意間震懾了其他大臣，讓他們都明白一個道理：不要擅自揣摩皇帝的心思！「寬嚴相濟」是乾隆總結康熙、雍正前兩代皇帝的施政得失而總結出來的具有自己鮮明特色的政治理論，憑藉這一理論，他開闢了一條自己的路，體現了寬嚴相濟、剛柔兼施的智慧，形成了自己的統治作風、特色和格局。

這種政治方針給乾隆提供了比較大的迴旋餘地，有時，可以把政策放寬，聽其自然而不加干涉，以便緩和社會矛盾；有時，他又可以嚴厲整飭，雷厲風行，及時查處一些倒行逆施的行為。乾隆將這樣的中庸之道運用到了可謂爐火純青、出神入化的境界。

在處理完販運私鹽和喀爾欽與薩哈諒這兩件令乾隆感到傷心頭痛的事件之後，乾隆對初期施政進行了反思：「我即位之初，因為人命關天，實在是不忍心讓這些人死，寧願一味採取寬大的政策。現在經過這麼多的事情，逐漸瞭解了一些處理事情的根本所在，如果一味姑息縱容，就會失之懦弱，必要時必須放棄這些過寬的政策。」

有鑒於此，乾隆反覆告誡上下刑罰衙門：「管理百姓的道理是，不重在刑治而重在德化教育。我們君臣不能採取德化教育手段是應該感到羞愧的，然而德不能化的，不用刑罰又怎麼能治理好啊。

如果只是為了博取寬厚的美名，而因此採取姑息態度，以至於奸匪毫無懲儆，案件日益繁多，難道這是我們對於刑罰的理解嗎？不苛求其情罪是否適合這樣的刑罰，只要不過分仁慈就可以了。」

從乾隆年間每年秋審由皇帝勾決的人數來看，乾隆在繼位之初到六年這段時間，停勾的就有四年；而從六年開始到十二年之間，勾決的人竟比前六年多出了近一千人。乾隆在孝賢皇后生前就已打算行嚴政，只是沒找到合適的機會和藉口。

乾隆十三年，孝賢皇后去世。在皇后死後一個月，乾隆發現皇后的滿文冊封文書，誤將「皇妣」譯為「先太后」，便為此勃然大怒，指斥翰林院大不敬，尤其是對管理翰林院的刑部尚書阿克敦心懷怨望，下令將其交刑部治罪。

刑部官員見皇帝盛怒，就對阿克敦加重處分，初步定為絞監候。然而，乾隆對此重處仍不滿意，責備刑部有意庇護、故意寬縱，將刑部官員全都問

罪，其中有尚書盛安、汪由敦，侍郎勒爾森、兆惠、魏定國、錢陳群，全都革職留任，對阿克敦以「大不敬」議罪，斬監候，秋後處決。最後，乾隆還是赦免了他。

為了嚴格吏治，乾隆借孝賢皇后喪事一事嚴厲處理了一批不畏皇權的官員，從此，乾隆的執政實現了從寬到嚴的轉變。伴君如伴虎，這些嚴厲的處分使當時的官員膽顫心驚。此後，又有大批官員遭到譴責。工部因辦理皇后冊寶「製造甚屬粗糙」而全部問罪，侍郎索柱官降三級，塗逢霞官降四級，其他尚書侍郎以寬留任。

光祿寺因置備皇后祭禮所用的餑餑、桌張，都不潔鮮淨明，光祿寺卿增壽保、沈起元、少卿德爾弼、寶啟俱降級調用。禮部因冊諡皇后，儀禮有誤，尚書海望、王安國降二級留任，其他堂官也均因此而受到處分。

因皇后喪葬一事，在短短的時間內，就有刑部、工部、光祿寺、禮部的大小官員被降級處分，阿克敦鬧了個死緩。此舉已顯然表明乾隆是有意而為的。然而，事情至此並不算完，殺戒也由此開始了。

接著，乾隆又發現朝廷大員江南河務總督周學健和他所屬的文武官員竟全部在皇后去世百日內違制剃頭，他大罵周學健：「喪心悖逆，不只是你一個人犯法，你的屬下官員同時效仿，違法亂紀，上下竟然形成了風氣，實在是讓我震驚。」

由此又繼續追查出周學健有貪汙行為，乾隆深感痛心，說：「我登基以來，事事推心置腹，以至誠對待臣工，但是還有不能感動的，如周學健這些人，那麼十多年來，被你們所欺騙的事情還不知道有多少。」

最後，乾隆賜令周學健自盡。因皇后喪葬而引起的大規模貶革之風不只是在京城鬧得沸沸揚揚，連外省的官員也不能逃掉罪責。一般來說，皇后死後，有很多官員都要奏請來京叩拜梓棺，這雖是做做表面文章，然而，乾隆

對於那些沒有奏請來京叩謁的官員分外不滿。

乾隆將各省沒有來京的滿族籍的督撫、將軍、都統、提督、總兵全部官降二級。他對這些人說：「本想旗人相對親近些，得到國家的恩惠也特別深重。一旦遇到皇后的大事，理應號痛奔赴，以盡其哀慕難已的關懷。即使是因為礙於外廷不干預宮內事務的規定，而每當想到皇上遇到如此大的變故，也應該奏請來京城請安，這也是君臣之間應該有的道義吧！」

因為這件事被乾隆貶斥的總督有四名，巡撫有好多位，共有五十餘名滿族大員。在這次喪葬中，江西巡撫安寧因為「對孝賢皇后這樣的大事上，僅僅以幾篇文章來充數，全無哀敬實意」而被解任。

大學士張廷玉、阿克敦、德通、文保、程景伊等也因「全不留心檢點，草率塞責，殊失敬理之義」各被罰俸一年。湖北巡撫彭樹葵、湖南巡撫楊錫紱因違制剃髮被革職，湖廣總督塞楞額因阻止彭、楊自首而被罵為「喪心病狂」，賜令自盡。

在這一次事件中，大量滿漢要員都因失禮而降級、免職、賜死、處死，用官位和生命換得了服從、勤政、守敬、知禮的大教訓。對清廷大員來說，之所以會有這樣的大教訓，原因在於缺乏自律意識，以至於在無意之中激化了皇權與官僚機器的矛盾，做了孝賢皇后的陪葬品。

孝賢皇后喪葬引起的風波涉及官員極廣，乾隆似乎有意地讓涉及面不斷擴大，能擴多大就擴多大，於是，乾隆採用了「訓懲眾官，不容愚蠢」這一才智，以對每個官員都有不同的懲戒，藉機整頓官員隊伍。

自乾隆十四年的秋審和朝審中，乾隆一改從前作風，大批勾決死犯，並將許多「死緩」也列入處死範圍之內，連乾隆繼位初期已被審決、緩決十多次的罪犯也不能免於一死。

在看到湖北、江蘇、山東、四川、河南等七省，由緩決改為情實的而被

處死的罪犯時，乾隆認為改判恰當，聲稱「此等兇犯斷不應擬以緩決」，並對原判這些罪犯的督撫大員進行申飭。

從乾隆十二年至乾隆二十四年時，被乾隆勾決的人數已達到了四千多人，並且一些並沒有徹底達到勾決的人也被皇帝一筆勾去。這些都體現了乾隆從嚴施政的決心。

著意審定考察官員

乾隆在改革祖制、寬嚴並用的一系列改革中，朝廷上下面目一新。乾隆嚴格對官吏的管理，主要表現在對高級官吏的嚴加審定和對低等官吏的留心考察。

乾隆深知掌握任免大權的皇帝對吏治的好壞起著關鍵作用，責任之重大讓他自己都感覺頭疼。他說：「獲得人才是十分艱難的，例如州縣等透過科舉出身的那些人才，都是讀書苦攻數十年才獲得這麼一個官職，因此要量才錄用。」

這一段話也道出了乾隆在任免官吏上的苦衷實在不少，使他只能盡力而為，任免之中也難免有不妥之處。乾隆十分清楚自己的權力是否能夠鞏固，取決於高級官員的素質和對他們的控制上。同時他也明白，如果沒有對高層官吏的深入瞭解，就根本談不上控制。

於是，乾隆採取了「先知後製，方法得當」這一舉措。乾隆想方設法透過種種渠道瞭解高級官員的性格、才能、學識、政績，還把各省督撫、藩臬道府、將軍、參贊、提督、總兵的姓名寫在宮殿的牆壁上，經常注意他們的言行動態。最終，乾隆對朝中所有高級官員的性格、優點、弱點都有所瞭解。

乾隆認為，國家的治亂興衰全在於所用重臣是否合適稱職上：人存則政舉，人亡則政息。乾隆對各省督撫的申飭極為頻繁，他認為：「督撫有表

率封疆之任，不在多設科舉，紛擾百姓，唯在督察屬員，令其就現在舉行之事，因地制宜，務以實心行實政。」

當乾隆看到有些官員竟然以做官為機遇，夢想著能夠因此享一輩子福時，十分惱怒，發出了諭旨：

整吏治以戒因循，正人心以除積習，凡有恍民之責者，皆當審時務之急先，思致治之根本，而加之意焉……

乾隆認為，要想國家安泰、萬民樂業，必須得有一批為老百姓真心實意辦事的好官才行；可是，因循守舊、苟且偷安卻是官僚們的通病，這是必須解決的一個問題。

乾隆發現有些督撫竟然還派屬員常駐北京，刺探主管他們的六部及軍機處，甚至是皇帝本人的動向和動作。有時候他們還串通軍機處抄寫檔案的人，將不公開的事情抄寄各自督撫；督撫也熱衷於相互間私自傳遞消息，以便知道京師的消息。

更讓乾隆震驚的是這樣做的督撫並非只是一兩個，因此他有一次公開點名，嚴詞警告了直隸總督那蘇圖、安徽巡撫魏定國、福建巡撫陳大受、浙江巡撫常安、兩江總督尹繼善。

不少州縣官員打著「贈送土特產」的旗號向上級督撫公開送禮討好。而這些州縣官員所用之資便是額外增加的賦稅，除此之外別無他途。

這自然逃不過乾隆的留心監視，他不斷下令嚴禁督撫擅調地方官上門拜訪宴會，訓斥他們借送禮的機會大擺酒宴是在浪費時間，把物力耗費於無用的地方。

清朝時，往往每兩省或三省設一總督位，每一省設一巡撫，除山東、山西、河南專設巡撫而不設總督，直隸、四川專設總督而不設巡撫外，其他的省份都有總督和巡撫同在一城中的現象。

登基親政

　　乾隆發現，同在一城的總督和巡撫之間，往往各立門戶、互相傾軋、排除異己、引用私屬，而對地方的政務卻互相踢皮球，讓下級官員無法認真施治。

　　新督撫一旦上任，便開始極力宣揚前一任在此任時政務如何廢弛、民生多麼凋敝，甚至胡編亂造、信口雌黃。如果前一任是因升遷而調走，則必大肆稱頌其成績，即使有錢糧虧空之事，也甘願為他賠墊。

　　督撫等諸多積習，乾隆早已經瞭解詳細，他決定要不斷地給督撫們敲敲警鐘，勒緊其頸項，讓一些違紀的大員們懸崖勒馬。批評這些較高級的官員，乾隆總是因人而異，有針對性地嚴厲指出其缺點，令其汗顏失愧，從而不得不謹小慎微，唯恐大禍臨頭。

　　乾隆四年，乾隆告誡四川巡撫方顯說：「我看你為人質樸誠實，因此提拔為地方大員，但撫臣必須有撫臣的樣子。如果任性偏激，不識大體，就不可以。你馬上就要去上任了，我只提醒你這麼多，擔心你會很快忘記，你好自為之吧！」

　　同年，乾隆又訓誡河南巡撫尹會一說：「因循苟且四字，實在是你的毛病，既然你自己知道，就應該努力改正，我將看你以後的行動。」

　　乾隆還指出方苞的弱點：「我即位的初期，想到你在文壇稍微有些名氣，下令讓你入直南書房，而且提升你為禮部侍郎；然而你位在九卿班內，卻假公濟私、黨同伐異，其不安靜之舊習，到老不改，眾所共知。」

　　乾隆比較討厭只會耍嘴皮的貴州巡撫宮兆麟，曾訓誡他說：「看來宮兆麟之為人，應對是其所長，而在辦事方面不注重實際，是以外間竟然有鐵嘴的稱號。」

　　乾隆還批評江西巡撫陳宏謀說：「你不怕不能辦事，而思慮有壞的習慣，如果不下決心改正，下次再被我教訓，那有什麼好處呢？」

　　乾隆對後來的河南巡撫圖爾炳阿說：「你慎守有餘，創新不足，以後應該著實奮勉，不要重蹈前車之鑒了！」

乾隆也曾警告安徽巡撫徐垣說：「你原來就是特別能幹的人，不要濫用你的聰明，一切應該力求務實，那麼就可以勝任這個職位而永遠得到我的恩惠。」

除了訓誡之外，乾隆還時時要求這些地方官員們：「經劃有方，征捐有法，使地有遺利，家有餘藏，視百姓如赤子，察其饑寒，恤其困苦，治其田裡，安其家室。只有這樣細緻地發展地方經濟，關心百姓疾苦，才可稱得上大清朝的好官。要做到這些，地方官就應當經常深入鄉村，體察民情，瞭解各地生產狀況。」

對這些高級官員的訓誡和責備，在乾隆的諭旨中有很多，每一次斥責都要給被訓誡的官員極大的震懾力，增加了他們對皇帝的敬畏。就像趕車人用鞭子抽打拉車的馬匹那樣，使他們因疼痛而更加用力地向前奔跑，來推動龐大的統治機構的車輛迅速前進。

乾隆不但對高級官吏嚴加審定，對於一些低等官吏也留心考察。乾隆知道，考核人才，僅憑其人之容貌形象與臨時之神情應對，只能獲一粗淺印象。要想得到真正的人才，必須按照一定的考核程式，長期檢驗。

有一次，吏部引見新任武昌同知王文裕時，乾隆見王文裕長得相貌堂堂，回答提問聲音洪亮，覺得這是個可以造就的人才，就在其名字下面寫了個「府」字，意思是此人可任知府。

正巧幾天後，吏部請求任命安陸府知府，乾隆想起此事，就任命了王文裕。可後來乾隆發現王文裕的同知官是花錢捐的，並沒歷過實任，他根本就無為官經驗。

乾隆雖然心中十分後悔，但君無戲言，已不能改變了。只好急忙傳諭湖廣總督塞楞額和湖北巡撫彭樹葵對王文裕留心察看，把情況及時上報，如果不行，還是仍授同知官為好。

雖然如此，乾隆還是認為透過引見考核人才不失為一個好方法，他自信

地說：「人才一般都相差不大，自從我登基到現在，看過的人才非常多，也可以說選用人才十次有八九次是正確的。」

按清代官制，每三年要對官吏考核一次，京城官員的考核稱為「京察」，外地官員的考核稱為「大計」。考核分稱職、勤職和供職三等，政績特別卓異者可引見候旨升擢。

考核不及三等的官員，要糾以「八法」，即貪、酷、疲軟無為、不謹、年老、有疾、浮躁和才力不及者。貪、酷者革職拿問，疲軟無為和不謹者革職，年老和有疾者勒令休致，浮躁和才力不及者酌量降調。

乾隆重視對年老官吏的考察，擔心他們倚老賣老，或者昏老無為。他要求官員要選擇體力精壯、心地明白的人做官，並且還對那些因年老而故意隱瞞自己年齡的大臣給予重處。

乾隆規定：部員屬官五十歲以上的人都要詳細考察；二品、三品京官年齡在六十五歲以上的要親自考核，決定是否任用。對於文宮中的知縣和武官中的總兵年齡限制也較嚴格，乾隆認為知縣是地方的父母官，「一切刑名、錢役經手事件，均關緊要」，所以不能讓年老力衰的人充塞其中。

乾隆十年，據統計，奉天、湖北、河南、山東、山西、陝西、甘肅、四川、貴州等十一個省中「年老」官員有三十名，「有疾」官員二十二名，「不謹」官員二十九名，「疲軟」官員十一名，「才力不支」官員二十四名，「浮躁」官員九名，均被列入淘汰的名單。

用「京察」和「大計」來考察官員，日久已成為一種表面形式。乾隆對此很不放心，便沿用了雍正時期的辦法，輪流引見文職知縣以上、武職守備以上的官員。往往在一天之內不厭其煩地召見百餘名地方官員，召見時還用硃筆記載自己的想法、意見，寫出評語，以便隨時任用、升遷和降級。

乾隆說：「每次在引見的時候，必須詳細記錄詢問內容，仔細觀察參考人員的品行素質。對任免官員一定要高度謹慎。」

　　這種記載引見官吏的做法，一直是乾隆識別官員的最直接途徑。為此，他還說道：「記名道府，用硃筆記載，這是我的父親雍正帝留意人才，以便隨時錄用，實屬好方法，應該永遠遵守。」

　　乾隆引見官員之後的評語很多，如評馬騰蛟「結實有力，將來有出息」，評額魯札「忠厚本分，人似結實」，評屠用中「人亦可有出色，道員似可」。

　　乾隆十七年，新任直隸景州知府侯玨被引見，乾隆評他為：「觀其人，似小有才而無實際，無法保證其勝任無誤。」乾隆認為知府一職承上啟下，是州縣官學習的榜樣。

　　於是，乾隆不斷強調：要選嫻於政務的人擔任知府，並且對在任用知府一事上要非常謹慎小心，恐怕失察，而貽害地方。清朝知府屬於四品官，是管理一個省的主要官員，掌領數縣、興利除害、決訟檢奸。

　　乾隆認為，如果知府精明能幹、熟諳政事，即使州縣官平庸無能，也可以被激發起奮力向上之心。若是知府懦弱無能、馭下無方，州縣官也會苟且偷安，荒廢政事。同時，州縣官由於職位卑下，無權被皇上引見，其到底如何還得靠知府去檢查監督。

　　乾隆也知道，以引見的方式來考核官員，僅憑他們的容貌形象和臨時的神情應對，只能獲得粗淺印象。但作為一種差強人意的方法，他仍認為透過引見，可以為自己選拔既有才能又忠心耿耿的臣子。

　　為了彌補引見時臨時考核的缺點，乾隆還經常輔以進一步的調查。乾隆三十一年，新任江西袁州知府唐燦引見，被乾隆評為：「看這個人恐怕對地方政務不太熟悉！」

　　由於對此人實在是不放心，他便命令江西巡撫吳紹詩留心考察唐燦的政績並指示：「如果唐燦實在難以勝任，就要馬上具折奏聞，不得稍存姑息。」

　　乾隆透過寬嚴相濟的方法管理、考核官吏，培養了一批能幹的文臣武將。依靠著他們，乾隆朝達到了統治前期、中期的繁榮昌盛。

十全武功

乾隆說：「我兵已深入賊境，地利、氣候都不習慣，而守碉堡則勢必要分兵把守，多則糧草難繼，少則不能保證安全……這怎麼能是長久的辦法呢？」

最後，乾隆指出築碉堡一事後患無窮：「將來金川平定之後，其地不過仍歸當地的番人，是今勞師動眾，反成為幫助番人建碉之舉，恐貽笑於國人，又不利於治理番務，我考慮了一整夜，終非善策，不如速罷之為宜。」

乾隆否定了訥親的築碉堡方法，建議訥親「只宜持其大綱，督令張廣泗等各施謀劃，以便快速取得戰績」。

第一次平定大小金川

自從乾隆登上皇位以後，面臨著朝廷內外的諸多政事。他一方面要穩固自己在朝中的地位，控制與大臣的關係，實行自己的新政；另一方面，卻還要分出精力對付邊疆的少數民族，捍衛國家領土。

清兵入關以後，康熙、雍正兩朝多次興兵安定邊疆。乾隆則重在鞏固前朝疆土，他說：「動用武力去開拓疆土，我不想那麼做，而祖宗所有疆宇，不敢讓它有尺寸的減少。」

乾隆首先面對的是西南邊陲的大、小金川之亂。大、小金川地處四川西北部，山高水險，約有三萬戶藏民聚居其間。金川地區在隋朝時開始設置金川縣，唐朝時設置羈縻金川州。

清初時，皇帝沿襲明朝舊制，照例頒授印信。順治七年，以金川卜爾吉細內附，授土司職。康熙五年，以嘉勒巴誠心歸順，授「演化禪師」印。

雍正元年，以嘉勒巴庶孫莎羅奔曾從清軍平定西藏羊峒有功，授金川安撫司。莎羅奔以屬地自號大金川，以舊土司澤旺為小金川。大、小金川接受

清朝政府的冊封后，經常打著朝廷的名號恃強凌弱，勢力日益強大，使邊境不得安寧。為了保護邊境太平，乾隆決定出兵平定大、小金川。

乾隆十二年，莎羅奔起兵攻掠革布希札和明正兩土司地區。乾隆下令四川巡撫紀山派兵彈壓，紀山用兵不力，反而被莎羅奔打敗。於是，乾隆調任雲貴總督張廣泗為四川總督，統兵三萬進攻大金川。

張廣泗曾在平叛苗疆時立有大功，所以，乾隆諭令他：「以治苗之法治蠻⋯⋯務令金川土司這種叛逆酋長授首，鏟絕根株，永靖邊境。」

十二年四月下旬，張廣泗率軍進入金川地區。進剿初期，張廣泗大有進展，收復了大金川所占的毛牛、馬桑等地，小金川的土司澤旺也聞風投降。

張廣泗自以為穩操勝券，於是向乾隆報告：「征剿大金川，現已悉心籌劃，分路進兵，搗其巢穴，附近諸酋都投誠納款，則諸業就緒，酋首不日可剿滅。」

但是，接下來的戰況卻並不順利。大金川的主要據點是勒烏圍和刮耳崖。勒烏圍由莎羅奔親自把守，刮耳崖由莎羅奔的兄長和侄子把守。這兩個地方都在大金川河的東岸。為了攻打這兩個據點，張廣泗兵分兩路，從西、南兩個方向進攻。

張廣泗布好陣勢，想要一舉突破。七月末，西路軍打到距離刮耳崖官寨僅二十里地的地方，南路軍也攻占了多處碉卡，金川兵退守到獨松碉寨。但是，到了八月，在大金川的碉卡面前，清軍卻束手無策了。

張廣泗這時才意識到攻打碉卡的艱難，他在向乾隆的奏陳中寫道：「大金川四處皆山，陡峻無比。在隘口險要處皆建有碉樓，堅固難攻。」

乾隆只得傳諭張廣泗，暫時把軍隊轉移到開闊的地方，等第二年春天再進攻，並提出兩種方案：以京兵換綠營兵作戰，或者將大金川劃歸西藏管理。但是，張廣泗求勝建功心切，打算於當年九、十月間進取金川。當時，莎羅奔在大軍壓境的形勢下，幾次派人求和。

莎羅奔主動求和，乾隆覺得金川的主將害怕了，正好可以乘機殲滅，於是降諭說：「這次官兵雲集，正當一舉摧滅，斬草除根，一勞永逸，斷無以納款受降，草率了事之理。」

因此，莎羅奔的幾次求和都遭到了張廣泗的拒絕。就在張廣泗準備進攻的時候，戰爭的形勢突變。九月初五日，已經投降清軍的金川將領恩錯背叛清軍，帶領大金川兵搶占馬邦山樑，阻斷清兵的糧道。

十一月，恩錯又圍攻副將張興的營盤，張興多次請兵求援，張廣泗卻罵他懦弱無能，不發兵救援。

十二月十八日，張興率領的部隊在斷糧已久的情況下，想與恩錯講和，卻被大金川兵誘到右山樑溝底追殺。除三百餘名士兵奔逃過河以外，包括張興在內的五六百名官兵都喪身溝底。

這次戰爭是張廣泗用兵以來的最大敗績，而張廣泗卻將戰敗的責任全部推卸給張興等人。由於張廣泗先不發援兵、後又推卸責任，於是軍中將領上下離心，更加沒有鬥志了。張興的潰敗使清軍的進攻優勢喪失殆盡，有一些士兵不服張廣泗的做法，轉而投降大金川。

乾隆十三年正月初二，大金川兵攻占江岸的噶固碉卡，守碉的八十餘名士兵打開碉門，跟隨大金川兵渡河而去。張廣泗損兵折將，進攻大金川的計劃完全破滅。

為了加強前方的指揮力量，乾隆起用了岳鐘琪。岳鐘琪在雍正年間曾率金川兵進攻西藏，在金川有很高的威信。

乾隆十三年二月，乾隆降旨：

朕考慮到岳鐘琪久在西蜀為官，素為川省所服，且熟悉軍情，也瞭解番務……若由他來管理金川之事，自屬人地相宜……令張廣泗會同副將商榷，如有應用岳鐘琪之處，即由你二人傳旨行文，調至軍營，以總兵銜委用。

但是，張廣泗反對任用岳鐘琪為大將軍。因此，乾隆再次降旨，讓岳鐘琪以提督銜赴軍前效力，同時派領班首席軍機大臣、果毅公訥親為經略，赴金川指揮戰事。乾隆用岳鐘琪是正確的，但是，他同時任用訥親為經略，卻是重大失誤。

訥親，滿洲鑲黃旗人，姓鈕鈷祿氏，是清朝開國元勛額亦都的曾孫，乾隆十一年任首席軍機大臣。乾隆把平定金川的希望寄託在了訥親身上。作為一個行政長官，訥親是很稱職的，但他既沒有帶兵經驗、也缺乏指揮作戰的軍事才能，根本沒有能力指揮大規模的戰役。

乾隆十三年六月初三，訥親到達金川。訥親因為在皇宮時深受乾隆的喜愛，所以自恃其才，蔑視張廣泗，並不與張廣泗商討軍情，而是自作主張，限令士兵三天之內攻克刮耳崖。有的將士對戰爭提出建議，訥親不予理睬，而且動不動就處以軍法，三軍對他既恨又怕。

六月十四日，訥親派署總兵任舉、副將唐開中、參將買國良分兵三路進攻昔嶺。由於訥親指揮不當，買國良、任舉先後陣亡，唐開中身負重傷。經過這一慘敗，訥親的驕氣被打掉了，他轉而不敢再發一令，每臨戰，避於帳房中，遠遠地指揮，並決定轉攻為守，奏請朝廷也要築碉堡。

乾隆接到訥親想要築碉堡的奏報後，在批諭中詳細分析了清軍不宜在金川築碉堡。首先，碉堡是用來防守的，而不是用來進攻的。金川兵築碉堡是用來抵禦清軍的進攻，如果清軍也築碉堡，那就像守株待兔一樣，不會有什麼作用。

其次，清軍的兵力和財力也不允許這麼做。乾隆說：「我兵已深入賊境，地利、氣候都不習慣，而守碉堡則勢必要分兵把守，多則糧草難繼，少則不能保證安全……這怎麼能是長久的辦法呢？」

最後，乾隆指出築碉堡一事後患無窮：「將來金川平定之後，其地不

過仍歸當地的番人，是今勞師動眾，反成為幫助番人建碉之舉，恐貽笑於國人，又不利於治理番務，我考慮了一整夜，終非善策，不如速罷之為宜。」

乾隆否定了訥親的築碉堡方法，建議訥親「只宜持其大綱，督令張廣泗等各施謀劃，以便快速取得戰績」。於是，訥親對大金川束手無策，不再主持軍事，事事聽張廣泗調度，一到開戰就躲到帳房之中。

八月初八，乾隆接到岳鐘琪兩份參奏張廣泗的奏摺：第一份奏摺參奏陳總督張廣泗調度錯謬而且不分兵給他，第二份奏摺參奏張廣泗重用小金川叛逆良爾吉和漢奸王秋。

同時，乾隆又接到了訥親、張廣泗戰敗的奏報。乾隆對訥親、張廣泗徹底失望了。九月初十，乾隆下旨召訥親、張廣泗回北京，將進攻金川的事情交給岳鐘琪處理。十三日，又調派尚書班第前去金川軍營，協助辦理軍務。

從乾隆十二年到十三年，乾隆對金川用兵四萬有餘，耗銀近千萬兩，卻幾乎沒有戰績。乾隆對張廣泗、訥親完全失去了信心和耐心，他決定懲辦主帥，以震軍威。

乾隆十三年九月二十九日，乾隆以「玩兵養寇，貽誤軍機」的罪名將張廣泗革職，交刑部審理。十二月七日，乾隆到瀛台親鞫張廣泗，五天後，張廣泗被斬。乾隆十四年正月，乾隆以「退縮偷安，勞師費餉」的罪名，將訥親綁縛軍營，斬首於軍前。

攻打金川的戰爭遇到了前所未有的困境，為了加強陣前實力，乾隆於十三九月二十八日派協辦大學士傅恆前往金川軍營，負責平定金川的重任。傅恆是乾隆一手提拔起來的得力幹將。為了提高主帥的威信，乾隆在傅恆出發之前舉行了隆重的授權儀式。

九月，傅恆被任命暫管川陝總督，經略軍務，受命於危難之中。隨即，晉為保和殿大學士，位至卿相。而乾隆除了給傅恆以高官顯位之外，還給了他異乎尋常的讚美和信任。為了保證傅恆用兵無阻、將士聽命，乾隆不吝

賞賜，打破常規，賜傅恆花翎二十、藍翎五十、白銀十萬兩，作為嘉獎軍前立功將士之用。

十一月，傅恆啟行，乾隆在重華宮賜宴，親至堂前行台祭典禮，並命皇子及大學士來保等送至良鄉。出師之禮的隆盛，無形之中增加了傅恆的威望。兩個月後，傅恆剛抵達四川，乾隆又頒布了對他的嘉獎令，諭旨說：

> 經略大學士傅恆，自奉命經略以來，公忠體國，兢兢業業，紀律嚴明，軍隊行動神速，兼辦一切事物，諮詢機務，廢寢忘食，以至於徹夜不眠。為國誠心日月可見，像這樣的大臣需要給予嘉獎和重用！

乾隆頒發諭旨後，令吏部討論如何嘉獎的問題。吏部官員自然明白皇帝的用心，馬上就商量出一個嘉獎的辦法來：傅恆晉銜太子太保，加軍功三級。這已是非常破格的提拔了。但乾隆認為還不夠，命晉銜太保，仍加軍功三級。

乾隆十四年正月，傅恆親自督師攻下金川險碉數座的奏報遞達京城。傅恆還表示要親任其難，直搗巢穴，於這年四月間結束戰事。但是，乾隆透過傅恆的奏報已經知道前線缺糧缺馬，軍需供給極其乏力，需要速戰速決。而金川叛軍的碉卡又險隘林立，易守難攻。

所以，當他聽說傅恆要「奇正兼施，因機制勝」，誓死與金川戰爭相始終時，他唯恐傅恆年輕氣盛，求功心切，不知深淺，陷在這場戰爭裡。因為，對乾隆來說，用傅恆督師的真正用意，不在於克復金川，而在於歷練大臣、樹立威望。

因而，傅恆剛剛小有奏捷，乾隆便又下令班師，召傅恆還朝。他頒旨說：

> 傅恆自從奉命率領軍隊平叛以來，忠誠勤勞，已經達到預期的目的。辦事則巨細周詳，鋤奸則威力強大，整頓軍隊紀律嚴明，鼓勵士兵則群情踴躍。而且日夜督戰，不避風雪，大震聲威。經略大學士傅恆可稱得上是朝中第一大臣，聖旨到達的時候，傅恆即刻還朝。

乾隆如此不厭其煩地歷數傅恆的勞績，為他評功行賞，目的只有一個，就是要為年輕的傅恆樹立權威，使傅恆真正成為朝廷中第一「人臣」。與此同時，又下旨進封傅恆為一等忠勇公，賞給紅寶石帽頂和親郡王才能穿用的四團龍補褂。

這種頻頻加恩的做法，不僅令滿朝文武心中惶惑不已，傅恆本人尤其感慨交集，誠惶誠恐。他上疏堅請進兵，力辭公爵。對傅恆來說，此時唯有肝腦塗地、效命疆場，方能報效皇帝的特殊恩寵。

傅恆沒有理解乾隆的用意，這使乾隆心急如焚。他手諭傅恆，以數千之言，反覆諭令傅恆班師。

乾隆以「勤遠勞民我不為」，表示不願繼續這場戰爭，並暗示傅恆返朝之後必當重用。

而傅恆真可謂上天保佑的大福將。就在傅恆躊躇再三、對班師還朝頗感勉為其難時，金川土司莎羅奔等因久戰乏力，畏死乞降。

乾隆十四年二月，歷時近兩年之久的金川之役以傅恆親往誓師宣布告捷。

兩次平定準噶爾叛亂

乾隆十九年五月四日，乾隆看到蒙古準噶爾部仍然盤踞西域，並視朝廷情況蠢蠢欲動，決定出兵平定準噶爾，並宣布：

朕考慮到機不可失，明歲擬欲兩路進兵，直抵伊犂。

康熙、雍正兩朝都曾先後多次出兵準噶爾，但是卻始終討而未平。明末清初，蒙古族分成了漠南、漠北、漠西三大部。清採取「聯蒙制漢」的方針，入關前，漠南蒙古已歸附清朝；漠北、漠西蒙古也向清朝稱臣納貢。

後來，漠西蒙古分為互不統屬的四部，即準噶爾部、土爾扈特部、和碩

特部、杜爾伯特部。準噶爾部是清代中國西北地區厄魯特蒙古四部中最強的一部，遊牧於伊犁河流域。

康熙十年，噶爾丹奪得準噶爾部汗位，他合併了和碩特、杜爾伯特部並控制南疆維吾爾族地區，勢力擴至天山南北和青海，成為一支強大的割據勢力。

康熙二十七年，噶爾丹率軍進攻漠北的喀爾喀蒙古，迫使該部遷往漠南。康熙二十九年五月，噶爾丹以追擊喀爾喀部為名，率軍三萬渡烏爾匝河，後揮戈南下，兵鋒指向北京。

面對噶爾丹的進攻，清朝迅速調集兵力，康熙帝下詔親征。康熙率軍於康熙二十九年和康熙三十五年分別在烏蘭布通和昭莫多大敗噶爾丹。昭莫多一戰，消滅了噶爾丹的主力。

康熙於三十六年二月再次出兵，迫使流竄於塔米爾河流域的噶爾丹殘部投降，噶爾丹自殺。噶爾丹敗亡後，他的姪子策妄阿拉布坦取得汗位。他建帳於伊犁，並向外擴張，於康熙五十六年出兵攻西藏，殺死拉藏汗，占據拉薩。康熙得報之後，馬上下旨，派軍從四川、青海兩路入藏，擊敗準噶爾軍，迫使其撤出西藏。

雍正五年，策妄阿拉布坦死，噶爾丹策零繼承汗位。雍正十年七月，噶爾丹策零率軍襲擊駐紮於塔米爾河的清軍。八月初，清軍以精騎三萬夜襲準噶爾軍營，準噶爾軍潰逃，清軍乘勝追擊，將準噶爾大部殲滅於光顯寺，噶爾丹策零被迫投降。

乾隆即位後，準噶爾的形勢發生了變化。乾隆十年，噶爾丹策零去世，準噶爾內亂加劇。噶爾丹策零的姪子達瓦齊自立為汗王，由於他的殘暴凌虐，導致眾叛親離。達瓦齊的朋友阿睦爾撒納與他不和而致決裂，投降清朝。

乾隆看到準噶爾內亂紛起，而且又有阿睦爾撒納的投降軍，意識到平定準噶爾的機會到了。於是，乾隆力排眾議，對阿睦爾撒納「賜之爵位，榮以

華裔」，封阿睦爾撒納為和碩親王，準備出兵準噶爾。但是，在朝廷的大臣卻一致反對乾隆的提議。

理由之一是，清朝在前線既無大軍，又無糧草囤貯，戰爭毫無準備。群臣的反對不無道理，而僅依這些實情而言，這場戰爭的確沒法打。理由之二是，達瓦齊對清朝並無惡意，對改善與中央政府的關係也有熱情。

十九年，達瓦齊主動派貢使到北京，極力表現出恭順的態度，希望獲得清政府的諒解，享受與噶爾丹策零同樣的待遇。但是，乾隆說「堂堂大清，中外一統，而夷部亂臣，妄思視同與國」，斷然拒絕。

達瓦齊的恭順態度在某種程度上引發了部分清朝大臣的同情，他們希望不啟邊釁，維護與準噶爾部的和議。但在乾隆心目中，達瓦齊是「夷部亂臣」，已失人心。準噶爾部內鬥激烈，這正是勘定西北邊陲的大好時機。因此，他對大臣們要求維持和平局面的諫言，都予以拒絕。這樣，就造成了「眾議皆以王命為非，而皇帝獨持己見」的局面。

然而，這時傅恆卻站了出來，表態贊成出師，這在乾隆不僅僅是欣喜，更主要的是感慨。乾隆說：「在廷諸臣，只有大學士傅恆與我心有靈犀，認為斷在必行，我心裡十分欣慰啊。」

自乾隆十九年五月開始，清朝積極備戰。為了拉攏阿睦爾撒納為征準噶爾賣力，十二月，乾隆在避暑山莊御行殿接待了降清者。乾隆命王公大臣皆往陪宴，從容撫慰，並賜給他們馬車，親自與他們比賽騎馬射箭，並以蒙古語詢問準噶爾變亂始末。

乾隆二十年，乾隆下了平定準噶爾的諭旨，並決定「以新歸順之厄魯特攻厄魯特」，意思是讓阿睦爾撒納率軍攻打達瓦齊。這年二月，乾隆派遣北、西兩路大軍向伊犁進軍。北路軍為定北將軍班第率領，阿睦爾撒納為副將；西路軍為定西將軍永常率領，薩賴爾為副將。

兩路大軍旌旗飄飄，士氣高漲，聲勢浩大。在進軍途中，阿睦爾撒納出力不少，由於阿睦爾撒納熟悉情況，又對準噶爾部落加強宣傳，所以準噶爾部落各帶領本部人馬陸續前來投誠的甚多。

四月，兩路軍在博爾塔拉勝利會師。會師後，清朝大軍浩浩蕩蕩，直逼達瓦齊的老巢伊犁。清軍越過果子溝，渡過伊犁河，不少準噶爾人望風而降。達瓦齊四面楚歌，走投無路，仍不甘心於失敗，且戰且退，退至格登山上，負隅頑抗。

清朝兩路軍密切配合，分別從伊犁河的固勒扎渡口翻越推墨爾裡克山嶺和從喀塔克渡口翻越扣門嶺，兩面夾擊格登山，出其不意地殺進達瓦齊的兵營。達瓦齊叛軍四處逃散，紛紛投降。格登山告捷，證明乾隆用人得當，指揮無誤。乾隆非常高興，事後欣然賦詩：

救寧西極用偏軍，天馬人歸敬受欣；

每至夜分遙檄問，所希日繼喜相聞；

有征已是無交戰，率附常稱不變藝。

達瓦齊逃出格登山，被烏什阿奇木擒獲，押送到北京。乾隆親自到午門受俘，達瓦齊自己用白繩綁著請求免除死罪。乾隆對準噶爾部上層人物實行了「遠人歸服，安之榮之」的懷柔政策，不但赦免了達瓦齊的死罪，還加封為親王，並賜予宅第。

第一次平定準噶爾的戰爭至此結束。然而，達瓦齊失敗之後，戰亂並未平息。阿睦爾撒納見準噶爾地區群龍無首，於是撕下臣服清朝的假面具，又舉兵對抗清兵，意圖把準噶爾納入他的統治之下。

乾隆二十年五月，乾隆下旨，讓阿睦爾撒納在擒獲達瓦齊後，到熱河覲見。六月，乾隆催促阿睦爾撒納趕快到熱河，並密令大臣班第，如果阿睦爾撒納不肯動身，就設計將他擒拿問罪。但是班第因為兵力單薄，不敢貿然下手。

六月二十九日，阿睦爾撒納在扎薩克親王的陪同下，動身覲見。阿睦爾撒納雖然已經出發，但是卻有另一手準備。乾隆曾經派額駙色布騰巴爾珠爾監視阿睦爾撒納，阿睦爾撒納與額駙關係很好，於是，阿睦爾撒納請求額駙轉奏乾隆，請求乾隆批准自己統領厄魯特四部。

臨行前，阿睦爾撒納與額駙約定，如果乾隆允許，額駙就於七月下旬通知阿睦爾撒納。所以，阿睦爾撒納在前往覲見乾隆的途中慢速前行，等待額駙的消息。

八月，阿睦爾撒納到了烏隆古，但是仍然沒有額駙傳回的消息，他知道乾隆沒有允許自己統領厄魯特四部，於是，便留下乾隆曾經賜給左副將軍軍印，不辭而別。阿睦爾撒納叛走，重新引起了準噶爾地區的騷動。許多不甘失敗的部族前來附和，攻擊進入準噶爾地區的清軍。

八月二十三日，班第、鄂容安在伊犁受到襲擊；二十四日，被迫退卻。二十九日，清軍被圍於烏蘭庫圖勒，班第、鄂容安戰敗自殺。準噶爾部得而復失，清軍西、北兩路損兵折將。當此情況之下，乾隆重新調兵遣將，再征準噶爾。

乾隆二十一年正月，乾隆任命玉保擔任先鋒，追尋阿睦爾撒納的蹤跡。阿睦爾撒納玩弄花招，放出「台吉塔爾布等已擒獲阿睦爾撒納」的謠言。玉保上當相信了，將消息報告策楞；三天後，又報告說阿睦爾撒納並未被擒。乾隆得到前後兩次報告，怒氣衝衝，降旨將玉保和策楞革職，押到京城治罪。

乾隆二十一年五月，乾隆任命達瓦黨阿為定西將軍、巴裡坤辦事大臣，兆惠為定邊右副將，前往平定準噶爾。達瓦黨阿與阿睦爾撒納兩軍相遇，阿睦爾撒納戰敗，逃入哈薩克人帳營。阿睦爾撒納故伎重演，派哈薩克人謊報已擒獲阿睦爾撒納，請求達瓦黨阿暫停進攻。阿睦爾撒納又一次金蟬脫殼，得以逃脫。

　　乾隆二十二年三月，乾隆派將軍成袞扎布出北路，右副將軍兆惠出西路，做好打惡戰的準備。這時，在準噶爾地區發生了兩件大事：一是參與叛亂的台吉噶爾藏多爾濟被他的侄子襲擊，造成了內亂；二是布魯特各地痘疫流行，傳染的人很多，叛軍四處逃亡，不戰自潰。

　　六月，哈薩克汗阿布賚汗請求歸順清朝，並表示幫助清朝擒拿阿睦爾撒納。阿布賚汗向清朝呈上了表文，表示願意誠心歸順。阿睦爾撒納聞訊，連夜向額爾齊斯河逃去，投奔沙俄。

　　乾隆二十二年九月，阿睦爾撒納因患痘疫，病死在托搏爾斯克。阿睦爾撒納叛變未能事前制止，致使班第、鄂容安等重臣被殺，乾隆後悔防範不力，憤恨交加，窮追不捨，對被煽動作亂、降而復叛的那些人，俘獲後一律砍頭。

　　平定準噶爾後，乾隆做了一系列安民和善後工作，編建戶籍、安排屯戍、興修水利、控制流沙等；並在烏里雅蘇台設將軍，在科布多設參贊大臣，直接掌管蒙古各部的軍政大權。

　　為紀念平定準噶爾叛亂這一事件，以昭示後人，乾隆二十五年，乾隆下令在昭蘇縣格登山上建了格登山紀功碑。碑高二點九五米，寬零點八三米，厚零點二七米。碑外還修有御碑亭。紀功碑記錄了乾隆平準噶爾的歷史：

格登之崔嵬，賊固其壘。我師堂堂，其固自摧。格登之崔嵬，賊營其穴。我師堂堂，其營若綴。師行如流，度伊犁川。粵有前導，為我具船。渡河八日，遂抵格登。面淖背崖，藉一昏冥。日搗厥虛，日殲厥旅。豈不易易，將韜我武。將韜我武，詎日養寇？日有後謀，大功近就。彼眾我臣，已有成辭。火炙崑岡，懼乖皇慈。三巴圖魯，二十二卒，夜斫賊營，萬眾股慄。人各一心，孰為汝守！汝頑不靈，尚竄以走。汝竄以走，誰其納之？縛獻軍門，追悔其遲！於恆有言，日殺寧育。受俘赦之，光我擴度。漢置都護，唐拜將軍，費賂勞眾，弗服弗臣。既臣斯恩，既服斯義，勒銘格登，永詔億世。

 十全武功

　　乾隆二十年，歲次乙亥，夏，五月之吉御筆碑文講述了在第一次平準噶爾戰爭中的格登山戰役，並記載了兵圍達瓦齊和戰後處理俘虜的過程，肯定了平定準噶爾的意義。碑文大意為：過去，漢朝設立西域都護，唐朝拜將西征，但都勞民傷財而沒有使敵臣服。

　　如今既已稱臣，既已歸服。真可謂功逾漢唐，遠超前代，所以特在格登山上刻石記功，留諸永遠，以昭告於子孫萬代。清政府平定準噶部上層貴族武裝叛亂的勝利，解除了長期以來準噶爾部上層貴族對相鄰各部的壓迫。這一事件促成了乾隆三十六年土爾扈特部重返祖國版圖。

　　土爾扈特部是中國厄魯特蒙古四部之一，17世紀20年代以前，該部一直與其他三部共居於中國的西北地區。明朝崇禎初年，土爾扈特部因無法忍受準噶爾部的壓迫而在首領和鄂爾勒克的率領下離開故地，幾經輾轉之後，遷居於伏爾加河下游一帶。

　　在旅居國外一個多世紀的漫長歲月裡，土爾扈特人飽受沙俄的壓迫和欺凌。他們雖然身處異域，卻無時無刻不在思念自己的祖國，不顧山險路長，一直與中央政府保持著密切的聯繫。而清政府也對遠在異域的土爾扈特人表示關切。

　　乾隆三十五年十一月，清軍平定準噶爾部上層貴族的武裝叛亂不久，土爾扈特部渥巴錫汗便率領部民十七萬口，不顧沙俄的重重阻撓，毅然踏上歸途。

　　經過八個月的長途跋涉，土爾扈特部克服了給養缺乏、疾病流行等難以想像的困難，終於在乾隆三十六年六月進入中國境內，從而實現了他們長期以來強烈要求返回祖國的願望。

　　乾隆對土爾扈特部的歸來十分重視。他專派陝西巡撫文綬前赴巴裡坤等地，購辦牛羊、衣物，接濟他們的生活。不久，乾隆又指令伊犁將軍舒赫德負責分地安居，安排米穀接濟及其他耕牧所用物資。

　　張家口都統常青負責解送當地牧群的來往費用，陝甘總督吳達善負責與

牧民們之間的貿易往來。在安排好他們的生活之後，乾隆又在熱河避暑山莊附近接見渥巴錫汗等土爾扈特部首領，分別賜封為卓禮克圖汗、親王、郡王、貝勒、貝子、輔國公、台吉等，使其管理所屬民眾，安排人民生活以及子孫後代長治久安之計。

這是一件盛大的喜事，乾隆欣然提筆，親自撰寫〈土爾扈特全部歸順記〉、〈優恤土爾扈特部眾記〉、〈御製土爾扈特部紀略〉等重要文章，記載土爾扈特部回歸祖國的艱難歷程。土爾扈特部重返祖國是乾隆經營西北邊疆所取得的一項重要成就。

經過康熙、雍正、乾隆三代皇帝的努力，經過近七十年的戰爭，清朝終於消除了準噶爾封建割據勢力，控制了漠北蒙古，進而控制了天山南北。

平定叛亂加強管理

乾隆在消除了準噶爾封建割據勢力、控制了漠北蒙古的同時，也一直關注著居住在西北天山以南的廣大地區。那裡居住著維吾爾等族人民，他們多數信仰伊斯蘭教，清朝把這些部落稱為「回部」。

回部一詞來源於回紇。唐朝時，回紇本信佛教。後來，伊斯蘭教盛行於中亞地區，回紇西遷後，逐漸改信伊斯蘭教。清代稱以維吾爾族為首的信奉伊斯蘭教的各部落為回部，稱回部聚居的天山南路為回疆。

準噶爾部強大時，回部受準噶爾貴族的欺凌與侵逼。清軍平定北疆後，回部貴族試圖擺脫清朝，自立一方。乾隆時，新疆葉爾羌、喀什噶爾地區維吾爾族封建主是瑪罕木特。準噶爾部勢力強大時，瑪罕木特和兩個兒子都被準噶爾蒙古部首領拘禁於伊犁。

瑪罕木特的大兒子叫做波羅尼都，人稱大和卓木；小兒子名叫霍集占，被稱為小和卓木。「和卓」是波斯語的漢語音譯，意思是「聖裔」，專指伊斯蘭教創始者穆罕默德的子孫，後用來稱呼伊斯蘭教中的地位尊貴者。

129

　　乾隆二十年，清朝平定了準噶爾後，瑪罕木特父子三人都被釋放出來。波羅尼都被遣回葉爾羌，霍集占仍留居伊犁。乾隆想要霍集占兄弟協助清朝統一南疆各部。

　　但是，大小和卓卻不願臣服清朝，於 1757 年舉兵叛亂，自稱「巴圖爾汗」。舉兵之初，南疆各地即群起響應，一時間，跟隨者達數十萬之多，氣勢浩大。

　　乾隆當時認為平定準噶爾部之後，回部的勢力不強，可以在短期內收服，所以沒有予以重視；並且於 1758 年下旨將鎮守回部的大將兆惠調回北京休整，讓雅爾哈善代理回部事務。但是，雅爾哈善是文人出身，不擅長指揮作戰，這導致了對回部前期戰爭的失利。

　　乾隆二十三年五月，雅爾哈善率軍進攻叛軍的據點庫車。當時，大小和卓正在葉爾羌，他們聽到清兵進攻的消息，便率領鳥槍兵前來支援，清軍以逸待勞，打敗了大小和卓的鳥槍兵。大小和卓的軍隊傷亡四千餘人，殘餘部隊撤進庫車城中堅守不出。

　　雅爾哈善看到叛軍都進入城中，採取了只圍不攻的策略。他坐守軍營，想等待叛軍彈盡糧絕而來主動投降。由於雅爾哈善疏於戒備，大小和卓連夜率騎兵逃脫，大和卓逃回了喀什噶爾，小和卓逃回了葉爾羌。

　　大小和卓逃跑後，雅爾哈善後悔沒有乘勝追擊，為了亡羊補牢，他命令士兵多次進攻。但是庫車城牆是用沙土、柳條築成的，十分堅固，而且庫車依山傍水，易守難攻。雅爾哈善多次發動攻擊，都徒勞無功，反而損兵折將。

　　庫車戰役從五月持續到八月，毫無進展，消息報到北京，乾隆心急如焚。而在每一次奏報過程中，雅爾哈善都把失敗的原因歸結於其他將領，他先後把戰爭失利的原因轉嫁給副都統順德納和提督馬德勝。

這一點，讓乾隆更加氣憤。作為主帥，雅爾哈善不但不反思戰爭失敗的原因，反而推卸責任，乾隆在再次接到雅爾哈善彈劾他人的報告時，終於大發雷霆。為了改變戰況，八月，乾隆命兆惠緊急趕赴庫車，指揮作戰。乾隆尖銳地指出：

> 前後奏報，說的話自相矛盾，只是想支吾糊弄，開始參順德納，後又參馬德勝，都是為了推諉過錯，並不說自己一句有罪的話，你也不想想，自己身任元戎，指麾諸將，出了事是誰的責任？如果不以法處罰你，國憲安在！已降旨命兆惠就近前往庫車一帶辦理回部，雅爾哈善、哈寧阿、順德納俱著革職，兆惠至軍營日，即著拿解來京，將此先行通逾知之。

兆惠，字和甫，姓烏雅氏，滿洲正黃旗人，康熙四十七年生。他是雍正帝生母的族孫。父親佛標，官至都統。雍正九年，兆惠初登仕途，年僅二十四歲，先以筆帖式的身分入職軍機處，隨之補授內閣中書，後幾經升遷，到乾隆九年已官至刑部右侍郎，第二年，又成為正黃旗滿洲副都統，乾隆十一年再被授為鑲紅旗護軍統領。

兆惠來到庫車時，大小和卓已經決定放棄庫車，叛軍主力退到了阿克蘇城。八月二十四日，兆惠率領軍隊攻打阿克蘇城，由於兆惠在攻打準噶爾時頗有聲望，一些回族部落的頭目前來請降。消息傳到北京，乾隆以為征回戰爭勝利在望，高興之餘，他於是下令停止給兆惠增援。

兆惠攻下阿克蘇城後，向葉爾羌進發。而這時，正碰上朝廷停止增援，正待攻城的兆惠陷入了困境。葉爾羌城中的小和卓木下令堅壁清野，命令民眾將糧食全部收割到城中，清軍既沒有朝廷增派的糧食和援軍，又沒有當地回民的糧食供應，陷入了困境。

小和卓木下令在距離葉爾羌城東北五里的地方挖掘壕溝，築起土台，作為一個據點。同時，又讓大和卓木在喀什噶爾伺機而動。於是，葉爾羌城、

城北據點和喀什噶爾三個位置形成犄角形勢,互相照應,清軍無法在短時間內攻克。

葉爾羌城範圍很廣,城的周邊就有十餘里長,並且有十二道門出入,兆惠沒有援兵的支持,兵力不夠圍城,只好在城東有水草的黑水河邊駐紮。兆惠一方面派副都統愛隆阿分兵八百人守住喀什噶爾方向,阻擋大和卓木出兵;另一方面又積極謀求物資來補充軍需。

十月十三日,兆惠聽部下偵察到奇盤山下有牧群,便想率兵渡過黑水河,以便獲得牧群充當物資。但是,當清兵大部隊過橋渡河時,剛通過四百人,橋樑忽然斷了。

小和卓木率領的叛軍從城中衝出來,對清兵進行猛烈攻擊,清軍死傷無數。總兵高天喜、副都統三保、護軍統領鄂實、監察御史何泰、侍衛特通額都在這一戰役中戰死。兆惠經過這一打擊,不敢輕易出兵。十七日夜,他派五名士兵分撥突圍,向朝廷告急。

與此同時,回軍團團圍住黑水營。回軍將士懾於兆惠帶兵凶悍勇猛的傳言,不敢強攻,於是築壘土台,圍困清兵。兆惠全營士兵被困營中,又沒有後援,處於彈盡糧絕的邊緣。

兆惠知道回人有掘地藏糧的習俗,這是因為回人曾經為了逃避準噶爾人的搜刮,所以把糧食埋在土中。於是,在軍糧緊缺的情況下,兆惠下令士兵在軍營中四處挖掘,幸運地得到了數百石粟米。

清軍營中缺水,碰巧這時營外圍攻的回民想引水灌營,於是,反而為兆惠軍營提供了水源。回軍又用鳥槍向城內射擊,射出的鉛彈夾在樹葉間,兆惠令士兵把這些鉛彈收集起來,不時用這些鉛彈反擊回軍。就這樣,清軍奇蹟般地堅持了三個月之久。

乾隆二十四年正月,兆惠終於等到了朝廷的援軍,清朝定邊右副將軍富

德率領士兵三千人從烏魯木齊前來支援。富德大軍在呼爾滿與叛軍相遇,與叛軍騎兵五千人展開了激烈的戰鬥,雙方激戰四晝夜,富德獲得勝利。於是,富德率軍渡過葉爾羌河,趕往黑水河救援。

兆惠聽說援軍到了,也從營內率軍突圍。清軍裡應外合,打敗了叛軍。黑水營解圍之後,兆惠準備集中兵力,由阿克蘇、和闐兩處分兵出擊葉爾羌。

但是乾隆認為,大軍不能只攻打葉爾羌,要同時拿下喀什噶爾。於是,乾隆下令兆惠從阿克蘇取葉爾羌,而富德則由特穆爾圖諾爾勤或烏什方向進攻喀什噶爾,分取小和卓和大和卓的大本營。

乾隆二十四年四月,富德大軍抵達額里齊,和闐所屬六城的回民攜酒跪迎。由於這時各路清軍的位置發生了改變,乾隆命令改由富德就近攻打葉爾羌,而兆惠則前往攻打喀什噶爾。

二十四年閏六月二日,小和卓木自知難敵富德大軍,於是放棄葉爾羌,逃往英吉沙爾;同時派人傳信給大和卓木,讓大和卓木將喀什噶爾城中的回民遷往巴達克山。於是,清軍順利地奪回了葉爾羌和喀什噶爾兩城。

十四日,兆惠率領的軍隊抵達喀什噶爾城,回民都趕出來獻上牛羊、果子,唱歌跳舞以慶祝。十八日,富德率軍進入葉爾羌城,城中百姓爭先恐後表示歡迎,對清軍非常友好。

清軍攻下大小和卓的兩個叛亂基地,乾隆非常高興,說:「逆賊兄弟雖畏罪先逃,而兩大城實回部著名之地,二賊亦可計日就擒。」

清軍得知消息:大小和卓逃走後,相約在六月二十四日會師。於是,清軍集中兵力攻擊。六月二十七日,大小和卓逃往巴達克山界,清軍乘勝追擊。巴達克當地的回族首領索勒坦沙為了避免戰爭,將大小和卓誅殺並通知清軍。

　　七月十日，清軍與叛軍在阿爾楚山展開正面決戰，富德以火器健銳營居中，分左、右、中三線出擊，殲滅叛軍一千餘人，繳獲兵器無數。乾隆二十四年十月初二日，富德從巴達克山凱旋，征回戰爭結束。

　　乾隆平定回部，收復了天山南北新疆的廣闊領土。為了鞏固這一地區的統治，二十四年九月，乾隆命阿桂駐防要城阿克蘇，旋又移駐伊犁。那時，西域初定，人心不穩，不僅土匪還很多，而且地方又靠近沙俄，形勢極為複雜。

　　對方圓萬餘裡的回疆如何進行統治和鞏固的問題，乾隆要求統兵大臣拿出管理的辦法，他們異口同聲地認為，此沙漠之地距京城遙遠，牲畜也少得都幾乎沒有了，難以駐守。就在眾人手足無措的時候，大將阿桂上屯田增兵之議，他說：「守邊以駐兵為先，駐兵以軍食為要。」

　　阿桂還建議在水土肥沃的伊犁河以南海努克等處屯田，既以回疆民人中善於耕作者屯種，也增派駐防兵協同耕種；然後，逐漸在當地建設城市，設置台站，並籌備駝馬發展交通。

　　乾隆對阿桂的建議大為稱許，而阿桂也因此承擔起在新疆屯田的重任。但在號稱大沙漠的罕無人跡的回疆進行屯田，可以說是一個很大的挑戰。持續多年的戰亂使本來就很貧瘠的土地遭到了破壞，到處是一片荒蕪蕭條的景象，戰爭剛剛結束，殘餘的叛亂分子還不時地出來搗亂。

　　因此，乾隆雖然認為清軍必須在伊犁長期駐紮，既防止殘餘的叛亂分子再搞分裂割據，又能挫敗早已圖謀吞併伊犁的沙皇俄國的罪惡企圖。但是，在這十分困難的條件下，伊犁屯田能否獲得成效、能否解決駐軍的軍糧，他的心中還是沒有把握。

　　乾隆二十五年初，阿桂率滿洲索倫兵五百名、綠營兵一百名和三百名維吾爾族農民開赴伊犁，開始屯田。八月，乾隆正式下令：「以阿桂總理伊犁事務，授為都統。」

　　乾隆的信任和支持，使阿桂感恩戴德，阿桂對伊犁駐防和屯田進行了周密的計劃和安排。九月，在給乾隆的奏文中，阿桂提出了七條建議：

1. 增派更多的維吾爾族農民到伊犁，大力推行「回屯」。據臣估計，乾隆二十五年的三百名維族農民屯田收穫量，即可敷屯田回人一千戶之食，而目前在伊犁的維吾爾人數目太少，最低還應再遷移七百名去，才能使「回屯」有所發展。

2. 增派數量更多的士兵，從事駐防屯田，即兵屯。把駐軍分成兩部分，滿洲軍隊負責駐守，綠營兵專事屯種。根據當地自然條件和屯田發展前景的估計，建議將駐防的滿洲兵再增加六百名，與此相適應的是將現有的綠營兵一百名增加到一千名，這就既能完成駐守任務，又能保證駐防兵的軍糧供應。

3. 在發展屯田的基礎上，逐步增加駐軍的數目，增派官兵請隨時酌量定數。如屯田的維吾爾農民和綠營兵都各達到一千名，到乾隆二十七年（西元1762年），就可以生產出足夠五六千名士兵食用的糧食。糧食足用，就可以相應增加駐軍的數目，以加強對這一地區的控制。

4. 陸續修建城堡，保證屯田的順利開展。經過實地調查知道，伊犁地區的要害地點，河北則固勒札，河南則海努克，而地土肥饒之處則察罕烏蘇。因此應於海努克築城，以回人三百名屯田，用兵數百名駐防……察罕烏蘇築城，以綠營兵一千名屯田並駐防……固勒札須築大城，凡駐防大臣公署、倉庫咸在，以為總匯。

5. 籌集馬匹和駱駝，設置沿途台站，以傳遞文書，運輸物資。伊犁現有的六百匹馬不敷使用，應再購買一千餘匹，再從烏魯木齊調五百匹駱駝，這樣便可設置多處台站，保證訊息的傳遞和物資的運送。

6. 調運沿邊糧食到伊犁，解決當前軍隊缺糧的困難。

7. 從流放到新疆的犯人中，選派能工巧匠赴伊犁，傳授內地先進的生產技術。

　　阿桂的七條建議，對清朝在這一地區的統治至關重要，很快得到乾隆的批准，並付諸實施。同時，阿桂還組織人力製造農業器具和從事農業生產。由於屯田農民和士兵的辛勤勞動，伊犁屯田當年就獲得豐收，「至秋豐稔，收糧皆倍，兵食以足」。

　　這一年，清政府褒獎平定西北的功臣，以功勞大小為序，在紫光閣懸掛畫像，阿桂被排在第十七位。為了進一步發展伊犁屯田，從乾隆二十六年起，阿桂相繼採取了進一步的措施：一是在伊犁牧群蕃息之時，禁止內地人到伊犁購買馬匹和駱駝，以保證當地畜牧業的發展；二是大力招徠葉爾羌、喀什噶爾、阿克蘇和烏什等地的維族民眾來伊犁屯墾，以擴大屯田規模。

　　同時，阿桂還建議朝廷在伊犁和烏魯木齊之間的瑪斯納、庫爾喀喇烏蘇和晶河等三處，各派適量的屯田兵，人各墾地十五畝，晶河以西歸伊犁管轄，托克多以東歸烏魯木齊管轄。

　　由於阿桂的精心籌劃和組織，乾隆二十六年，伊犁兵屯墾種地達八千餘畝，收穫糧食兩萬七千一百多石；回屯有八百戶，平均每戶收穫糧食四十石，總產達到三萬兩千石左右。在大力發展屯田的同時，乾隆還著手制定和完善制度，加強對回疆的管理。

　　乾隆二十三年九月，負責征回後勤供應的陝甘總督黃廷桂在奏摺中建議回部平定後，仍應駐兵把守。乾隆認為對回部應挑選頭目，統轄城堡，總歸伊犁軍營節制。九月中旬，兆惠奏請任用庫車阿奇木伯克鄂對為各回城的總管，乾隆說：

現在招徠新附，令鄂對暫行管理尚可，若平定葉爾羌、喀什噶爾辦理安插回眾時，朕意不必用回人為總管，仍循舊制，各城分設頭目，統於駐紮伊犁將軍，再於庫車派大臣一員管理。

　　乾隆的意思就是要沿用舊的官制名稱，但是不能以回人為總管。乾隆在後來的諭令中，進一步指示：各城分設回人頭目，保持原有的官職，以統轄城堡；除少數重鎮外，盡量在各回城少駐或者不駐軍隊，讓回城受制於駐紮在伊犁的將軍。乾隆的目的很明確：在中央政府的管轄下，讓各回部自治，以回治回。

　　乾隆在征討大小和卓的過程中，曾聯絡一批回部上層人物，利用他們在回人中的影響，分化叛軍隊伍，取得了很好的效果。平叛後，乾隆充分運用他們來實現「以回治回」的政策。根據乾隆「以回治回」的思想，兆惠等人擬定了具體的措施。

　　乾隆二十四年七月，兆惠平定喀什噶爾後，就該地設官、定職、徵糧、鑄錢、駐兵分防等事情提出了建議。兆惠建議，在各城村設立以阿奇木伯克為首的政權機構，以阿奇木伯克總理一城，伊沙噶伯克協辦阿奇木伯克，噶雜納齊伯克管理地畝錢糧，商伯克管理租賦，哈子伯克管理刑名，密喇卜管理水利，訥克布管理匠役，帕察沙布查拿盜賊，茂特色布承辦經教，等等。

　　乾隆同意兆惠的意見，但命令阿奇木伯克等職不得世襲。同時，乾隆對大小和卓的霍集占家族很不放心，下令將他們全部遷往北京。為了加強中央對回疆的控制，清朝在回疆派遣辦事大臣、領隊大臣。

　　乾隆在喀什噶爾設參贊大臣節制南路各回城，「各城大者設辦事大臣，小者設領隊大臣」。其中大城主要有：西四城包括喀什噶爾、葉爾羌、英吉沙、和闐，東四城包括烏會、阿克蘇、庫車、辟展，東路哈密、吐魯番、哈喇沙共十一城為中心城鎮，而各城周圍下轄五六個、十餘個或二十餘個不等的小鎮，層層隸屬，同時又受北路伊犁將軍的管轄。

　　在經濟上，乾隆本著「量入為出」的指導思想，不贊同從內地劃撥過多銀兩。乾隆二十五年六月，乾隆讓參贊大臣舒赫德核查新疆的租賦收入，統

籌官兵經費。十月，舒赫德經過核實，報告回疆各城官兵口糧不缺，但所征騰格錢文不夠支出。

乾隆指示：「所奏錢文不敷支給，自應計各城錢糧，量入支出，我看你所奏支給之項，不敷者十分之三，即可撤去三分兵額。」

為填補「量入為出」不足的缺口，乾隆允許在南路實行新的貨幣和貿易政策。採取這些措施，「錢法流通，而兵丁回人衣食亦有裨益」。乾隆「以回治回」的政策，維護了南疆地區少數上層統治集團的權益。尤其是額敏和卓、玉素布兩大望族。南疆各城統治核心，幾乎全是兩大家庭的成員，他們居功恃寵，作惡多端。其中以烏什地區的情況最為嚴重。

烏什地區因烏赤山而得名。烏什伯克阿布都拉性情暴戾，對烏什人橫徵暴斂。清朝駐烏辦事大臣蘇成父子在回疆更是臭名昭著，有人描述說：「父子宣淫，且令家人兵丁裸逐以為樂，經旬累月，始放出衙。烏什毀子，久欲寢其皮而食其肉矣。」

乾隆三十年二月，蘇成強徵二百四十名回人運送沙棗，派自己的兒子押送。蘇成的兒子命令回人背運行李，還對回人挑剔鞭笞。回人不堪折磨，於是利用這個機會發動了事變。

一時間，回部各城反應強烈。葉爾羌、阿克蘇、庫車等城中的回人都紛紛響應。當天夜裡，暴動的群眾三四百人殺掉了民憤極大的阿布都拉，然後又攻入蘇成的署衙，殺掉了蘇成一家和隨從。

烏什暴動之後，辦事大臣邊特哈帶兵前往鎮壓，下令炮手向城內放炮，激怒了更多的烏什回人，事態繼續擴大。乾隆三十年四月，乾隆下令處死邊特哈，並派阿桂和伊犁將軍明瑞合力平叛。清軍於八月十五日平定了烏什暴動。

平亂後，伊犁將軍明瑞遵照乾隆的指示，擬定八條治理回疆章程，針對回民暴動的原因，在減輕賦稅、差役方面作了較多的規定，解決了回部大小

伯克與駐紮大臣勾結擅權、貪贓勒索等問題，進一步完善了對回部的管理。乾隆平定了回部，加強了對天山南北的統治，鞏固了對西北地區的統治。

第二次平定大小金川

乾隆在平定了準噶爾和回部，鞏固了西北地區的統治的同時，一直沒有放鬆對西南大、小金川的關注。乾隆十四年二月，第一次平定大、小金川之役以傅恆親往誓師宣布告捷。但是，金川並沒有因此而達到徹底安寧。

乾隆中期，大金川的土司莎羅奔已老，由他的侄子郎卡主持土司事務。郎卡很有野心，多次起兵。乾隆二十三年，郎卡攻掠小金川和革布希扎土司。

乾隆三十一年，乾隆命四川總督阿爾泰徵調九個土司的兵力圍攻大金川。阿爾泰一心想要息事寧人，於是從中調解，讓郎卡與綽斯甲土司聯姻，又讓郎卡把女兒嫁給小金川土司澤旺的兒子僧格桑，形成三個部落互為姻親的關係。

乾隆三十六年，大金川的郎卡的兒子索諾木誘殺革布希扎土司，而小金川的僧格桑再攻鄂克什及明正土司，大小金川內亂又起。乾隆命阿爾泰進剿，阿爾泰半年內沒有進展，被罷職。

為了徹底平定大小金川戰亂，乾隆命大學士溫福為定邊右副將軍，由雲南赴四川督師，派尚書桂林為四川總督，再度率兵征戰。溫福由汶川出西路，桂林由打箭爐出南路，夾攻小金川。清軍初戰順利，連奪關隘。

乾隆三十七年五月，桂林派部將薛琮領兵三千，攜帶五天的軍糧進攻墨龍溝，薛琮被金川兵截斷後路。薛琮請求緊急援助，桂林不肯派兵前去救援，致使薛琮全軍陷沒。為了改變戰局，乾隆派大將阿桂前往金川。阿桂率軍深入，直達小金川河南，用皮船渡江，連奪險隘，直搗小金川大營。

不久，清軍俘虜了小金川土司澤旺，平定了小金川。之後，乾隆因為大金

川土司多次起兵，下令溫福為定邊將軍，阿桂為副將軍，合兵攻打大金川。但是，溫福剛愎自用，他運用碉堡戰法，建築碉卡，將兩萬餘兵零散分布。

乾隆三十八年夏，溫福屯兵於大金川東邊的木果木，郎卡的兒子索諾木集兵數千人，突襲木果木軍營，奪取清軍炮台。清軍沒有防備，士兵手足無措，溫福倉皇逃跑，中槍而死。索諾木率軍追擊，清軍死傷無數，小金川得而復失。

消息傳到北京，乾隆大怒，命阿桂為定西將軍，徵調健銳火器營兵兩千名，吉林索倫兵兩千名參戰，徵集士兵近五萬人。十月，阿桂統領各路軍隊，兵分三路合擊小金川。清軍與小金川的軍隊激戰五晝夜，直抵美諾。十一月初，阿桂大軍再一次收復小金川，準備進攻大金川。

乾隆三十九年正月，大金川攻堅戰正式開始。當時，阿桂雖然仍採取分兵三路進攻的方略，但隨著戰況的不同，進軍路線作了相應的調整：阿桂自率一軍，由中路谷噶站口進軍；副將豐升額率軍由凱立葉西路進軍；副將明亮率隊由馬爾邦南路進軍。後來，又根據實際需要，阿桂與豐升額合兵一路進攻勒烏圍。

大金川本來就是一個兵丁勇悍、地險碉堅的地方，自從小金川被平定後，大金川更是全力抗守，增壘設險，其防護的嚴密程度十倍於小金川。由於大金川做了充分的防範準備工作，各險要處密布石碉，所以戰事異常激烈。

三月，海蘭察、達蘭泰攻羅博瓦山石碉時，率清軍繞至第二、第三丫口下，分兵幾路仰攻。山上叛軍突然發起集體衝鋒，幸被清軍射退。等清軍占領第三峰、第四峰後，叛軍因後路已斷，便轉而竄到第一峰碉內死守不出。清軍被迫先後攻下大石碉八座、石卡二十六個，才勉強拿下此山。

阿桂進攻遜克爾宗的戰鬥則更為激烈。當時，阿桂派海蘭察、額森特攻

剿遜克爾宗官寨，叛軍紛紛拋石放槍。相持一段時間後，清軍撤回，而派銳兵潛伏於遜克爾宗寨旁。

黎明時分，官兵攀上寨牆，叛軍在碉寨內拋石擊打，令清兵難以踰越，就順勢在牆上盡力擊射，槍箭所到之處，彈無虛發。這時，叛軍援兵紛紛從四面八方盡速趕來，阿桂恐多有損傷，徐徐酌情撤退。

第三天，阿桂又派海蘭察、泰裴英等分隊進攻。第四天，官兵一同擁進。而叛軍則在寨牆下另外挖了一道壕溝，以阻截官兵的進程，並在沿溝上設置遮木板，以防禦官兵的擊射。

官兵進逼至牆根，叛軍將牆上積石一推而下，致使清軍連攻三次，都不能攻克。所幸的是，叛軍在抵禦露身之時因被官兵槍炮所擊，也傷斃無數。可以說，幾乎每一座碉堡，每一座山峰，每一座官寨，都要經過反覆的浴血廝殺，才能攻下。

儘管大金川險碉林立，守禦極嚴，但在乾隆皇帝誓滅金川的決心的鞭策和鼓舞下，阿桂、海蘭察、明亮、普爾普、福康安等將帥矢志克敵，帶領滿漢官兵奮勇衝殺，綽斯甲布等土司之兵也爭先進剿，不斷取勝。

面對清軍戰則必勝的決心和所向披靡的強大攻勢，大金川土司索諾木設計藥死僧格桑，獻出僧格桑的屍體及其側妾和小金川頭人蒙固阿什咱阿拉、曾施詐降計的七圖安堵爾等人，企圖故伎重演，要求投降，與清軍議和。

得到這一消息，乾隆馬上下諭，首先嘉獎阿桂，稱讚他說：「你所辦理的各種事情都把握了時機，可以說是盡心籌劃了，這是替我分憂解難啊！」接著，乾隆又著重指示說，「不能允許大金川投降，絕不與之講和。」

對此，乾隆深有體會地說：「從前批准允許金川投降的往事，我十分後悔對這些叛軍太姑息了。現在這些叛民竟敢如此忘恩負義，不可不急為剿滅，以除後患。」

因此，乾隆要求堅決除之而後快。阿桂請示：「對於叛軍的使者如何處理？」

乾隆指示：「假使遇到賊人請求投降，都不必與他們交談，如果有人押送僧格到我軍大營來，馬上將僧格和這些押送的人一舉設法擒獲，一面仍加緊進攻，賊人無計可施，自然就土崩瓦解了。」

俗話說「兩軍交戰不斬來使」，而現在乾隆要求擒拿來人，充分顯示朝廷絕不遷就姑息的決心。乾隆多次重申此意：「官兵既然進逼賊人的巢穴，他們必然大勢已去，加上官軍勇銳，賊人的頭領難以堅持太久，他們會在走投無路的時候相繼前來乞求投降，以希望減緩自己的滅亡，你們這些征戰的將軍們千萬不可以被他們這種假投降所迷惑，而稍微存有一絲的姑息念頭。金川忘恩負義反叛朝廷，罪大惡極，自取滅亡，一定要就地正法，以快人心而震懾邊境那些敢於反叛的人。況且耗費如此大的軍費和力氣，才得以平定其地，千萬不應該以簡單的受降來結束這樣的戰事，使各番人無所敬畏，而且不可以留下這些叛逆的餘孽，讓他們成為國家的後患。」

最後，乾隆傳令阿桂等將領：「如果反叛的敵人頭領索諾木及莎羅奔兄弟等人這個時候來乞求投降，必須立即擒拿，不得有誤。」

乾隆四十年正月，阿桂率西路軍開始圍攻勒烏圍。此時天公不作美，連降雨雪，道路泥濘不堪，士兵多傷凍，進攻受阻。及至四月，天氣轉晴，士兵大振。阿桂首先派福康安、海蘭察率軍渡河，全殲河西之叛軍。

七月，阿桂與明亮合圍勒烏圍。勒烏圍南有轉經樓，面臨大河，互成掎角之勢。破勒烏圍，清軍先攻破卡柵數十重，然後又毀橋，斷叛軍之退路，明亮等也從河西攻入，形成四面夾擊之勢，叛軍狼狽不堪。

八月十五日，清軍發起總攻，先用大砲轟擊。到八月十六日，就攻克了勒烏圍及轉經樓喇嘛寺，並且攻獲了六十座碉房、寨落、木城、石卡，殺敵數百人，奪獲無數槍炮、刀矛。此時，大金川頭目索諾木已提前逃往噶拉依。

從九月起，阿桂率軍陸續攻占了西里山樑黃草坪和科布曲山，並逐步掃清了外圍的叛軍。十二月，金川頭人達因拉得爾瓦率五百人，恩達爾率六百人繳械降清。乾隆四十一年正月間，阿桂發起對噶拉依的總攻，明亮則攻占馬爾邦，掃清西路殘敵。

索諾木的母親阿倉見形勢迫在眉睫，便冒險赴河西準備召兵，但看到清軍已是萬頭攢動，形成合圍之勢，即知大勢已去，遂攜同索諾木的姑姑阿青等姐妹，帶領從人喇嘛投降。阿桂令阿倉寫信招降索諾木，同時發起進攻。

乾隆四十一年二月初四日早晨，索諾木跪捧印信，攜同兄弟、妻子及其大頭人、喇嘛、大小頭目兩千餘人出寨，乞求免除一死。自此一役，大金川全境被勝利平定。乾隆隨後採取措施加強、鞏固了對這一地區的管理和控制，使南部邊陲得到了多年的平定。

鎮壓天地會的起義

乾隆二十六年，僧人鄭洪二，化名萬雲龍，在福建創立天地會，以「順天行道」、「剷除貪官」及「爭天奪國」為口號，倡議反清復明，白日誦經禮佛，夜間聚眾密議，預謀起事，核心成員是他的兒子鄭繼和部下陳彪、陳丕、張普、張狗、盧茂、李少敏、趙明德等數百人。

早在康熙時，曾徵調福建莆田南少林高手為軍官，遠征西藏之虜，凱旋後，卻有人誣告這些高手意圖造反，於是朝廷派八旗兵，火燒南少林寺，將之除滅。但仍有五個少林俗家高手逃脫不死，從此痛恨清廷，建立洪門，是為「洪門五祖」，以「天父地母」，立誓反清復明，故稱天地會，尊鄭成功為開山老祖。

天地會最初主要在福建、粵東及臺灣一帶流傳，稍後發展至廣東全省及江西、廣西、貴州、雲南及湖南等省。清朝中期以後，各種祕密會黨大量出現。

十全武功

　　清政府鑒於出現的多次反清事件，特別是明代宗室也利用結拜弟兄的方式進行反清活動，加重了對會黨的懲處，曾多次派兵搜捕天地會成員。

　　乾隆三十三年，萬雲龍派手下盧茂率領會眾三百餘人，攻漳浦縣衙門。但部眾未曾到齊，事即敗露，被殺數十人，會眾三百餘人皆被俘虜。乾隆三十五年初，萬雲龍派李少敏奉明朝宗室朱振興為「振興大王」，不料官府聽聞風聲，縱兵掠捕，事件立刻失敗。

　　萬雲龍兩次起事皆敗，折損數百人。眾人被捕時，畏懼萬雲龍報復他們的親屬，都不敢供出萬雲龍。萬雲龍死後，其子鄭繼接管天地會，法號「行義」。

　　乾隆五十一年十一月二十七日，天地會在臺灣的首領林爽文因為清政府搜捕、殺害天地會的會員，在距彰化二十餘里的大里杙莊起義。林爽文是福建省漳州府平和縣板仔人，農民出身，乾隆三十八年隨父母遷居臺灣彰化大里杙莊。

　　當時，天地會在福建、臺灣一帶祕密活動。乾隆四十九年，林爽文加入天地會，為彰化地區的重要首領之一。乾隆五十一年十一月二十五日，彰化知縣俞峻與北路營副將赫升額、游擊耿世文帶領士兵來到大墩，想要捕捉當地的天地會首腦林爽文。

　　在離林爽文的住處還有七里時，知縣下令，要村民前往擒拿林爽文，如果不遵命令，就焚燬村莊，並且「先焚數小村恍之」。村民們極端憤怒，聚集在大路上連哭帶罵，林爽文於是趁著民怨，發動了起義。林爽文起義後，鳳山天地會領袖莊大田亦集眾起兵響應，隊伍迅速發展到三千人，號稱十萬眾響應。

　　林爽文率領起義軍夜襲大墩營盤，擊斃了副將赫升額、知縣俞峻及官兵數百人，隨後又攻占離彰化縣城四十里的大肚溪，控制了水路，切斷了通往彰化的交通。十一月二十七日和二十八日，閩浙總督常青兩次向朝廷上奏臺灣起義事件。常青奏道：

臺灣府彰化縣「賊匪」林爽文結黨擾害地方,十一月二十七日,知縣俞峻在大墩「拿賊遇害,縣城失陷」。臣聞信,飛咨水師提督黃仕簡領兵兩千,由鹿耳門飛渡進剿,並派副將、參將都司帶兵分路夾攻,又派陸路提督任承恩領標兵一千二百名於鹿耳門前進,臣於泉州、廈門等處往來督察。

乾隆看後,認為這是臺灣常有的小型械鬥,不需要大動干戈,立即批示:

爾等俱是張皇失措,豈有因一匪犯,使全島及鄰疆皆懷恐懼之理。

正在乾隆認為消滅義軍易如反掌之時,林爽文、莊大田領導的起義軍,卻已連下彰化、鳳山、諸羅三縣,臺灣全府丟失大半,官軍困守於郡城,形勢十分危急。

十一月二十九日,起義軍攻下彰化,殺臺灣知府孫景燧,進駐彰化縣衙門,林爽文自稱「盟主大元帥」。十二月一日,北路的王作、李同也率眾響應,殺淡水同知。

十二月初二日,林爽文打下竹塹。天地會會眾擁戴林爽文為盟主大元帥,駐彰化縣署,建元順天,以楊振國為副元帥,王作為征北大元帥,王芬為平海大將軍。

十二月初六日,林爽文又破諸羅縣。各地天地會會員紛起響應,連破斗六門、南投等處,聲勢大震。十二月初七日,林爽文從水陸兩路進攻府城。

十二月十三日,莊大田部攻下鳳山縣城,自稱南路輔國大元帥,或稱定海將軍、開南將軍。臺灣府一共轄有四縣,現已丟失三縣,只剩下臺灣府城及附屬的臺灣縣,猶如海中孤島。

為了鎮壓臺灣天地會起義,乾隆派福建水師提督黃仕簡、陸路提督任承恩支援臺灣。雖然有一萬三千餘名援兵趕到臺灣,臺灣府又有駐兵一萬兩千餘名,還有移民中支持清軍的「義民」,清軍總人數並不少於起義軍,而且

槍砲彈藥也比起義軍更充足，但是，這兩位提督都是貪生怕死的庸將，黃仕簡自稱有病，在府城「臥病床榻」，任承恩困居鹿港，不敢進攻起義軍。官兵處於被動挨打的局面。

乾隆大怒，將黃仕簡、任承恩二人革職拿問。乾隆把平定臺灣天地會起義的重任放到了最先奏報臺灣事件的常青身上，從三個方面提供幫助：一是授常青為將軍，以福州將軍恆瑞、新福建陸路提督藍元枚為參贊，現在權力統一，軍威益振，希望能夠迅速蕩平賊人，綏靖海疆；二是嚴肅軍紀，誅戮逃將，斬總兵郝壯猷、參將瑚圖禮；三是允常青奏請，增派援兵七千。

乾隆五十二年三月，常青抵達臺灣府城。此時，他轄有官兵三萬，還有各莊支持清軍的「義民」。然而，這位被皇上重用的將軍也是一個膽小怕死的懦夫。

五月二十五日，常青領兵出府城，起義軍莊大田率一萬餘人攻擊。常青嚇得渾身顫慄，手不能舉鞭，於軍中大聲呼叫：「賊人要來砍老子的頭啦！」隨即策馬逃遁。

主將一逃，諸將因此即退，起義軍「歡躍而歸」。常青入城，命令緊閉城門，請求增兵。天地會勢力迅速擴展，數月之內，義軍「已增十萬」，將軍常青、參贊恆瑞困在府城。常青嚇破了膽，一天到晚長吁短嘆，哀求和珅把他調離臺灣，奏請皇上另派大臣來台。

經過和珅的活動，乾隆於六月二十日下諭，派協辦大學士福康安前往臺灣接替常青，派領侍衛內大臣海蘭察為參贊大臣。八月初二，乾隆再次下諭，授福康安為將軍，增調湖南、湖北、貴州綠營兵六千名及四川「屯練降番兵」兩千名。

使乾隆意想不到的是，福康安卻呈上了一份畏難的奏摺。原來，此時，絕大部分臺灣州縣村莊已被起義軍奪占，官軍連遭失敗，士氣低下，動輒潰逃。而林爽文、莊大田領導的天地會起義軍已號稱二十萬。在這種敵強我弱的形勢

下，十幾年來連建功勳的福康安感到信心不足，向皇上呈交了「畏難」的奏摺。

乾隆於八月二十四日看到福康安這份「畏難」奏摺後，大吃一驚，於當日及二十五、二十六日，連下三諭，講述進剿必勝的原因，勉勵福康安勇擔重任，並著重強調了對福康安的寵信和關懷，專門指出：「朕之待福康安，不亞如家人父子，恩信實倍尋常，對他寄以很大的期望。」

乾隆這幾道推心置腹、情深意厚的曉諭，使福康安消除了疑慮，增強了勇氣和責任心。乾隆調撥白銀幾百萬兩和米一百餘萬石運往臺灣，並多次下諭，嘉獎支持清軍的「義民」，招撫「脅從之民」歸順。此後，乾隆經過反覆思考，制定了集中精銳士卒，直攻林爽文大營的策略方針。這一切，對戰局的進展發揮了重大的作用。

福康安向乾隆奏請：集中郡城常青之兵、鹽水港恆瑞之兵五千，柴大紀諸羅守兵三四千，鹿港之兵數千餘名，以及自己帶來的五千援兵，南北夾攻，直搗大里杙林爽文家鄉。但乾隆不允福康安之請，責令其直抵諸羅，解圍之後，攻敵巢穴。

福康安遵旨，於十一月初七日領兵五千及鹿港兵六千餘名和「義民」一千餘人出發，凡遇賊莊，即行剿洗，海蘭察率巴圖魯侍衛奮勇衝殺，大敗義軍，林爽文率會眾撤走。

初八，清軍進入諸羅城。福康安又率軍進攻大里杙，打敗了義軍的「萬炬」迎戰。十一月二十五日，林爽文攜眷逃入「番社」。乾隆五十三年正月初四日，福康安令人說服當地居民於老衢崎生擒林爽文。

莊大田由於與泉州籍首領莊錫舍有嫌隙，兵敗逃亡時行蹤為清軍所知，二月初五，被烏作哈達率領的水師抓獲時，已身受重傷。莊大田也被俘。不久，林爽文、莊大田二人被處死。天地會反清起義被鎮壓下去了。清廷僅派軍不足四萬，費時一年四個月平定天地會起義，之後清乾隆皇為了嘉獎諸羅縣義民義舉，特下「嘉其死守城池之忠義」之旨而將諸羅改名「嘉義」。

征服緬甸國的侵略

乾隆二十年起，緬甸軍隊不斷侵擾中國邊境。乾隆二十七年冬，緬軍對中國的雲南邊境發動了進攻。乾隆三十一年正月，清政府派楊應琚從陝甘移督雲南，開始征緬。楊應琚到任後，指揮軍隊迅速擊退了緬軍的進犯，收復了失地。但楊應琚卻因此而傲慢輕敵，貪功貿進進行挑釁，他自普洱移駐永昌後，致書緬甸國王，聲言將率大軍數十萬征討，要緬甸投降。

緬甸起兵迎戰，雙方戰事再起。清軍數戰不利，緬甸軍隊乘機進擾雲南。乾隆聞訊大怒，諭令楊應琚進京，賜死。

乾隆三十二年，乾隆派將軍明瑞分兵五路出征緬甸。戰爭開始的時候，清軍連連告捷，很快就逼近緬甸的國都阿瓦。但是，由於清軍孤軍深入，糧草不繼，於第二年二月兵敗，明瑞也因戰敗而自盡身亡。在連連受挫之下，乾隆不得不派出朝廷重臣傅恆，命傅恆為經略，阿里袞、阿桂為副將軍，舒赫德為參贊大臣。毫無疑問，這是乾隆於緬甸之戰拋出的最後一張王牌，是一次只能勝不能敗的戰爭。

乾隆三十四年二月，傅恆率滿、蒙兵一萬三千六百餘名出征。臨行時，乾隆親自在太和殿授之敕印，並把自己用的甲胄贈給傅恆，以表示對他的信任和希望。傅恆明白此行任務之重，因而，當他抵達雲南之後，便不顧當地氣候的惡劣，不聽眾人宜待霜降瘴消之後出師的建議就馬不停蹄地出兵入緬。

乾隆三十四年三月，傅恆抵達雲南。四月，傅恆到永昌、騰越察看情況，著手進行戰前準備。他得知緬軍防守專門依仗木柵欄，而清軍向來用尋常槍炮攻取，無濟於事，就去詢問拜訪茂隆廠一帶有善造大砲的人，回來後調整策略，將來進兵時兵弁各帶銅、鐵一斤，遇攻柵時隨時暗鑄大砲，出其不意。

傅恆聚集眾將，商討進兵方略。鑒於過去明瑞由陸路進兵、緬方得以集中兵力防禦而致明瑞遭敗績的教訓，傅恆決定水陸並進。要實現水陸並進的

方針，首先要解決船的問題。

　　早在傅恆未到雲南之前，乾隆就曾有造船的打算，並派副將軍阿里袞去經辦此事。但阿里袞奏說：「邊外峽谷又窄又深，水流湍急，舟楫不通，沿江也沒有辦公場所。」

　　隨後，傅顯與佐三泰又奉命前往勘察實情，回來所言與阿里袞等同。這樣，造船之事只好暫且擱下了。傅恆抵達雲南以後，詳細詢問當地居民，獲知蠻莫附近的翁古山樹木較多，而位於翁古山旁邊的野牛壩氣候涼爽，無瘴氣之害，是建造船隻的好地方，於是傅恆派傅顯督工運料，令湖廣工匠造船。

　　在興造船隻的同時，征緬的其他準備事務也陸續到位。政府增調的軍隊抵達雲南，馬匹和糧草也大體齊備。乾隆三十四年七月，滿、漢精銳之師數萬餘眾，馬騾六萬餘匹，以及各種火器，如京師的神機火器、河南的火箭和四川的九節銅炮等都不日到達了。

　　然而當時距霜降尚早，部下諸將認為南蠻之地多瘴氣，群議之下，決定等霜降後出師。傅恆擔心時間拖長了，不僅耗費物質，而且士兵也會產生鬆懈情緒，所以不顧部下勸阻，下令進兵。

　　乾隆三十四年七月二十日，傅恆祭旗進發。副將軍阿里袞已患病，傅恆要他留下養病，阿里袞堅請從征，傅恆同意了，只留阿桂督造戰船。傅恆領軍至戛鳩江後，徵集船隻，打造木筏，用十天的時間，全軍渡過了戛鳩江。

　　然後揮軍西進，一路之上，孟拱、孟養兩土司先後歸降，並各獻馴服的大象四頭、牛百頭、糧數百石。此時緬甸正值秋收季節，未集軍迎戰，孟拱、孟養離緬甸中心地區又較遠，所以傅恆幾乎是兵不血刃地就前進了兩千里。這期間，天氣忽雨忽晴，山高泥滑，一匹馬摔倒，則所背負的糧帳盡失，軍士有時全身都被淋濕還餓肚子，以致好多人患病。而且清軍人地生疏，經常迷失方向，實在是難以深入了。

　　面對如此險惡的困境，傅恆只得改變原先攻占木疏，由陸路直取阿瓦的計劃，於同年十月回師至蠻莫，與東路阿桂軍會合。傅恆因率軍奔走數千里，上下人等都已疲乏，而且竟然沒有遇到一個敵軍，不禁感覺有負經略之聲名，因而心情鬱悶之下也得病了。

　　雖然如此，傅恆還是帶病指揮。他見水戰所需戰船已造好，福建和廣東水師也已到達蠻莫，就把軍隊重新部署，以阿里袞為西路，阿桂為東路，而自己則督舟師居中，沿伊洛瓦底江南進為中軍。

　　緬甸也集結水陸軍應戰，經過一番激烈交鋒，緬軍敗退。清軍雖然一時占了上風，但阿里袞隨後病亡，許多官兵負傷、患病，已經無力再向阿瓦進攻。傅恆於是決定全力奪取阿瓦城北五百里的老官屯，以迫使緬甸投降。老官屯前臨大江，緬軍在江東周圍二三里的地帶豎立了許多高大的木柵，柵外挖了三重壕溝，溝外又橫放大木頭，尖利的樹枝朝外成鹿砦，使人無法透過。這是緬軍的慣用之法。

　　傅恆命令部下修築土台，用大砲轟擊。砲彈雖然擊穿了木柵，但緬軍隨即又修補好了。傅恆看到這種方法不奏效，就讓士兵用生革結成長繩去鉤，但是繩子鉤斷了卻沒有把柵欄鉤倒。傅恆又派士兵用結實的老藤掛上鉤子去鉤柵欄，結果，緬軍用斧子砍斷了老藤。

　　傅恆於是下令施用火攻，先拿桿牌和槍炮攻擊，隨後眾兵士挾柴薪上前，百牌齊迸，越過濠溝抵達柵欄前，但是江面上自四更就起了大霧，到早晨才散去，柵木都被浸濕了點不著火，再加上這時正是逆風，只好作罷。最後，傅恆又派士兵挖道地，埋火藥轟炸，然而火藥引爆後，雖然柵欄被炸得突高起丈餘，敵兵哭喊聲震天，但隨之落平，炸了幾次，也沒有炸塌，因為柵欄沿坡而下，而道地平進，所以土厚不能迸裂。

　　清軍陷入了進退兩難的困境。由於當地的瘴氣日趨加重，清軍士兵病死無數，傅恆只好向乾隆奏報：

奈因本年瘴癘過甚，交冬未減。原派各營兵三萬名，滿兵一千名，見計僅存一萬三千餘名。

乾隆接到奏報後，命令傅恆撤兵，並命傅恆回京：

老官屯既不可久駐，野牛壩地方尚高，可以考慮於該處留兵屯守，並著土司等於關外相度地勢駐紮防範。令其以暫時退駐，明年再行進兵之言，宣示於眾……著傳諭傅恆將善後事宜交阿桂籌辦，即速馳驛來京。

戰爭實在無法打下去了，臥病在床的傅恆騎虎難下。雖然乾隆已有撤兵之旨，但博恆仍然覺得難以覆命，猶豫不決。正在這時，緬軍在清軍的攻勢下也感到震懾，加上阿桂的戰船又截斷了東西岸緬軍之間的聯繫，他們也不願再打下去了，於是向朝廷求和。

乾隆三十四年十二月，緬甸答應清方提出的十年一貢的條件，請求乾隆批准協議。乾隆批准，征緬戰爭結束。乾隆三十五年三月，傅恆班師還朝。七月，傅恆病死。乾隆下令以宗室鎮國公例喪葬，諡號「文忠」。

幫助安南國平復叛亂

乾隆五十三年，安南大亂。安南國被阮姓攻破黎城，國王黎維祁出逃，安南大臣阮輝宿、黎炯為保護王子等人被阮兵追殺。安南位於廣西、雲南邊界以外。上古時代，安南名南交、越裳，秦朝時在此設立象郡，唐朝時朝廷在安南設置都護府。

明永樂年間，朝廷在安南設置布政司，宣德年間，改封黎氏為安南國王。明初以來，黎維祁的祖先世代為安南國王，並定期向明朝的皇帝獻貢。

嘉靖年間，權臣莫登庸篡位，原來的國王之孫黎維潭依靠舊臣鄭、阮兩家，封鄭、阮二姓之長為左、右輔政，後來右輔政鄭檢乘機把左輔政阮璜排擠出順化，自號廣南王，掌握國家大權，使國王徒有虛名。這樣一來，阮、

鄭二姓就世為仇怨，爭鬥不已。

乾隆五十一年，鄭檢去世，阮光平乘機發兵，攻破國都東京黎城，殺死鄭檢的兒子鄭宗，阮氏又獨家執掌了軍政大權。

乾隆五十二年，安南老國王去世，黎維祁繼位，原鄭檢之臣貢整想扶推黎抗阮，阮光平遂派大將阮任領兵數萬攻克黎城。

貢整戰死後，黎維祁逃匿於民間。阮任占據東京，似乎也表現出稱王的雄心壯志。

乾隆五十三年夏，阮光平再次發兵東京，將阮任誅殺，假意請黎維祁復位，黎維祁知其心懷叵測，哪裡敢出山？阮光平被拒，一怒之下盡毀王宮，挾子女玉帛回富春，留兵三千駐守東京。

乾隆從五十三年六月十七日獲悉安南大亂起，一直下諭強調要「興滅繼絕」，幫助安南王孫驅逐阮氏，恢復王位，但僅僅只是諭令王孫黎維祁及其安南臣民起兵逐阮。

清政府以總督名義發布斥責阮氏的檄文，揚言要派大軍出征，可是乾隆這時並未真正決定要出關作戰，數千名官兵均在邊界屯駐。

直到八月二十七日，乾隆對安南的態度有了重大的改變。

乾隆見黎維祁被阮軍所逼、帶著隨從數人竟然入山藏匿起來，便認為黎維祁竟是一無能之人，很難希望他能振作恢復。而阮光平、阮文岳兄弟見到兩廣總督孫士毅的檄文就畏懼遁逃，阮光平的心腹潘啟德一接到檄文即離開叛匪，歸順清朝，可見出兵容易成功。

就這樣，乾隆決定正式出兵安南，並下了出兵的聖旨。清軍向安南泰德王阮光平進攻的「興滅繼絕」之戰，很快拉開了帷幕。乾隆應孫士毅的請求，批准他統領一萬大軍出關，作為正兵；又令雲貴總督富綱派出八千士兵交付雲南提督烏大徑統領，作為偏師。

大軍將由雲南蒙自出發，進攻安南的宣光、興化等處。決策已定，出征

在即，兩廣總督迅速調兵遣將，籌備糧餉。乾隆深知安南正值節年荒歉，諭令設台安站，從內地轉運軍糧。他在雲南、廣西兩路共設下台站七十餘個，保證了軍糧的供應。

乾隆考慮到富良江地居險要，料測阮光平必定嚴加防守，官兵難以徑渡，但該江江面遼闊，敵軍不可能處處設防，因此，他指示孫士毅一面督兵佯裝攻擊，吸引敵軍的視線，一面遣派許世亨領兵從上游或下游進擊，認為只要攻其不備，敵軍勢必紛紛潰散。

孫士毅沿用乾隆所授的這條「偷渡之計」，果然行之有效。清軍排列多門大砲，隔著繚曲的江水轟打，佯裝一定要渡過此江，暗地裡卻由總兵張朝龍統領兩千精兵，在上游二十里水流緩慢處用竹筏渡江，抵達岸邊，與駐守的阮軍廝殺。

正在這時，上游官兵已繞到敵軍背後，居高臨下，一起衝向敵軍，聲震山谷，形成前後夾攻之勢。阮軍不知身後的清軍從何而來，頓時亂了陣容，全軍崩潰，死傷者數千人。

孫士毅獲勝的戰績令乾隆十分高興，他及時對有功之臣進行賞賜：賞給孫士毅一柄玉如意、一個御用漢玉扳指、三對荷包，賜給許世亨一個御用玉扳指、三個荷包，賞張朝龍、李化龍、尚維繼各一對荷包，其他有功的將士也分別得到了賞賜。

乾隆深諳這些經他發放的小恩小惠的作用，屬下有功，及時行賞嘉獎，以鼓舞士氣、增加幹勁，這也是他待人的智慧。

過了幾天，前方傳來孫士毅大敗阮兵攻克東京黎城的消息，乾隆很高興，晉封孫士毅為一等謀勇公，賞戴紅寶石帽頂，並答應等到他擒獲阮光平將再續降恩旨，以顯示對他的恩寵。

就在朝野上下歡欣鼓舞之時，安南方面情形卻急轉直下，清軍竟轉而大敗，黎城失守。

十全武功

原來，上次孫士毅所報「阮氏望風奔竄」，卻是阮光平主動後撤、待機而進；孫士毅誤以為阮軍慘敗，清軍所向披靡，其實阮軍的兵力並未遭到多大的損失。

此時，年近八旬的乾隆，在關鍵時刻做出了相當正確和高明的決定。他說，孫士毅帶兵前往安南，能生擒阮光平等人固為上策，否則只要能收復黎城亦為中策，如果情況不佳，即帶兵回廣西。

在這裡，乾隆不僅考慮到水土不服等惡劣的客觀條件，還認為要知進知退，以免陷入險境。而且，他也預見了黎維祁腐朽無能，清政府不需要也不應該堅持支持黎維祁，浪費自己的人力物力，做這種對天時、地利、人和等皆不值得的蠢事。

乾隆的撤兵之旨是非常高明和及時的，如果孫士毅嚴格執行乾隆的旨意，那麼安南的形勢必然會有所好轉，清軍也不會落個慘敗的下場。但遺憾的是，孫士毅犯了戰場上將軍常犯的急功冒進的通病：一心想再建功勛，為生擒阮氏兄弟，竟至違抗聖旨，遲遲不肯撤兵。

在這種情況下，阮軍於乾隆五十三年歲末傾巢出擊，而孫士毅毫不防備。

乾隆五十四年正月初一夜間，孫士毅軍中置酒暢飲，正在這時，突然有人來報阮軍大至，孫士毅倉皇迎敵。但阮兵數萬，聲如濤湧，攻擊猛烈，清軍寡不敵眾，在黑夜裡撤退時自相踐踏。

孫士毅匆忙撤退渡過了富良江，為防阮兵追擊，將浮橋砍斷，可憐滯留南岸的提督許世亨、總兵張朝龍等官兵伕役一萬餘人，因橋斷無法渡江，都被阮兵砍死在江中，無一倖免。孫士毅拚命逃回鎮南關後，黎維祁攜其母先行逃走，雲南兵因有黎維祁的下臣黃文通的導引，才得以全師返滇。

一場大規模的征安南之戰，就這樣以孫士毅貪功輕敵、清軍慘敗而結束，置乾隆於萬分尷尬之地。乾隆無奈之中，只能一一斥責孫士毅的過失，

削其封爵，將所賞紅寶石帽頂一併收回。

隨後，乾隆全面分析了安南形勢，總結了歷史經驗教訓，冷靜思考，從大局出發，決定停止征伐安南。

與此同時，安南國內的形勢也不安定，民心不穩。廣南的阮映福也有東山再起之勢，北部的黎氏舊黨也在密謀復辟。阮光平為了緩解內憂外患的危機，急著改善與清朝的關係。阮光平多次向朝廷請罪，並表示願意稱臣納貢。

乾隆想到黎維祁怯懦無能，扶也扶不起來，於是下令廢掉黎維祁的國王稱號，封阮光平為新的安南國王。安南國的危機到此結束。

乾隆五十四年，為了加強與清朝的聯繫，阮光平派姪子阮光顯到承德，慶賀乾隆七十九歲壽辰。

乾隆在避暑山莊福壽閣接見了阮光顯並賜宴，還寫下一首詩記錄此事：

唯能不戰屈人兵，戰後畏威懷乃誠。

黎氏可憐受天厭，阮家應興錫朝禎。

今秋已自親姪遣，明歲還稱躬己行。

似此輸誠外邦鮮，嘉哉那忍靳恩榮。

同年，失去王位的黎維祁帶領家族一百六十七人，移居北京，被編入漢軍鑲黃旗，成為一名三品的佐領。乾隆五十五年三月，阮光平到熱河覲見乾隆。七月十一日，乾隆接見了阮光平，多次賜宴，還親書一首詩賜給阮光平：

瀛藩入祝值時巡，初見渾如舊識親。伊古未聞來像國，勝朝往事鄙金人。

九經柔遠祇重澤，嘉會於今勉體仁。武偃文修順天道，大清祚永萬千春。

擊退廓爾喀的侵略

乾隆五十三年六月，正當乾隆調兵遣將準備進攻安南之時，西藏邊境卻被廓爾喀侵占。清初，西藏地區處於蒙古和碩特部的軍事控制之下，在蒙古軍隊的支持下，黃教格魯派在西藏各教派中取得了絕對優勢。

清朝政府一方面敕封和碩特蒙古領袖固始汗為「遵行文義慧敏固始汗」，讓他管理西藏；另一方面給予黃教領袖以榮譽，先後敕封阿旺洛桑嘉措為「達賴喇嘛」，敕封羅桑益西為「班禪額爾德尼」，確定了「達賴」、「班禪」兩系傳承的名號和他們的宗教領袖地位。

乾隆四十六年，西藏的班禪額爾德尼在北京病死，他的兄長仲巴胡圖克圖獨占了他的大量財物，他的弟弟沙瑪爾巴憤恨不平，逃往廓爾喀，挑撥廓爾喀與西藏的關係，想要奪取仲巴胡圖克圖的財產。

廓爾喀又被稱作巴勒布、巴勒布廓爾喀，後來叫尼泊爾。乾隆時期，廓爾喀勢力強大，想對西藏用兵，於是借沙瑪爾巴的投奔和西藏噶布倫索諾木旺扎勒苛索廓爾喀商人這兩件事，出兵侵入後藏。

乾隆五十三年七月二十七日和二十八日，駐藏大臣慶麟奏稱：

> 巴勒布廓爾喀頭目蘇爾巴爾達率兵入侵，搶占了後藏的濟嚨、聶拉木，圍攻宗喀，現在前後藏俱在嚴備，衛藏兵力不足以堵截敵軍，已飛報向四川調兵應援。

乾隆十分重視西藏的安全，立即下旨，責令駐藏大臣盡力抵禦，四川總督、提督派兵四千名，由成都將軍鄂輝統領，趕往西藏禦敵，將達賴、班禪移往青海泰寧居住，以保護他們的安全。他又派熟悉藏情的御前侍衛、理藩院侍郎巴忠為欽差大臣，入藏主持用兵事宜。

西藏政府首領噶布倫因為藏兵疲弱，無力抵擋敵軍，派人與廓爾喀議和。雙方議定，西藏噶布倫每年交銀元寶三百錠，回贖聶拉木、濟嚨、宗喀

三處地方。

　　欽差大臣巴忠、四川提督成德、成都將軍鄂輝都同意此議，但是他們知道，皇上絕不會接受出銀贖地的不平等條約，便編造謊言，偽稱敵酋悔過投誠，認罪退地，乞求封王納貢。

　　乾隆不瞭解實情，批准了巴忠等人的奏請，於乾隆五十五年正月，賜宴廓爾喀使臣，封廓爾喀王子喇特納巴都爾為廓爾喀國王，封其叔巴都爾薩野為公爵，並傳令鄂輝，要他參照乾隆十六年班第等訂立的〈酌定西藏善後章程〉，就達賴的權力，噶隆、戴繃、第巴的補放，藏兵的問題，商討定議。

　　一征廓爾喀就在大臣們的欺上瞞下中荒唐地結束了。儘管巴忠等人絞盡腦汁，編造謊言退了敵，但由於每年要向廓爾喀交銀元寶三百錠，每錠重三十二兩，而西藏卻根本交不起，所以廓爾喀又入侵後藏了。

　　乾隆五十六年七月初，廓爾喀派步兵數千人再次入侵，很快攻占聶拉木、濟嚨等處。八月二十日，廓爾喀兵進圍班禪住地扎什倫布，隨即攻占此寺，大肆搶掠，將塔上鑲嵌的綠松石、珊瑚、金塔頂、金冊印等搶走，金銀佛像搶去大半，一時藏區大亂。班禪因早已被駐藏大臣移往前藏而得免於禍。

　　八月二十二日，乾隆得到消息，勃然大怒。巴忠畏罪自盡。駐藏大臣保泰驚慌失措，奏請將達賴、班禪移至青海泰寧，被達賴拒絕。總督鄂輝、將軍成德畏敵怯戰，禦敵無方，擁兵四千餘名，聽任敵軍大掠，又不攻餘兵。當此情形之下，乾隆果斷決定委任新帥，大舉征討廓爾喀。

　　當時，征討廓爾喀很不容易，氣候惡劣，山路峻險，敵軍凶悍，滿兵水土不服。成都將軍鄂輝、四川提督成德，都是行伍出身的勇將，曾經隨大軍征準噶爾、平定回部、征緬甸、打金川、定臺灣，身經百戰，軍功纍纍，但卻在征廓爾喀時畏懼不前。

　　此時，乾隆已年逾八旬，一般人到了這個歲數，只有認命養老，不可能

再生雄心，遠征強敵於幾千里之外。可是，乾隆卻壯志仍在，為了保衛大清疆域，確保西藏安寧，他決定不畏艱險，二征廓爾喀。乾隆憑著歷次征戰的經驗，仔細分析戰爭形勢，作出了四個方面的部署：

1. 委任得力將帥，授一等嘉勇公、兩廣總督、協辦大學士福康安為大將軍，二等超勇公、領侍衛內大臣海蘭察為參贊大臣；

2. 挑選精銳將士，此時滿洲八旗已是軍威不振，綠營兵疲弱怯戰，乾隆另闢新徑，重用索倫和川西地區的屯練士兵即藏兵，調索倫達呼爾兵一千、金川等屯練士兵五千、察木多兵兩千，並派御前行走護衛的巴圖魯、乾清門侍衛章京額勒登保、永德、珠爾杭阿等一百員作為核心，分率一萬四千名官兵征戰；

3. 籌辦大量銀米器械槍炮，僅乾隆五十六年九月至五十七年二月的半年裡，就準備了六百萬兩銀子，供軍需用費；

4. 確定用兵的方針、目的、重要策略，直取其都城陽布，征服整個廓爾喀，戰術是精兵深入。隨著形勢的變化，後來乾隆又修改目標，指示前方乘勝班師。

乾隆五十七年閏四月，福康安和海蘭察遵照聖旨，率精兵六千人出征。五月初，清軍進攻擦木，此地兩山夾峙，中間有一個山樑，是唯一的通道。廓爾喀軍據險拒守，拚死抵禦，清軍猛攻，殲滅守軍二百餘人，打了第一個勝仗。

接著，兩兵交戰於噶爾轄爾甲山樑，清軍斬殺敵兵三百餘人。再往前，成德與穆克登阿攻克矗拉木，海蘭察率兵殲敵一千餘人，攻克濟嚨。五月中旬，清軍已盡復失地，敵軍退回本境。

濟嚨西南是崇山峻嶺，道路險惡，高山夾峙，山路崎嶇，較金川更為險阻。距濟嚨八十里有熱索橋，渡橋之後就是廓爾喀界。廓爾喀軍據險死守。

福康安、海蘭察暗遣頭等侍衛哲森保等領兵翻越兩座大山，繞至熱索橋

上游，斫木編筏潛渡，疾馳猛攻守軍。福康安乘機統兵搭橋，兩路夾攻，廓爾喀軍敗走。

五月十七日，清軍渡橋，進密裡頂大山，沿途陡崖高聳，亂石叢接，小路斜窄，甚至停不住腳，大帥、將領、士卒皆露宿崖下，受盡了勞苦。

五月二十二日，雙方激戰於協布魯克瑪，清軍焚敵壘五座，斬三百餘人，破木城石卡，敵軍敗走。清軍將士艱苦行進，奮勇衝殺，先後攻克東覺嶺、雅爾賽拉等木城，殺敵四千，深入廓爾喀境內七百餘裡。

七月初，清軍進攻甲拉古拉、集木集，離都城陽布僅數十里。雙方惡戰，福康安因屢勝而「驕滿」，疏於指揮，遭到敵軍伏擊，勢甚危急。幸好海蘭察隔河接應，御前侍衛額勒登保扼橋力戰，鏖戰兩日一夜，敵軍才退。

這一戰，清軍攻下兩座大山、四座大木城、十一座石卡，斬敵將十三員、敵兵六百名，清軍也死傷甚眾，護軍統領、御前侍衛台斐英阿，二等侍衛英齎等人陣亡。

廓爾喀王叔巴都爾薩野因為清兵猛勇，自己難以繼續交戰，便連遣使者乞降。同時，福康安也因為甲拉古拉一戰損失重大，同意議和。

乾隆擔心福康安重蹈當年將軍明瑞深入敵國糧盡援絕、敗死荒郊的覆轍，一再諭令福康安答應議和。於是，雙方達成協議，清軍撤回西藏。

乾隆五十八年正月，乾隆冊封拉納特巴都爾為廓爾喀國王，五年一貢，從此雙方關係密切，友好往來。為了保證西藏的安定，乾隆改變了噶布倫專權、駐藏大臣虛有其名的制度，讓駐藏大臣掌握藏區軍政大權，加強中央對西藏的控制。

乾隆五十六年十二月二十六日，乾隆痛斥噶布倫專權橫行，禍害藏地，剝奪其權。不久，他又下諭，將戴緙、第巴等官員的任用權收歸朝廷。

乾隆五十七年八月二十六日，乾隆又下諭，建立金奔巴瓶制，規定達賴等大喇嘛的化身呼畢勒罕，由駐藏大臣會同達賴當眾拈定，上奏朝廷。

乾隆五十八年，朝廷頒布了《欽定西藏善後章程》，共二十九條，明確規定了中央政府擁有管轄藏區政治、軍事、經濟、外交、外貿等各個方面的最高權力。

政治事務上，《欽定西藏善後章程》規定，駐藏大臣在處理藏內事務方面與達賴、班禪的地位平等，擁有監督管理和任免西藏各級官員等極其廣泛的權力。

在宗教事務上，對以往達賴、班禪和各地活佛圓寂後，由巫師作法指定這一弊端百出的「呼畢勒罕制度」加以改革，改成在駐藏大臣的監視下，以金奔巴瓶掣簽的辦法，並還規定呼畢勒罕的「坐床」典禮，必須在駐藏大臣的主持下進行。

在軍事上，為了加強西南地區的邊防，《章程》規定建立西藏地方常備軍，額數三千，分駐於各重要地區，由駐藏大臣統轄；在外交事務上，規定由駐藏大臣主持對外交涉，禁止噶隆以下的地方官員和外國私下聯繫。

所有這些舉措，都進一步加強了清朝中央政府對西藏地區的管轄，同時也限制了地方割據勢力的發展，有助於西南邊防的鞏固和西藏地區政局的安定。《欽定西藏章程》是西藏歷史上重要的文獻，代表著清朝對西藏進行全面有效的管轄。《聖武記》盛讚乾隆治藏之功說：

> 自唐以來，未有以郡縣治衛藏如今日者……蓋至金奔巴瓶之頒，而大聖人神道設教變通宜民者，如山如海，高深莫測矣。

至此，乾隆完成了守疆護土的十大戰功。經過乾隆對邊疆地區的經營，到18世紀後半葉，中國形成了歷史上空前統一的局面。乾隆時的中國疆域，東起大海，西達蔥嶺，南極曾母暗沙，北跨外興安嶺，西北到巴爾喀什湖，東北到庫頁島。

為了維護國家的統一，乾隆堅持「修其教而不易其俗，齊其政而不易其

宜」的原則，對少數民族的宗教信仰和生活方式表示尊重，對其上層貴族則
授以爵位並與之聯姻，多方籠絡。

　　這些政策收到了極大的成功，乾隆在位六十餘年，各少數民族地區基本
上保持了長期安定的局面，有利於全國各地包括邊疆地區在內的經濟文化的
發展，並推動清朝迅速走向全盛。

　　乾隆在父輩的基礎上，經過勵精圖治的改革，完成了對外的十大戰爭，
實現了對內的皇權獨尊，使大清國內定外服，呈現出國泰民安的盛世氣象。

乾隆盛世

「大詩人」乾隆皇帝情不自禁，詩興大發，便開口吟詩：「一片一片又一片。」

大家聽了紛紛叫好，都說皇上出手不凡，語驚天下！一番無原則的奉承，聽得乾隆很開心，於是他繼續吟道：「三片四片五六片。」

這下，大家可就有點不知所措了，就這「詩」，小孩子一天也可以寫好多句啊。但誰也不敢說真話，繼續好評如潮地敷衍這個喜歡附庸風雅的主子。

乾隆皇帝一鼓作氣，又來一句：「七片八片九十片……」

這句一出，大家傻眼了，難道這位爺是在數數呀？

一生喜愛讀書寫詩

乾隆一生儒雅風流，不僅有經世之才，也有書生之氣。他的詩作流傳後世，他的情史繾綣感人；他是能著文吟詩的書生帝王，他是至情至性的風流天子。乾隆是一個文化氣息濃厚的書生皇帝，他的詩作竟達四萬兩千餘首，幾乎與《全唐詩》相當。

據清人沈德潛記載，乾隆皇帝本人已達相當程度的漢化，詩詞歌賦，琴棋書畫，無所不通。沈德潛是江蘇長洲人。早年家貧，從二十三歲起繼承父業，以授徒教館為生，過了四十餘年的教館生涯。

儘管處境並不如意，但他並未棄學，在奔波生活之餘勤奮讀書，從二十二歲參加鄉試起，他總共參加科舉考試十七次，最終在乾隆四年才中進士，時年六十七歲，從此躋身官宦，備享乾隆皇帝榮寵。

沈德潛官至內閣學士兼禮部侍郎，七十七歲辭官歸里。在朝期間，他的詩受到乾隆帝的賞識，常出入禁苑，與乾隆皇帝以詩詞唱和。

有一年冬天，乾隆皇帝和紀昀等一大幫人一塊兒去西湖遊玩，正好下雪了，雪花迎風飛舞，催生寫詩靈感。「大詩人」乾隆皇帝情不自禁，詩興大發，便開口吟詩：「一片一片又一片。」

大家聽了紛紛叫好，都說皇上出手不凡，語驚天下！一番無原則的奉承，聽得乾隆很開心，於是他繼續吟道：「兩片三片四五片。」

這下，大家可就有點不知所措了，就這「詩」，小孩子一天也可以寫好多句啊。但誰也不敢說真話，繼續好評如潮地敷衍這個喜歡附庸風雅的主子。

乾隆皇帝一鼓作氣，又來一句：「六片七片八九片……」

此句一出，大家傻眼了，難道這位爺是在數數呀？莫非還會來句「百片千片萬萬片」？這能叫詩嗎？乾隆皇帝呢，寫到這裡沒詞了，半天沉思不語。

就在這冷場的關鍵時刻，沈德潛挺身而出來幫助完成這個「半截子工程」，只見他上前一步跪下來，說：「皇上的詩寫得太好了，請讓臣下狗尾續貂。」

正在尷尬的乾隆當然準奏。於是，沈德潛接上：「飛入蘆花都不見。」

平心而論，這個「掃尾工程」完成得很漂亮，一下子提升了全詩的品位。於是，「高宗擊節稱善，且以貂裘賜之」。自然，這首詩也就歸乾隆皇帝所有了。

幫助乾隆皇帝完成詩作的事情，沈德潛也做了不少。可這位老先生在最後告老還鄉、編錄自己的詩文全集時，竟然一時糊塗，把幫乾隆捉刀的詩文，通通編進了自己的《咸錄焉》中。

也該他倒楣，他曾為徐述夔的〈一柱樓詩〉作過序，沒想到徐述夔的這個詩集被喜歡搞文字獄的乾隆皇帝定為了反動作品！徐述夔是清朝全國「四大文字獄」中的主要人物之一，「一柱樓慘案」在中國歷史上占有一定的地位，現代學者研究清代文化史、政治史、法制史差不多都要論及徐述夔及「一柱樓詩案」。

　　不過，在乾隆皇帝嚴辦徐述夔時，徐述夔已經去世了，結果徐家被滿門抄斬，徐述夔也被剖棺戮屍。那麼，徐述夔的這本詩集是什麼地方觸動了乾隆皇帝的神經呢？原來，〈一柱樓詩〉裡有一句「大明天子重相見，且把壺兒擱半邊」的詩，被地方上忌恨徐述夔的腐儒找了出來。

　　於是，徐述夔被定為有反清復明的變天思想。思想固然罪不可恕，更不可恕的是以「壺兒」隱射「胡兒」，正戳中了這位異族主子的心理隱痛；當為虎作倀的地方官把這一捕風捉影的「忤逆」案舉報上來後，乾隆皇帝龍顏大怒，遂將之定為「大逆不道罪」。

　　由於為徐述夔的〈一柱樓詩〉作過序，沈德潛也在劫難逃。在查抄沈府時，發現了《咸錄焉》，而且發現了他竟敢冒天下之大不韙，把皇上的「御詩」也當成自己的詩收藏！乾隆怒不可遏，儘管其時沈德潛也已經故去，但乾隆還是沒放過他，下令戮其屍，揚其骨，才解除其心頭之恨。

　　除了沈德潛外，紀曉嵐也曾幫助乾隆皇帝寫過詩。有一次，乾隆皇帝帶著紀曉嵐微服出宮，在一家酒樓喝酒時，看到有一家迎娶新娘，乾隆詩興萌發，於是吟道：「樓下鑼鼓響叮咚，新娘羞坐花轎中。今日洞房花燭夜……」

　　吟到這裡，卡住了。他只好求助於紀曉嵐說：「愛卿來接，接得好，朕有賞！」

　　於是，紀大才子接道：「玉簪剔破海棠紅。」

　　「好，不錯！」聖心大悅。

　　於是，乾隆又「完成」了一首詩作。乾隆皇帝寫詩，其涉獵的題材之廣，令人咋舌。連很少入詩的豬，也被他寫進自己的詩裡——「夕陽芳草見游豬」。

　　乾隆喜愛作詩有時甚至到了痴迷的地步，他說：「若三日不吟，就感覺好像少了些什麼。」正因為如此，他作詩的數量日積月累才達到了驚人的數

目。僅乾隆的御製詩集，登基前就有《樂善堂全集》，禪位後則有《御製詩餘集》，達七百五十首。

乾隆在位期間還作了五集《御製詩集》，共有四百三十四卷。據後人統計，其初集四千一百六十六首，二集八千四百八十四首，三集一萬一千五百一十九首，四集九千九百零二首，五集七千七百九十二首，共計四萬一千八百六十三首。他的詩總計四萬兩千六百一十三首。而《全唐詩》所收錄的唐朝兩千兩百多位詩人的作品，才四萬八千多首。乾隆是個業餘詩人，以一人之力，其詩作數量竟與留傳下來的全唐詩相彷彿，其數量之多、創作之勤，令人敬佩。

可以說，乾隆詩作之多，有史以來，首屈一指。他說：「大小事務忙完之後，沒有別的可娛樂，往往作詩。」又說，「每天閒餘時，或作書，或作畫，而作詩最為常事，每天必作數首。」

乾隆的詩，很多是紀實之作，包含了相當豐富的內容和深刻的政治涵義，或述某事某制，或言己之政見，或為爭取漢人名流學者，或臧否人物評論史事，從政治、歷史角度看，還是頗有價值的。

乾隆曾多次講述詩要有所為而作，不能追求時尚浮華，只專注於辭藻修飾。他於乾隆五十三年（1788 年）三月十九日為此下達專諭說：

朕所作詩文，皆關乎政教，大而考驗得失，小而惦念民情，無不歸於紀實。御製集就在這裡，試隨手披閱，有一連十數首內專屬尋常瀏覽吟風弄月浮泛之詞，而於政治民生毫無關係的嗎？

乾隆此言，大體上還是符合實際的，他的詩記述了軍事、政治、財政、文化、外交、民族等各個方面的情形。乾隆寫了很多關於親情的詩：

《過蒙古諸部落》

獵罷歸來父子圍，

露沾秋草鹿初肥，

折楊共炙傾渾脫，

醉趁孤鴻馬上飛。

《孝賢皇后輓詩》

鳳姿龍循何事爾，魚貫故劍適相從。

可知此別非常別，漫道無逢會有逢。

蘆殿驚心陳月白，取塗舉目慘寒冬。

百年等是行雲寄，廿載憑參流水淙。

《悼念皇長子永璜》

靈施悠揚發引行，舉循人似太無情。

早知今日吾喪汝，嚴訓何須望汝成？

三年未滿失三男，況汝成了書史耽。

且說在人猶致嘆，無端從已實可堪。

書齋近隔一溪橫，長查藝窗占畢聲。

痛絕春風廐馬去，真成今日送兒行。

乾隆寫景抒情的詩也不少：

《盧溝曉月》

茅店寒雞咿唔鳴，曙光斜漢欲參橫。

半鉤留照三秋淡，一練分波平鏡明。

入定衲僧心共印，懷程客子影尤驚。

邇來每踏溝西道，觸景那忘黯爾情？

《煙雨樓用韓子祁詩韻》

春雲欲沣旋濛濛，百傾南湖一棹通。

回望還迷堤柳綠，到來才辨謝梅紅。

不殊圖畫倪黃境，真是樓台煙雨中。

欲倩李牟攜鐵笛，月明度曲水晶宮。

《仇英碧梧翠竹圖》

石泉窈以清，梧竹復修翠。

誅茅為小楹，延得青山致。

幽人兀然坐，開卷默而識。

彷彿沂水風，吾與點也意。

乾隆還寫了一些贈臣子和朋友的詩：

《雍正十一年贈平郡王福彭》

宗翰臨戎劍氣寒，來廷屈指覯呼韓。

秋風攬拂徵人面，馬上何須回首看。

武略文韜借指揮，書齋倍覺有光輝。

六年此日清河畔，君作行人我獨歸。

《賜大學士張廷玉》

喉舌專司歷有年，兩朝望重志愈堅，

魏公令德光閭裡，山甫柔嘉耀簡編。

調鼎念常周庶務，勞謙事每效前賢。

古今政績如懸鑒，時為蒼生咨惠鮮。

乾隆還寫了一些讀後感：

《讀〈貞觀政要〉》

懿德嘉言在簡編，憂勤想見廿三年。

燭情已自同懸鏡，從諫端知勝轉圜。

房杜有容能讓直，魏王無事不繩愆。

高山景仰心何限，宇字香生翰墨筵。

讀項羽紀鹿走荒郊壯士追，蛙聲紫色總男兒。拔山扛鼎興何暴，齒劍辭雖志不移。天下不聞歌楚些，帳中唯見嘆虞兮。故鄉三戶終何在？千載烏江不洗悲。

乾隆還寫了不少描述「十全武功」的詩句，比如，乾隆二十三年十一月，當他得知定邊將軍兆惠被回部大小和卓圍困於葉爾羌城外的黑水營時，寫下了五言長詩一首，以記其事，讚揚將帥士卒的英勇，表示要予以記功行賞。

直到臨終前的一天，他還作了一首：

望捷三年實旅開，實屬不應猜。

邪教輕由誤，官軍剿復該。

領兵數觀望，殘赤不勝災。

執訊迅獲首，都同逆首來。

很多臣子對乾隆的才學極為讚佩，有人言：「皇上聖學高深，才思敏贍，為古今所未有。御製詩文如神龍行空，瞬息萬里。」又說：「皇上或作書，或作畫，而詩尤日必數首，皆用硃筆作草，令內監持出，付軍機大臣之有文學者，用摺紙楷寫之，謂之詩片。」

原禮親王昭槤亦於《嘯亭雜錄》卷一中頌揚乾隆寫詩之多，學識淵博。他說乾隆每作出一首詩，讓眾儒臣註釋，當場不得原委者，允許回家查找，然多有翻撿萬卷都不能解者，然後乾隆舉出其出處，並稱「以博一笑」，諸臣莫不佩服。

　　乾隆對國計民生，尤其是農業生產非常關心。當時的農業主要是靠天吃飯，每遇到長期下雨或者乾旱，乾隆都會因此而擔憂。

　　乾隆四十九年三月，乾隆第六次南巡時到達江蘇，還掛唸著陝北、河南、山東等地的旱情。五日，乾隆傳旨詢問三省是否下雨。十一日，乾隆在蘇州府，半夜夢醒聽到雨聲，作了〈夜雨〉一詩：

夜雨打船窗，恰值清醒夢。

入耳適宜聽，披衾不覺冷。

即南已增潤，懷北牽懷永。

須臾幸漸稀，無眠以耿耿。

　　乾隆自己註釋說：「時北省正望雨之際，未知此澤遍及否？」可見乾隆對農事的關心。乾隆愛作詩，但他首先是一個皇帝，他的主要時間和精力都花在治國上，在作詩的造詣上並不深。乾隆對自己的作品有自知之明，他說：「予向來吟詠，不屑為風雲月露之辭。每關政典之大者，必有詩記事。」

　　不吟風雲月露，以詩紀政事，符合他的身分。乾隆的詩是乾隆朝歷史的寫照，也是可靠的歷史資料。他的詩，史料價值遠遠高於文學價值。

　　乾隆愛好廣泛，不僅博覽群書，而且愛好書法、繪畫、古玩，能吟會寫。乾隆天資聰穎，勤奮好學，擅書畫，兼長詩文，是一位非凡的文學家、語言學家、書法家、詩人、學者。

　　乾隆有很高的語言天賦，不僅精通新滿文，而且熟知老滿文；不僅對漢語漢文十分精通，還懂蒙、藏、維等多種語言文字。為了完成用兵準噶爾、收復回疆、兩征金川、安定西藏的宏偉事業，乾隆「自乾隆八年以後，即誦習蒙古及西番字經典」，一直持續五十餘年，從而成為當時罕有的通曉滿、漢、蒙、維、藏及四川西北部方言安多等多種語言文字的語言學者。這對乾隆的治政用兵發揮了很大作用。史稱其與「番酋」

會見時，能用「番」語交談，說起話來就像一個族的人一樣。

當然，乾隆最重視的還是中國的傳統文化，對於敢於藐視漢文化的人會提出嚴厲的駁斥。有一次，他針對某些督撫的漢人「書生不能勝任」、「書氣未除」的言論，斥責說：

> 人不讀書……有不可救藥者……朕唯恐人不足當書生之稱，而安得以書生相戒乎！若以書生相戒，朕自幼讀書宮中，講誦二十年，未嘗少輟，實一書生也……至於「書氣」二字尤其貴，沉浸醞釀而有書氣，更集又以充之，便是浩然之氣。人無書氣，即為粗俗氣、市井氣，而不可列於士大夫之林矣。

乾隆這裡的「書生」，指的就是受漢文化浸濡的書生。在朱軾和蔡世遠兩位老師的影響下，乾隆深受宋儒理學思想的影響。乾隆以「立身以至誠為本，讀書以明理為先」的對聯鞭策自己，把「理」作為世界萬物的主宰。十九歲的時候，他在〈讀書以明理為先〉中寫道：

> 天地之間，萬事萬物莫不有理。理者，天之經，地之義，民之行也。是故日月星辰之朔望躔度，陰陽寒暑四時之推遷往來，皆天地之氣也，而有乾健於穆不已之理主宰乎其中。
>
> 山川河岳，百穀草木之麗乎地以生者，亦莫不賴坤元載厚之理以為之根柢。人性之仁義禮智，賦乎天之正理也，因之而見為惻隱、羞惡、辭讓、是非之情，及變化雲為萬有不齊之事，由是觀之天下事物孰有外於理哉。
>
> 故聖人之教人講學，亦曰「明理而已矣」。蓋理者，道也。道之大，原出於天，其用在天下，其傳在聖賢，而賴學者講習討論之功以明之。六經之書，言理之至要也，學者用力乎明理之功以觀六經，則思過半矣。

乾隆認為，日月星辰的運行、寒暑四時的變化、百穀草木的成長，都要受到「理」的主宰。「聖賢」的職責，在於傳道、傳理。所以，乾隆所說的要用功讀書，實際上是要求人們不斷完善自己的修養，遵守封建社會的倫理關係。

乾隆對書法和繪畫也非常喜愛，並且造詣精深。他長期痴於書法，至老不倦。自內廷到御苑，從塞北到江南，園林勝景，名山古蹟，所到之處，揮毫題字，墨跡之多，罕與倫比。乾隆可算是題字遍天下、流傳千百年的書法家。

乾隆還喜歡賞鑒字畫和古玩，而且有很高的水平。有一次，他尋獲宋刻《後漢書》及《九家杜注》，十分愛惜，命宮廷畫家「寫御容於其上」。還有一次，乾隆找到《岳氏五經》，特地修建五經萃室以來保存。乾隆非常喜歡馬和的《圍風圖》，花了很長的時間才找全，找到之後，將畫藏在學詩樓。

乾隆撰寫了大量文章，僅編成文集的就有《御製文初集》、《御製文二集》、《御製文三集》、《御製文餘集》，共一千三百五十餘篇，還有《清高宗聖訓》三百卷。

乾隆於五十八年寫了一篇〈御製喇嘛說〉，全文不過七百餘字，卻講明了清政府「興黃教即安眾蒙古」的基本政策，以及創立金奔巴瓶制的原因和意義，文字不多，論證有力。

勤於政務關心民生

雍正十三年八月二十三日，雍正皇帝去世，剛滿二十四歲的乾隆即位。這時候的大清朝，也算得上是政治清明，八方無警，國泰民安。就如乾隆自己所謂的「國家繼續百年，接連幾代太平安樂至於今日，可謂承平無事」。乾隆的地位，似乎已有磐石之固。

按說，面對如此太平盛世，一個年僅二十四歲的年輕皇帝極有可能沉醉於安逸享樂之中，驕縱奢侈，坐吃山空，就像歷史上秦二世在秦始皇統一中國之後，坐享其成，窮奢極欲，引起社會風氣的敗壞，使人民萌發反抗情緒，最終導致滅亡的結局。還有隋煬帝以及農民起義的領導者李自成等無不是這樣自取滅亡的。

乾隆盛世

　　所以，儘管清王朝正是蒸蒸日上之時，但是乾隆恰恰與歷史上荒淫誤國的例子相反，他仍然不懈怠，勤於政務，監督臣子們的工作，從而確保他這一朝繼續保持興盛的局面，也為後世皇帝奠定良好的基礎。乾隆基本上都堅持天天臨朝，批閱奏摺，關心民生疾苦。

　　努力使自己成為勤政愛民、潔身自守的開明君王。乾隆登基二十二天就給莊親王允祿、果親王允禮、大學士鄂爾泰與張廷玉等大臣下諭，講道：

> 從來帝王撫育華夏的方法，只在教養兩端。天生民而立之君，原本就是讓君主以代天地管理百姓，廣其懷保，人君一身，實在是億兆黎民所安身立命的依託啊。

　　在《策士天下貢生》這本書中，乾隆又強調說：

> 君主與百姓的關係，就好比船和水的關係。船沒有能離開水而自由游動的，君主也沒有能離開百姓而實現大治的。

　　乾隆認為「民為邦本」，本固才能邦寧。治國之道，「莫先於愛民」；而愛民之道，「以減賦蠲租為首務」。乾隆在即位之初大赦天下的恩詔中，就宣布免除雍正十二年以前的欠賦，僅江蘇、安徽就免了賦銀一千零一十餘萬兩。此後的六十三年裡，他以「災蠲」、「恩蠲」、「事蠲」、「逋蠲」等名義免除的賦銀超過一億兩以上。

　　乾隆於乾隆十年、三十五年、四十三年、五十五年、六十年曾五次下諭全免天下一年國賦。乾隆十年正月初六日，乾隆下達的第一道上諭中講道：

> 要想海宇平安，民氣和樂，持盈保泰，莫先於安民。況天下之財，止有此數，不聚於上，即散於下。皇祖屢蠲租賦，又特頒恩旨，將天下錢糧普免一次。朕欲使黎民均霑恩澤，特將丙寅年，即乾隆十一年錢糧，通行蠲免。

　　普蠲天下錢糧的恩詔下達之時，四方百姓歡歌起舞，這是對乾隆帝大蠲

租賦的最好讚揚，可見此舉深得人心，對促進農業生產、繁榮社會經濟發揮了不容忽視的積極作用。

乾隆時期，由於人口增長和大量田地改為播種經濟作物，中國出現較大範圍的餘糧區和缺糧區，因此，糧食調劑的商品化就迫在眉睫。乾隆施行了「商業貿易，重在為民」的方針，打破歷朝皇帝賤視商人的陳舊思想，這與他「從來為治之道，莫先於愛民」的思想密切相關。

早在乾隆二年，乾隆就規定：只要是運往災區的糧食，一律給予全免課稅放行的待遇。到了乾隆七年四月，這一政策又進行了推廣，將災區的特免改為全國的普免。

有了這樣的免稅政策，就加快了糧食的流通速度。在糧食歉收的地區，乾隆允許地方官借錢給商人，以實際行動支持商人到外地採買糧食運回本地，並不收取利息。

乾隆三年，浙江歉收，巡撫盧焯就曾讓商人出示保證，借給銀兩，讓其到外地採買糧食，還銀時不收利息。在乾隆朝，一些有餘糧的省份，地方官員推行地方保護主義，干預市場不讓本省餘糧向外流通，妨礙了糧食貿易的進行。

乾隆對地方官的這種做法極為反感，為此，他對四川、奉天等只考慮本地利益的官員給予了嚴厲批評。乾隆四十三年，長江中下游受災。第二年，米商欲從四川販米沿江下運，四川總督文綬擔心本省糧價上升，於是禁止糧米出境。乾隆知道此事後，立即下諭訓斥道：

> 江南下游各省的糧食，一向都是仰仗四川的供給，現在長江中下游各省受災，糧食歉收，再不從四川這裡得到糧食，又將從何處得到糧食呢？不管是誰，都不得尋找藉口囤積糧食，更不得擅自發布命令限制糧食的流通，否則我是不會顧及他的地位的。

接著給文綬下命令說：

將水次倉谷碾米直接運往江南，而湖北等省商販，不得阻礙糧食從四川的
輸出，如果違抗指令，定斬不赦！

地方保護主義自古都是存在的。在乾隆中期，各餘糧地區紛紛實行禁
運，颳起了糧食保護之風。對此，乾隆在三十七年時規定出了具體的制約辦
法：凡是鄰省歉收需要從別的地方輸入糧食的，本地官員禁止米糧出境的，
該地區的督撫應該據實參奏，將州縣官降一級留升；主管官吏不及時報告
的，要罰掉一年俸祿；上級督撫不實事求是上奏的，罰掉六個月的俸祿。

此項辦法從實際利益人手進行獎賞，行之有效地遏止了壞風氣的風行，
使乾隆朝的糧食販運貿易十分活躍，國內逐漸形成了大規模的糧食市場。

市場形成後，糧米多從四川和兩廣經由長江東下，運往江蘇和浙江，並
借海路運往福建；東北的豆麥則由海路運往北京、直隸、山東；湖南、河南的
米糧經由陸路或漢水運到陝西；廣西的糧食運至廣東；臺灣的糧米渡海運往福
建，如此等等。這些糧食的長距離運輸，已逐漸形成了糧食流通的固定渠道。

除了形成國內糧食流通市場外，乾隆還鼓勵國外糧食進口，並禁止出
口。以乾隆朝開始，就有暹羅、安南商人販米到福建、廣東等省來賣。乾隆
對外商販米進口的政策作了極優惠的規定，特意下諭說：

我時刻想著百姓生活的艱苦，一直認為米糧是百姓賴以生存的根本。因此
各個關口一概免除糧食出入的關稅，其餘貨物，照例徵收。

至於外洋商人，有航海運米到內地的，應該更加給予恩惠，這才能體現
我對遠方來的客人的熱情……自乾隆八年開始，以後凡是遇到外洋貨船來閩
粵等省貿易，帶來一萬石糧食以上的，可以免除其船貨稅銀的十分之五；帶
米五千石以上的，免除其船貨稅銀的十分之三。

他們帶來的米可以按照市場價格公平售賣。如果民間的米有剩餘，不需

要進入市場買賣的，可要求地方官代為收買，以補充常社等糧倉，或者分配給沿海各個標營兵糧日常之用。外洋商人必須得到各種銷售米的優惠條件，使他們不至於陷入賣米難的困境。

乾隆不僅對外商進口糧食的關稅實行優惠政策，而且還規定：假如外商米糧在國內滯銷，本地官府要照價收購。外國的糧米既然千辛萬苦地運來了，就不能讓人家再運回去，官府採取保護政策，這就使外商更放心地把米糧運到中國來，在一定程度上補給了國內的糧食之缺。

沿海地區活躍糧食市場的另一個因素是：國內出洋做生意的商人在回國時也常帶回糧食在國內交易。由於東南亞等國米多價賤，很多國內出洋商人常攜帶資本，在暹羅等地購買木料，打造船隻，再運米回國，這樣不但可以在米上得利，還可以從船隻、木料上獲益。

乾隆十六年，針對中國商人進口糧米，乾隆發表了獎勵政策，規定：「數量在二千石以內的，按照慣例由督撫分別獎勵；如果運輸達到二千石以上的，按照數量區別生監、民人，上奏懇請賞賜給他們職銜頂戴。」

這項政策大大鼓勵了商人進口洋米的積極性，使洋米源源不斷地流入國內，以應內需。在擴大進口的同時，乾隆強調禁止出口糧食，並命地方官在各出口要塞實施巡視措施。

由於對糧食疏通問題極為重視，採用多種靈活變通的政策和手段來促進糧食貿易，人口與糧食的矛盾確實在乾隆朝有了很大的緩解。乾隆實在是想了不少辦法並頗有建樹。

乾隆一生屢次下諭，宣講重家勸桑的重要性，還採取多種具體措施改善農業生產條件，改進農業生產技術，刺激農民的積極性，體現了一代封建君主的深謀遠慮和愛民之情。

六度視察水利工程

乾隆在位六十年，曾六次南下巡視。他在《御製南巡記》中說：「予臨御五十年，凡舉二大事，一曰西師，二曰南巡。」乾隆把南巡作為他生平最重要事功之一。

六度南巡止，他年夢寐游。

這是乾隆第六次南巡寫下的詩句，他經常回味下江南時的情景，充滿了無限眷戀。乾隆在《南巡記》中說：「南巡之事，莫大於河工。」

因此，每次南巡他都要親自巡視河工。六次南巡，他五次視察黃河水利工程，四次視察浙江海塘工程。乾隆十六年正月，乾隆從北京動身，第一次下江南。

當天，乾隆發布命令允許沿途百姓瞻仰。除「確實屬於險峻危險」地段外，其餘地方一律不準阻攔百姓來觀看自己的尊容。不久，乾隆又宣布對南巡所經地方承辦差務官員的獎賞：

> 凡有罰俸降級事情的都不再按照原來的結果辦理，如果這個地方沒有相關事情的，地方官吏可以加官一級。

進入山東後，乾隆陸續頒布減徵賦稅和賑災諭旨：宣布蠲除經過山東州縣本年額賦十分之三；宣布山東省因災借出谷食，從乾隆十五年起分五年帶徵，但鄒縣、平陰等縣重災，帶徵欠穀九十七萬五千餘石概行蠲免；宣布山東受災的蘭山等七州縣追加賑濟災民一個月。

這些積極主動的措施，使得乾隆此次下江南一開局便收到意想不到的效果，沿途百姓紛紛宣揚乾隆是前所未有的聖明君主，民心日益向他靠攏。

在南巡途中，乾隆還宣布對江蘇、安徽、浙江三省採取優待性文化教育政策。在進入江蘇後，乾隆隨即派遣大臣分別祭祀已故治河功臣靳輔、齊蘇勒和嵇曾筠等祠堂。

乾隆非常關心與百姓生命息息相關的水利工程，在南巡迴來的路上，他親自前去祭祀清河神威顯王廟，並視察了高家堰水利工程，還發布命令說：「經過淮安，見城北一帶，內外都是水，雖然有土堤作為河防，而人煙密集的地區，一旦河水暴漲，這些土堤哪裡能夠阻擋得住洪水的沖刷，我感覺非常嚴峻。現在非常需要把這些土堤改造成石頭堤防，用來確保萬無一失。」

乾隆還指示總河高斌等會同總督黃廷桂確勘詳估，及時建築。這次督察與部署，體現了乾隆對黃淮地區水利工程的關心。在江蘇期間，乾隆還多次降旨賑濟該省災民，減免賦稅。並宣布對乾隆十五年受災極重的宿州等九縣和稍重的鳳陽等九縣，分別追加賑濟災民一個月，並豁免宿遷、桃源、清河所借籽種銀兩。乾隆的諭旨指出：

> 窮苦百姓嗷嗷待哺，省布政使永寧應該速往辦理，上述各州縣正印官馬上次到自己的崗位上去，全力以赴發放賑災糧食。清河、宿遷、大河衛等八州縣一衛，原決定當年應帶徵上年因受災欠交的漕米、麥豆等，都分作三年帶徵，又豁免揚州府興化縣積欠的荒廢田錢糧。

這一系列主動的賑濟措施，讓老百姓得到了實實在在的實惠，百姓擁護乾隆統治的呼聲也日益高漲，這都是乾隆實施主動施恩政策所產生的積極效果。正是乾隆這些主動措施的頒布，使得他在南巡江蘇期間，兩淮鹽商積極踴躍地捐錢捐物。

乾隆也不失時機地對他們予以嘉獎，各按商人本身職銜，加頂戴一頂，又特準「兩淮綱鹽食鹽於定額外，每引賞加十角力，不在原定成本之內，俾得永遠受實惠」。

不久乾隆到達蘇州，為表示對長洲人原致仕禮部侍郎沈德潛的優遇，賜他在原籍食俸。在蘇州的日子裡，他派員給三吳各處先賢祠送去親書匾額，給周泰伯祠匾「三讓高蹤」，給子游祠匾為「道啟東南」，給范仲淹祠匾為「學醇業廣」，給韓世忠祠匾為「中興偉略」，給越王錢祠匾為「忠順貽庥」，

給陸贄祠匾為「內相經綸」，給岳飛祠匾為「偉烈純忠」，給於謙祠匾為「丹心抗節」，給蘇州紫陽書院也賜匾「白鹿遺規」。

這是為了籠絡江浙文人的重大舉措，這些先賢的後人紛紛表示了對乾隆的擁戴，有些人還提出了願意為朝廷效力的想法。離開蘇州後，乾隆來到了浙江嘉興府閱兵，賜隨行的王公大臣和浙江大小官員食品，他還頒諭說：

> 我南巡江浙，紳士大都以文字獻頌，於道路邊連綿不斷。命令大學士傅恆、梁詩正等，會同江蘇、安徽、浙江總督、學政詳細討論對三省進獻詩賦士子的考試選取辦法。討論後就議定，由三省學政各自預選。江蘇、安徽預選中者赴江寧，浙江預選中者赴杭州。等我駕臨江寧、杭州時，分別命題考選。

這是對江南士大夫的優待，使他們獲得一次做官的機遇。這也是乾隆變被動壓製為主動對話，透過給予這些士大夫做官的希望，將他們都籠絡到自己的統治範圍內，這是積極地利用權力的手段。

乾隆南巡到達杭州後，在籍翰林院侍講劉振球從粵東風塵僕僕地來到浙江迎駕，乾隆賜以御筆詩章及題匾「詞垣耆瑞」。同時，乾隆賜江寧鐘山書院、蘇州紫陽書院、杭州敷文書院武英殿刊本「十三經」、「廿二史」各一部。乾隆還派遣官吏祭祀錢塘江神廟、南鎮之神以及明臣王守仁祠，賜王守仁祠匾「名世真才」。

乾隆逗留杭州期間，批准了總理行營大臣大學士傅恆的奏摺，將強入杭州普通百姓家酗酒鬧事的黏竿拜唐阿德克新正法，黏竿大臣等嚴加議處。

在這裡，乾隆再次頒發命令說：「浙江省進獻詩賦士子考中的有謝庸、陳鴻寶、王又曾，以此加恩特賜舉人，授予內閣中書學習行走的官職，並且與考取候補人員一起等候朝廷委以任用，同時仍然批准他們參加會試。」

不久，乾隆一行返回蘇州，他這次來到了范仲淹祠，並賜園名「高義」，賜範氏後裔範宏興等各綢緞一匹、貂皮二張；派遣官吏祭祀晉臣卞壼祠，賜

匾「典午孤忠」；祭祀宋臣曹彬廟，賜匾「仁者有勇」；祭祀明臣徐達墓，賜匾「元勛偉略」；祭祀常遇春墓，賜匾「勇動風雲」；祭祀方孝儒墓，賜匾「浩氣同扶」；祭祀已故清兩江總督于成龍和傅臘塔祠。

乾隆這些舉措是做給江南的明朝舊臣看的，因為這些地方原來反抗清朝最為激烈，反清的各種思想也最為活躍，清朝占領這些地區後，對於這些地區的反抗力量的鎮壓也是最為殘酷的，同時還時常興起文字獄。

乾隆這樣大規模地祭祀這些人的主要目的，就是告訴江南的士大夫們，我們滿人建立的清朝實際上跟以往漢人建立的朝廷沒有什麼兩樣，都是為大家服務的朝廷，因此大家不要總是以敵視的目光對待朝廷。乾隆的各種祭祀活動把以往被動的防範變為主動讓步，這是緩和矛盾的明智之舉，為清朝政權的穩定和走向繁榮奠定了基礎。

乾隆在南京擺出一副勝利者大仁大義的姿態。他甚至在祭祀明太祖陵墓時，行三跪九叩的禮節，要求地方重點保護這些陵寢，諸多行動對於籠絡江南漢族士大夫不無意義。

乾隆還宣布，江蘇省進獻詩賦士子中，選取錢大昕、褚寅亮、吳志鴻等人，要求按照浙江省的舊例補用。乾隆南巡返回途中再次來到黃河岸邊，祭祀河神，並籌定洪澤湖五壩水志，水志基本內容有：

首先，建立石碑規定永遠禁止開放天然壩。乾隆說：「洪澤湖匯聚了清河、淮河、汝河、潁河的河流的水，使得湖水水量過大，能夠起保障作用的只有高堰這一個河堤。天然壩是洪澤湖的尾壩，夏秋季節漲水時，就打開這個壩用以洩洪，然而下游許多州縣都受到這個洩洪壩的災害。冬天清水勢弱，不能沖刷黃河的淤泥，往往造成濁流倒灌。居住在下游的居民，十分懼怕開壩，然而治河的大臣們卻把這種方法當作防範的制勝寶典。我此次南巡親自來到了高堰，圍繞著這個堤壩走了走，一直走到了蔣家閘，四處看了看形勢，才知道天然壩絕對不可以打開。」

　　乾隆接著解釋這樣做的意義：「設立堤防本來是為了保衛人民的，但是堤防設立後百姓仍然受到災害，設立這樣的堤防又有什麼用呢？如果上游開閘放水以求自保，而全然不顧下游州縣百姓田廬淹沒，這難道是國家建立石堤、保護生靈的本意嗎？作為治理河道的大臣不應該存在這樣的私心。天然壩應該建立石碑永遠禁止開放，以杜絕那些自私自利的行為。」

　　其次，確立仁、義、禮、智、信五壩開放原則。乾隆認為：「仁、義、禮、智、信這五壩是按照地勢高低建造的，必須等到仁、義、禮三座壩已經過水高三尺五寸還不足以減緩湖水的上漲時，才能挖開智壩的土堤；如果還不能減緩湖水的上漲再挖開信壩，這根本不同於以往湖水一上漲就開天然壩的方法，對於下游百姓也沒有什麼危害。」

　　再次，決定把信壩北雁翅以北的土堤一律改建為石堤。乾隆分析指出：「從高堰石堤至南滾南壩以南，過去都是用的土工石堤，有首無尾，沒有形成整體，應該重新建信壩北雁翅以北，一律改建為石土。南雁翅以南至蔣家閘，水勢益平，則使用石基專瓦，這樣才能做到首尾完整，堅固如同金湯，永遠造福淮揚地區。」

　　最後，強調河工應以「實著功效」為己責。乾隆強調說：「我認為河臣管理治理的河漕，是幾千里沿岸老百姓生命的維繫，各省督撫應該任勞任怨、勤勤懇懇地管好河道。總之，河不可不治，而無循其虛名；工不可不興，而必歸於實用。這是至關重要的。」

　　以上四點，是乾隆視察河淮水利工程之後提出來。這比起以往身居深宮憑奏牘指示治河方略，當然要更切合於實際。

　　回到北京後不久，乾隆就下旨說：「我今年春天南巡時，經過清江浦一帶，覺得這個地方雨水太多，然而此時天氣還有點寒冷，恐怕對於麥秋有妨礙，故而我時常掛念這件事情。回到北京之後，這些地方的督撫等雖然已經多次請安了，但是始終沒有將地方情況奏報。命令兩江總督黃廷桂等，將該

處兩水情形、麥秋如何、民情是否拮据，據實快速報告給我。」

可見，乾隆回京後，仍掛唸著江南的國計民生。繼首次下江南後，乾隆又有五次下江南。乾隆二十二年一月十一日，乾隆從北京出發，第二次下江南，於四月二十六日返回；乾隆二十七年一月十二日，乾隆從北京出發，第三次下江南，於五月四日返回；乾隆三十年一月十六日，乾隆從北京出發，第四次下江南，於四月二十一日返回。

在第四次南巡時，乾隆出發之前就宣布，將江蘇、安徽兩省自乾隆二十五年至二十八年因受災未繳納地丁、河驛、漕糧、借築堤堰等銀共一百四十三萬餘兩、籽種口糧十一萬三千餘石，全部豁免。浙江一省相對賦稅較輕，但也被乾隆豁免積欠地丁銀兩十三萬餘兩、借穀一萬三千七百餘石。

第四次南巡，在起程之後，乾隆又宣布：對直隸和山東當年應該徵收的地丁錢糧蠲免十分之三。兩省辦差的官員原來受罰或降級處分的人都準予免除懲罰，無處分的人官加一級。同時還賞給兩省各兩萬兩白銀，作為新建行宮之用。

乾隆六次南巡，鹽商們都捐助了大批銀兩供各地辦差使用。早在乾隆十六年第一次南巡時，乾隆就表揚兩淮商人慷慨捐助的善舉，他一方面假惺惺地推辭這些捐款，另一方面又擔心商人們的誠意，於是便悉數收取這些捐款。

當然，乾隆並不是白吃白喝商人們捐資的，為了不使鹽商因巨額捐資而入不敷出，乾隆利用多種辦法給鹽商以政治和經濟上的補償。政治上的補償主要是提高鹽商的政治地位，乾隆宣布對兩淮鹽商「本身原有職銜，如果已經達到三品官銜的，都賞賜他們奉宸院卿銜；那些還沒有達到三品官銜的，都各加頂戴一級」。

賞賜給商人的這些職銜雖然都是一些空銜，但是對於封建社會屬於下流之輩的商人來說，則使他們成為官僚中人，不再因自己的身分低微而受人輕視。

經濟上的補償則是讓鹽商們多賣鹽而少交稅,並且對以往因各種差務集資而欠下的大量鹽稅,給予一次性的豁免。在乾隆四十五年,乾隆曾下令免除兩淮商人應還川餉內未繳銀兩一百二十萬兩、緩徵銀二十七萬兩。

到了乾隆四十七年,免除淮南商人未繳納的白銀二百萬兩;乾隆四十九年,又免除兩淮未繳納的堤引餘利銀一百六十三萬餘兩,這些豁免使得淮揚商人的實力越來越壯大。這樣大宗的免稅,更激發了商人們經商的積極性和辦差的積極性,使他們渾身是勁,為江南經濟的建設與繁榮作出巨大貢獻。

乾隆南巡中對江南商人所採取的種種優惠政策,客觀上刺激了江南地區商品經濟的日趨繁榮,帶動了城市建設,同時也吸引了全國各地的商人前來投資。

以揚州為例,乾隆南巡前還不太發達,自從南巡後,兩淮商人為迎駕前來巡幸,曾先後集資修了天寧寺、錦春園、高橋、蓮花橋、虹橋、寶塔寺等宮殿樓宇五千一百多間,各種亭台近二百座,使揚州發生了個天翻地覆的變化。城內更是商賈雲集,百貨齊備,連山西、安徽等地的商人也紛紛到這裡做生意。

乾隆四十五年一月十二日,乾隆從北京出發,開始第五次南巡。五月九日返回。這一年,乾隆已是七十歲的老翁了。乾隆四十九年一月二十九日,乾隆從北京出發,第六次下江南。四月二十三日返回。這一次南巡江浙兩省之後,乾隆年已七十四歲。

從客觀上來講,乾隆六下江南,瞭解風土民情、興修海塘堤壩、蠲免賦稅、革弊興利、籠絡江南士子和臣民,有一定的意義。但是,這六次南巡,排場一次比一次大,耗費一次比一次多,甚至造成國庫的枯竭,給百姓帶來深重的災難。

到了晚年,乾隆對自己的南巡之事作了總結性的記述:

我統治天下六十年,並沒有什麼失德之處,只有六次南巡,勞民傷財。

追彰明朝忠臣義士

　　乾隆為維護清廷的長遠利益，以籠絡漢族的臣僚士子為清廷效力，對明朝那些節義之士採用了「翻案表彰，沒有陳見」的舉措。清初，很多明朝遺將為了反清復明，前赴後繼地同清軍拚殺奮戰，不少人寧可戰死，甚至舉家殉難也不肯接受清朝的統治，清政府對這些明朝忠臣義士嗤之以鼻，極端仇視。

　　然而到了康熙朝，情況已經發生變化，康熙帝讓人保護明陵、招募前朝學者；雍正便也跟著傚法；到了乾隆，則公開宣揚清朝是繼明朝發展延續的正統王朝，是合理合法的，所以他就又從維護正統出發，對明清之際為保衛明朝而殉國的人恢復名譽，賜予謚號。

　　乾隆為維護正統綱常，追封明將，鼓勵臣子守節。清太祖努爾哈赤曾以「七大恨」誓師擊明，在攻戰遼瀋地區的戰役和歷史上著名的薩爾滸戰役中，明將杜松、劉鋌、馬林、賀世賢等人曾奮勇迎戰而陣亡沙場。

　　乾隆打算以此處作為切入口，稱劉鋌、杜松等人是明朝的良將，說他們在清朝進攻明朝的時候，敢於逆天抗顏；且兩軍對壘，各為其主，因而這些明將可稱得上是為國殉命的忠臣。

　　清軍入關以前，在明朝保衛遼東遼西防線的戰鬥中，著名的抗清將領熊廷弼和袁崇煥英勇作戰，熊、袁二人皆為明朝傑出軍事將領，取得了一定的勝利，對明朝忠貞不渝。但明朝皇帝昏庸無道，竟相繼把二將處死。

　　乾隆每次說起兩位名將，都表示痛惜不已，當他讀到一百多年前熊廷弼在獄中所上的奏疏時，也為之動情並熱淚盈眶。清軍入關以後，抗清志士史可法孤身守揚州，清軍攻破揚州，史可法被俘時，拒絕投降，說：「城存與存，城亡與亡，我頭可斷，而志不可屈。」

　　乾隆對史可法的忠勇剛毅也讚頌備至。有一年秋天，乾隆閱宗室王公功績表傳，看到史可法給睿親王多爾袞的信，讀後非常感嘆佩服，並為史可法

追加「忠正」的諡號，寫下〈題史可法像〉詩，高度讚揚了史可法的精神。

不過，乾隆在此讚頌的當然不是史可法的抗清立場，他提倡的是一種人格精神，一種臣子的忠誠品格，他要君臣學習史可法的忠君節操，無疑對漢族知識分子是一種懷柔與籠絡。

明末，浙江紹興劉宗周曾上疏彈劾魏忠賢倚勢橫行，明皇不聽，他又力主抗清。清軍攻下南京和杭州等地後，他說：「北都之變可以死，可以不死，以身在田者，尚有望於中央也。南都之變，主上自棄其社稷，尚且可以死，可以不死。以俟繼起有人也。今吾又陷矣，老臣不死，尚何待也？若曰身不在位，不當與城為存亡，猶不當與士為存亡乎？」

劉宗周決心以身殉國，最後絕食而死。福建人黃道周剛直不阿，組織明人抗清，結果也戰敗被俘，在押往南京經過東華門時，黃道周坐在地上說：「這裡離朱元璋的陵寢很近，可以死了。」坦然就死。

劉宗周、黃道周的節操同樣感動了乾隆，他對黃道周和劉宗周的忠君守節非常讚賞，他又評價史可法及劉、黃二人說：

> 史可法單獨一人支撐殘局，奮力保護明朝遺孤，最終以死報國。其他人，像劉宗周、黃道周等也是在危難的時候接受任命，最後，求仁得仁，堪稱一代完人。

乾隆給予這些明朝忠義之臣如此高的評價，受表彰的明臣後裔感恩不盡，無不誇乾隆之明大理、知節義，因而甘當清朝順民，為國效力。

乾隆提出應該褒獎的明朝官員還有：守城戰死與被俘處死之人、不甘國破家在自殺之人、拋棄妻子為明朝復國流離顛沛之人、至死不肯為清朝做官之人。

乾隆認為，犧牲戰場者算是「捨生取義」，能保持臣節者可稱「疾風勁草」，乾隆表示要拋棄前嫌，遵照封建正統觀念予以表彰。他說：「凡明朝盡節諸臣，即能為國盡忠，將一視同仁。」

於是命令大學士、九卿等官根據《明史》、《通鑑輯覽》等書所載史實，查核人數，考其事跡，按照原官給予諡號。乾隆這樣做的目的之一在於為現世的朝臣樹立一種典範，令其忠誠本朝。乾隆還讓九卿等列出褒獎條例，主要規定有：

1. 據明殉難官員職位高低、事跡影響大小，分為專諡和通諡兩種。通諡分「忠烈」、「忠節」、「節愍」等四種。

2. 明朝天啟、崇禎兩朝已給諡號者從其舊，不再另給。

3. 諸明臣得諡號後，應於原籍設牌位入祀忠義祠，由翰林院撰寫諡文一篇，發給各省懸掛忠義祠內，允許明臣後人立碑。

4. 在明原為閹黨奸臣，陷害忠良之人，雖死於國事，概屏而不尋。

5. 應給諡之人事績以《明史》、《通鑑輯覽》兩書為主要依據，兼顧《清一統志》和各省通志所載，其他野史家乘碑文行狀一律不予承認，保證寧缺毋濫。

為徹底瓦解反清復明思想的滋生土壤，博取明朝敵對勢力後代的好感，籠絡士人，乾隆還錄用熊廷弼、袁崇煥的後代做官。據史載，乾隆贈予諡號的殉難明臣達三千餘人，而這些明臣的後代、族人要有幾十萬人之多。

乾隆這樣做的政治影響確實很大，這使人們在思想上對清朝的統治有所支持和擁戴，對維護清朝統治有著突出的現實意義和深遠的歷史意義。

乾隆對明臣採取公允的歷史態度，他知人論世，考慮當時的歷史背景，認為臣子各為其主，本無可罪。因此在編《四庫全書》時，他採取「人各抒忠斯可錄，言雖觸諱忍從捐」的態度，指示應該把劉宗周的疏稿、黃道周的博物典匯收進去，只對應避諱的文字略作刪改。

乾隆在這裡重視的是明臣的人品。他這樣做的目的是「使天下後世知余大公至正之心，維持名教而不苟小節，重其人及其書。且為千古之君者臣重

戒示勸,不徒味其文藝而已」。

此外,乾隆還命令編輯《明臣奏議》,他說:「明朝間的志士仁人敢言抗諍之事與漢唐宋元各朝相比,並不遜色多少。」

乾隆任命皇子和尚書房總師傅蔡新為總裁官,皇孫、皇曾孫及他們的師傅與翰林官任纂修校錄,讓他的兒孫們透過編書,汲取明朝滅亡的經驗教訓,以保大清帝國萬年江山不倒。

乾隆追彰明朝忠臣義士,鼓勵了滿朝文武像這些守節忠君的明臣那樣為國家興亡不惜自家性命,並讓明朝後人感受他的通情達理,進而達到統一思想、維護統治綱常的目的。

主持編撰《四庫全書》

乾隆三十八年,乾隆下令設立「四庫全書館」,聘任著名學者紀昀、陸錫熊、莊存與、邵晉涵、戴震、王念孫等人參與校纂。乾隆自小就特別喜愛歷史,身為皇子時,就對各朝各代的興衰有一番自己的見解,從歷史教訓中深知「創業難,守業更難」的道理。

乾隆曾寫過史論五十多篇,還有許多的詠史詩,討論各個朝代的統治特點、皇帝和歷史人物的功過是非。在歷史上的帝王中,乾隆較為欣賞的只有漢文帝、唐太宗和宋仁宗三人。

但是,乾隆認為漢文帝雖賢而乏人輔佐,宋仁宗才能不足,唐太宗稱得上是英明君主,但由於後期志滿倦政、家法不嚴,造成了武則天的亂綱結局。乾隆愛讀唐人吳兢所著的《貞觀政要》。乾隆在讀《貞觀政要》後對唐太宗的治國能力較為佩服,寫詩說:

文皇治世功,在漢文景右。

斗米值三錢,太倉粟腐臭。

關東暨嶺南，開門夜無寇。

論古緬遐思，治功非幸覯。

文貞立朝端，彌縫而醫救。

九重亦虛己，勤政夜與晝。

勵精圖至治，俗用致富厚。

二十餘年間，中外稱明後。

《貞觀政要》是乾隆年輕時的案頭常備書，每次看《貞觀政要》，他都收穫頗深。縱觀自古以來的歷代帝王，乾隆看到：當他們處於憂患危險的境地時，還能夠選賢任能，接受下臣的意見；而到了穩定時期，便開始安逸享樂、散漫懈怠，這樣下去就導致了國勢日衰，走向危亡。

乾隆說：

余嘗讀其書，《貞觀政要》，想其時，未嘗不三復而嘆曰：貞觀之治盛矣！人君當上法堯舜，遠接湯武，固不當以三代以下自畫，然觀爾日君臣之所以持盈保泰，行仁義，薄法術。

唐太宗在教育太子時曾告誡說：「舟所以比人君，水所以比黎庶，水能載舟，亦能覆舟。」乾隆引用這句歷代有所作為的君主所信奉的座右銘，表明了他對前車之鑒的深刻理解和接納。

乾隆重視從歷史中學習治國之道，也重視對文化書籍的整理。乾隆即位之初，就開始組織學者修史，編撰各種書籍。著名的有《國朝宮史》、《續三通》、《清三通》、《通鑒輯覽》、《大清一統志》等等，總數不下數十種。

乾隆一方面整理滿族的文化書籍，編修《滿文大藏經》，整理《無圈點老檔》，敕編《八旗通志》、《滿洲源流考》、《欽定滿洲祭神祭天典禮》等；另一方面也對漢族的歷史書籍加以整理，主持編纂《四庫全書》。

中國古代常把圖書分成經、史、子、集四大類：經部，包括歷來儒家的經

典著作，如《詩經》、《論語》、《孟子》和研究文字音韻的書；史部，包括各種歷史、地理、傳記等書；子部，包括古代諸子百家學說和科技著作，如農學、醫學、天文、曆法、算法、藝術等；集部，包括文學的總集和專集等。

《四庫全書》的書名是乾隆欽定的。四庫是指書是「以經、史、子、集為綱領」來編排的，而「全書」，則表示此書要將經、史、子、集四大類的最好之書、最有價值之書全部網羅在內。首先，要編一套規模巨大的叢書，就要把書籍收集起來。乾隆下令各省官員蒐集、收購各種圖書上繳。

乾隆三十七年正月初四，乾隆下旨「命中外搜輯古今群書」，要求各省督撫會同學政，通知所屬人員，蒐集天下古今中外有價值的書，為「研討愈精」提供條件，「以彰千古同文之盛」。

因為各省督撫不認真辦理，進呈《四庫全書》之書太少，乾隆三十八年三月二十八日，乾隆又下達專諭，限令督撫半年之內「實力速為辦妥」，否則，「唯該督撫是問」。

同時，乾隆鼓勵私人進獻圖書，他多次下諭，鼓勵藏書家進獻典籍。在這些諭旨中，乾隆指示地方各級行政官員必須將求書作為一件大事來抓，同時，還為徵求遺書制定了具體政策：「在坊肆者，或量為給價」；家藏者「不妨繕錄副本，仍將原書給還」、「一切善為經理，毋使吏胥藉端滋擾」。

乾隆意識到大臣、百姓因懼怕以文字獲罪而產生的畏疑情緒，於是親自進行反覆的解釋，還以皇帝題詞、賞賜圖書、《總目》留名等手段獎勵藏家獻出家藏祕笈。兩淮商人馬裕和浙江鮑士恭、範懋柱、汪啟淑四家獻書六七百種，乾隆對他們給予嘉獎，並各賜《古今圖書集成》一部。

經過乾隆的多方督促、鞭策和嘉獎，至乾隆三十八年九月，從全國各地徵求的圖書已逾萬種，從而大大地充實和豐富了國家藏書，為編纂《四庫全書》提供了雄厚、堅實的基礎。有了完備的內容之後，接下來就是要委任好的總裁、總纂和纂修官。

乾隆三十八年二月，在徵求遺書活動取得很大成就之時，乾隆正式成立了「四庫全書館」。許多知名學者先後被徵召入館，分別擔任纂修、校理等職。這樣，一個以整理古典文獻為主要內容的編修《四庫全書》的工作便開始了。

剛開始，乾隆委派大學士劉統勛為總裁官，後來陸續增加。正總裁有十六人，即永瑢、永璇、永瑆、劉統勛、劉綸、舒赫德、阿桂、於敏中、英廉、程景伊、嵇璜、福隆安、和珅、蔡新、裘日修、王際華。副總裁有十人，即梁國治、曹秀先、劉墉、王杰、彭元瑞、錢汝成、金簡、董誥、曹文埴、沈初。

乾隆三十八年三月十一日，正總裁大學士劉統勛、劉綸、於敏中等上奏說，為了避免「罣漏參差」，請將纂修官紀昀、提調陸錫熊任為總辦即總纂；添纂修人員十員；任「留心典籍」的姚鼐、程晉芳、任大椿、汪如藻、翁方綱為纂修官，任能考訂古書原委的余集、邵晉涵、周永年、戴震、楊昌霖為分校官。乾隆一一批准劉統勛等所奏。

最後，乾隆下令四庫全書館的編纂官員對圖書認真檢查。凡是有對清統治者不利字句的，一概銷毀。透過檢查，乾隆發現，在明朝後期的大臣奏章裡，提到清皇族並有所不尊重，於是下令把這類圖書一概燒燬。

後來，乾隆又發現，在宋朝人的著作中，也有很多反對遼、金、元朝的內容，這種內容很容易使人聯想到反對清王朝。於是，乾隆下令對這些書，情節嚴重的予以銷毀；情節輕的，就對某些字句進行刪改。

根據乾隆的指示，在纂修的過程中，各纂修官分別對各地徵集到的每一種書籍的不同版本進行校勘，並就作者、成書時代、內容異同、版本優劣諸方面進行考證，將其校勘、考證成果以另紙黏於該書每卷之末。

同時，還仿漢朝劉向校書的舊例為每書撰寫一篇提要，內容包括作者的時代爵裡、本人事跡以及該書版本、卷次、內容價值等，並以該書的價值為據，擬出應刻、應抄、應存目三種意見。

經乾隆同意後，其中，應刻、應抄兩部分書籍皆交繕書處組織人員按已定規格進行抄錄，收入《四庫全書》，所有應刻、應抄、應存目三部分書籍提要，則均按類例匯為《四庫全書總目》。

因為纂修的這兩部書籍卷帙浩繁，不易翻閱，因而在乾隆三十八年五月和乾隆三十九年七月，兩書編修正式開始不久，乾隆又分別指示在兩書的基礎上另編《四庫全書薈要》、《四庫全書簡明目錄》兩書。前者為《四庫全書》「擷其精華」，後者則略去《四庫全書總目》中的總序、各類小序和存目部分書籍的提要，僅對《四庫全書》所收之書各作簡單介紹。

乾隆四十一年九月，又將收入《四庫全書》的各書校勘記錄也另行抄出，匯為《四庫全書考證》一書，付聚珍板刊刻，以便廣泛流傳，從而更加豐富了這次文獻整理活動的內容。

乾隆四十七年，《四庫全書》第一份告成，共收書三千四百六十一種、七萬九千三百零九卷。當時把全書抄了七部，分別貯藏在皇宮、圓明園、熱河行宮、奉天、杭州、鎮江、揚州。

到乾隆五十二年六月，又告成六份，已歷時十五年。後再查核、校誤和補遺，直到乾隆五十八年才告結束，參與者前後共計四千一百八十六人，時間長達二十年。

在組織學者對社會全部現存文獻進行整理的同時，乾隆還極為重視這批文獻的收藏和流傳。為了達到防火、防潮、防蠹、長期保存圖書的目的，四庫全書館開館不久，即派專人赴寧波瞭解已有二百多年藏書歷史的范氏天一閣的建築情況，並依其式樣在紫禁城、盛京故宮、圓明園、熱河避暑山莊等處分別建造了文淵、文溯、文源、文津等內廷四閣。

其後不久，乾隆又以江浙為人文淵藪之地，在揚州、鎮江、杭州等處建立南三閣，續抄三部《四庫全書》存儲其間，以便文士及研究者「就近觀摩謄錄」。

不僅如此，乾隆還指示，另抄《四庫全書》副本一部，貯於北京翰林院，供願讀書的詞館諸臣和北方文士抄閱。此外，乾隆下特旨：再辟紫禁城御花園後的摛藻堂、圓明園之味腴書屋儲放《四庫全書薈要》。這些措施，對這一重要文獻造成了保存和傳播的作用。

在乾隆的直接領導下，經過全館人員的共同努力，繼乾隆四十三年《四庫全書薈要》首先告成後，乾隆四十六年至乾隆五十二年，八部《四庫全書》也先後抄寫完畢，並陸續入貯各閣。而《四庫全書總目》和《四庫全書簡明目錄》等書也在經過反覆修改之後由武英殿刊出。

《四庫全書》總計八部，每部七萬九千三百零九卷，分裝三萬六千三百餘冊，六千七百五十二函：《四庫全書薈要》兩部，每部一萬九千九百三十卷，分裝成一萬一千兩百餘冊，兩千零一函，分別儲存於政治中心的華北和文化發達的江浙等地。在十幾年的時間裡，國家藏書量便增加了七十萬卷，三十多萬冊。

乾隆親自領導編纂《四庫全書》，集中全國優秀人才，投放大量資財，終於告成。乾隆在編纂《四庫全書》的過程中，刪了不少書、改了不少書、禁了不少書、毀了不少書。據不完全統計，在編《四庫全書》的同時，被查禁燒燬的圖書也有三千種之多。

一些圖書即使僥倖未被銷毀，也因為不符合乾隆規定的封建道德標準而被判為「存目類」，有目無書，不收入《四庫全書》，甚至有的連「存目類」也不予登錄。一些圖書雖因影響較大而不得不收，但也因忌諱多端而對其中內容加以抽取和篡改，使許多珍貴古籍或遭肢解，或者嚴重失真。

可見，乾隆編纂《四庫全書》也產生了一定的負面影響。在乾隆的仁政愛民政策下，清朝國力日漸強盛，乾隆以強盛的國力為依靠，六度南巡，編撰了《四庫全書》，彰顯了盛世風采。

後宮家事

吉時一到，和孝公主身穿金黃色繡龍朝褂、頭戴飾有十粒大東珠的貂皮朝冠，登上鑾儀衛早已準備的彩輿，前有內務府總管大臣以下官員乘馬導引，陪送的福晉夫人及隨從的命婦們乘輿隨行，後有護軍校率護軍二十名護送。

沿途街道，步軍統領衙門已令屬下清水潑街。送親隊伍浩浩蕩蕩來到北城後海南岸和珅府第時，鞭炮齊鳴，和珅夫婦早已恭迎於外堂和中室。只見和府上下修飾一新，到處張燈結綵。

納南國佳麗為妃

乾隆四十一年七月十七日，距那拉皇后自行剪髮大約十一年半，距皇后幽死整整十年。大學士舒赫德從內閣下班剛回宅邸就接到家人遞進的一紙啟稟、一件奏摺，署名俱為「都察院役滿吏員嚴」。

大學士打開啟稟一看，原來是這個曾為都察院書吏的人懇請舒大人代遞自擬的一件奏摺。舒赫德隨即細閱那件奏摺，事由是「請議立正宮」，內稱：「那拉皇后賢美節烈，多蒙寵愛，見皇上年過五旬，國事紛繁，若仍如前寵幸，恐非善養聖體，是以故加挺觸輕生。」

看至此處，舒赫德頓覺事態嚴重，於是立刻派人拘捕嚴，查抄其在京寓所。嚴很快被抓來，並痛痛快快地供出系山西高平縣人，現年四十五歲，妻子及兩個兒子已先後亡故，只子身一人。乾隆二十五年前曾在都察院充書吏，役滿回籍；現寓崇文門外萬春雜貨號內，代人寫帳營生；所寫奏摺系一人所為，絕無商謀主使之人。舒赫德審畢，不敢怠慢，當即將嚴奏摺、稟啟等原件一併密封，進呈乾隆皇帝。

皇帝其時正駐蹕熱河行宮，準備進哨木蘭行圍，及接閱留京中辦事大臣舒赫德匯報，立即透過軍機處密諭舒赫德及協辦大學士阿桂、刑部尚書英廉等「各秉天良，將此事實心查辦，毋得稍有顢頇瞻徇之見」。

密諭中特別指出，嚴不過一介「微賤莠民」，如何得知宮闈大事？又如何知道皇后有那拉氏之姓？「其中必有向其傳說之人，不可不徹底嚴究」！

舒赫德等遵旨嚴訊嚴，先是「濡緩折磨，使其備嘗痛楚」，隨即夾棍等大刑侍候。嚴供稱：「那拉氏之姓，我二十年前在都察院當書辦時就曉得的。」嚴供：「乾隆三十年，皇上南巡在江南路上，先送皇后回京，我那時在山西本籍，即聞得有此事。人家都說皇上在江南要立一個妃子，那拉皇后不依，因此挺觸，將頭髮剪去。這個話，說的人很多，如今事隔十來年，我哪裡記得是誰說的呢？後來三十三年進京，又知道有御史因皇后身故不曾頒詔，將禮部參奏，致被發遣這事。」

乾隆原以嚴「詆毀朕躬，情罪實為重大」，指示舒赫德等審明後即凌遲處死，但後來欲盡量淡化此案，故嚴改為立斬。嚴口供更為珍貴的是，它提供了帝后在杭州行宮中衝突的直接原因是：「皇上在江南要立一個妃子，那拉皇后不依，因此挺觸，將頭髮剪去。」

還說：「這個話，說的人很多。」

可見當時在「微賤莠民」中，皇帝立妃、皇后剪髮，已是一個眾口喧傳的公開祕密。不過，當時不脛而走的這個「小道消息」是否靠得住呢？顯然不能以「南巡時先送皇后回京」、「有御史被發遣」等情節已被證實，就斷言這一流言完全可信。

特別是對那拉皇后不依皇帝在南巡路上立妃、憤而剪髮這一至關重要的情節，理應舉出相應的證據，絕不能採取推想的論證方式。看來，乾隆皇帝是否確有江南籍的漢妃就成瞭解開乾隆三十年帝后反目這一歷史疑案的關鍵。

後宮家事

　　乾隆皇帝即位之前，王妃、庶妃已不下十來位。在其漫長一生中，嬪妃屢有增加，有人說乾隆后妃有二十一人；有人說乾隆後宮中具有後、妃、嬪、貴人、常在等各種名號者不下四十人；於善浦先生則據東陵裕陵及裕妃園寢所葬，說乾隆先後有皇后三、皇貴妃五、貴妃五、妃六、嬪六、貴人十二、常在四，凡四十一名。

　　而且皆指出姓氏，有旗籍者，則列所隸旗分，是為記述乾隆后妃最詳實者。然而，無論是誰，都不能確指這數十名嬪妃中哪一位是江南籍人。以清朝后妃制度而論，斷不能選漢人女子為妃，而江南籍漢女則更為清皇室所深忌。

　　清代康熙以後，后妃制度大體定型：皇后一人居中宮，以下皇貴妃一人、貴妃二人、妃四人、嬪六人，以及貴人、常在、答應無定數，分居東西十二宮。后妃制度還規定，從皇后以至常在、答應，都要從八旗秀女中挑選。挑秀女又分兩種級別，一種是八旗官員軍民人等，無論滿洲、蒙古、漢軍之家，女孩兒到了十三歲都要報名候選，每三年舉行一次，由戶部主持；一種是挑內務府「包衣」的女兒，每一年舉行一次，由內務府主持。

　　選中的秀女，有的指配給近支王公宗室及其子弟為妻妾，這多是前一種出身較好的秀女，有的秀女留在宮中充「官女子」，年二十五歲，遣出，令父母為其擇配。另有分在王府為供役使女的，這些秀女則多是後一種出身「包衣」的卑賤女子。

　　經過重重複選，被太后與皇帝選為妃、嬪的，微乎其微，那要出身八旗世家，且容貌人品極為出眾，才有可能。至於「官女子」，也有隨侍皇帝，承受恩露，由常在、答應漸進至妃嬪的，那就要看自己的福分了。這裡面唯「內務府屬旗秀女」最為複雜。

　　內務府是承辦皇帝家內事務的機關，以「上三旗」包衣司其事。「包衣」，滿洲語「家裡的」、「家人」之意，實為奴僕的別稱。清人關前，八

旗下都編有八旗包衣牛錄，入關後，正黃、鑲黃、正白三旗為天子自將，地位提高，稱「上三旗」。

上三旗所轄包衣則隸內務府，「奉天子之家事」，冠冕堂皇地稱為「內廷當差」。由於有這樣的歷史淵源，內務府旗屬秀女出身差異極大。曹雪芹之祖曹寅雖官至江寧織造，但對康熙皇帝仍要自稱「包衣老奴」。

當然內務府世家大族並不多見，他們的女兒挑了秀女，可立即指為近支宗室的嫡福晉，曹寅之女被指配給平郡王訥爾蘇為嫡福晉即為適例。包衣出身的秀女日後做了皇帝的后妃，也往往抬入滿洲旗分，在姓氏後加一「佳」字，如乾隆慧賢皇貴妃高氏，係內務府世家出身，抬旗後，姓「高佳氏」。

當然，內務府旗屬秀女出身微賤的居多，她們只能在王府或內廷持賤役，因此被稱為「使喚女子」。此外，內務府旗屬秀女從祖上的民族成分來說，絕大多數是漢人，也有高麗等其他民族的秀女。

如果僅從姓氏看，很容易誤以為是漢人，其實，他們入旗最早，是最早滿洲化的一批特殊人物。內府包衣在生活習俗、心理素質、價值觀念、審美情趣等方面早已同純粹的滿族人沒有根本區別。

乾隆后妃中有一些漢姓女子，可以判定其中多為內務府旗屬秀女出身。細檢清宮機密檔案，卻可以斷定，乾隆皇帝至少有兩位江南籍的妃嬪：一是揚州籍的明貴人，一是蘇州籍的陸常在。

乾隆四十三年夏天，一個名叫陳濟自稱「國舅」的揚州人來到京城，透過關係總算找到了可以轉遞呈子給總管內務府大臣福康安的人。呈子內容大概說的是他是當今皇上明貴人的哥哥，妻子俱在揚州岳母之處，因生活艱難，懇求內務府賞個差事。

福康安知道宮中確有明貴人陳氏其人，而來人膽子再大也不敢詐冒皇親，他判斷此事十成有八成屬實，但如何處置，則感到十分棘手。便趕緊安

頓下陳濟，令他不得招搖聲張後，即刻奏聞請旨。

六月二十八日，乾隆將如何妥善處理此事直接口諭福康安，並命他將此旨意密寄駐揚州兩淮鹽政伊齡阿、揚關監督寅著辦理。皇帝又想起宮中還有一個蘇州籍貫的女人陸常在，同時命福隆安傳諭蘇州織造舒文相應查明陸常在在蘇親屬情況。

蘇州織造舒文也很快查明陸常在親屬情況具奏：「陸常在現有母親繆氏，與已經出嫁之長女並外甥女三人，相依居住。此外並無親屬，平日亦頗安靜。」

這件硃批奏摺亦存中國第一歷史檔案館《宮中檔》，茲不全錄。清代檔案按其原收藏的部門或個人分七十四個全宗，凡從皇宮各處收集的硃批奏摺等，稱「宮中全宗」，亦稱「宮中檔」。

上述兩件硃批奏摺系乾隆直接透過總管內務府大臣福隆安傳諭揚州、蘇州內務府關差、織造，而由蘇、揚關差織造將辦理情況具奏，皇帝加以御批原折。因未交內務府或軍機處辦理，故保留宮中，最後歸檔時，匯入《宮中檔》。因此，其可靠性是不容置疑的。

從這兩件硃批奏摺中可以看出：

第一、乾隆對揚州籍、蘇州籍兩位低級嬪妃的親屬的動向給予重要的關注，在處理此事時，不僅避開了軍機處，也未透過內務府，而是透過額駙福隆安口傳密旨，直接交有關關差、織造這些可靠的奴才辦理，以保證消息不能絲毫外逸。

第二、明貴人和陸常在籍隸蘇揚，娘家係寒素之家。明貴人有一個兄弟「在揚關管事」，可見與兩淮鹽政、揚州榷關有某些瓜葛，因此與內務府也可能有千絲萬縷的聯繫。

乾隆后妃中有陳氏妃嬪共兩位，其一婉貴妃陳氏，父陳廷璋，乾隆初賜號貴人，乾隆十四年冊封婉嬪；其二為芳妃陳氏，父陳廷綸，初入宮賜號貴

人，乾隆五十九年冊封芳嬪，嘉慶即位，奉太上皇敕晉芳妃。

上述檔案所提到的乾隆四十三年尚為「明貴人」的陳氏顯然不可能是婉貴妃陳氏，因為她在乾隆十四年已冊封為比貴人高一級的婉嬪。而有關芳妃陳氏，《清東陵大觀》所載最詳：

> 芳妃，陳氏，陳廷綸之女，生年不詳，生辰為九月二十四日。乾隆三十一年十一月十六日新封明常在；四十年晉明貴人；五十九年十月二十二日，由大臣恭擬了貴人陳氏晉封嬪的字樣，乾隆帝在「茂、翊、芳」三個字中選了「芳」字，明貴人即晉封為芳嬪。

嘉慶三年十月，嘉慶帝奉太上皇乾隆帝敕旨，尊芳嬪為芳妃。嘉慶六年八月三十日芳妃薨，十一月二十七日葬裕妃園寢。

這後一個陳氏從乾隆四十年至五十九年一直以明貴人稱，據此，檔案中那個揚州籍的「明貴人」陳氏必是陳廷綸之女、後封芳妃的陳氏無疑。乾隆陸氏妃嬪亦有兩位：其一是慶貴妃陸氏，乾隆十六年已封慶嬪，這位顯然不是檔案所提的那個蘇州籍貫的陸常在；其二是陸貴人。《清東陵大觀》記：

> 生年不詳，生辰為九月二十三日。乾隆二十五年十二月十四日新封陸常在，四十年時為陸貴人。五十三年十二月十八日陸貴人葬純惠皇貴妃園寢。

這後一位貴人陸氏當為乾隆四十三年時蘇州籍貫的陸常在無疑。根據清宮檔案和有關記載相印證，可以確證：乾隆皇帝四十幾位嬪妃中至少有兩位是漢女，且係來自江南的漢女。現在，就需要進一步分析兩個南國女子是怎樣從蘇揚入充乾隆後宮的了。

明貴人陳氏、常在陸氏非隸八旗，當然不會循挑秀女的途徑入宮。那麼，據有關記載推斷，不外江南鹽政、關差、織造等皇帝親信奴才先以優伶的名義呈進，然後再迂迴循挑秀女之制納入後宮，或者皇帝南巡時為親信奴才所進的蘇揚女子美色所動，而令隨侍身邊。

後宮家事

前一種方式下面講孝儀皇后時還會提到，明貴人、陸常在並未註明系內府包衣出身，則必為透過第二途徑入宮。皇帝巡幸，后妃隨行，但行宮中有當地滿洲督撫、關差織造等親信奴才進獻美女侍候，在康熙時已不是什麼祕密；至於皇帝是否賞臉消納，則全在其自律如何。

乾隆皇帝自乾隆十六年首舉南巡，從揚州以下，各站豪華行宮皆由富甲四海的鹽商們集資修建裝飾，而行宮中則由皇帝最親信的內務府包衣官員出任的鹽政、關差、織造們負責照料，種種令皇帝賞心悅目的節目之外，可以想像，進獻江南美女是他們對主子表示的一點孝心，也是這夥奴才固寵的慣技。

當然，這種事要做得十分隱祕，在摸準皇上脾性之前，諒也不敢做得太露骨。從乾隆這一面來說，初政期間，律己極嚴，且有孝賢皇后在，夫妻恩愛，也不會過於放縱。

及至乾隆二十二年二度南巡、二十七年三度南巡，特別是三十年第四次南巡，皇帝已處於一生事業的巔峰時期，海內寧晏，四夷賓服，尤以用兵新疆，一舉拓地兩萬餘里，更是前無古人的輝煌功業，志滿意得之餘，難免放縱情慾。

在他看來，納一二漢女為妃，無傷大體；即使有違祖制，也沒有什麼人敢公然反對。況且，自己最崇敬的康熙爺似乎也沒有恪守什麼祖制。康熙納漢妃幾成朝中大臣盡知的祕密，乾隆初年蕭奭寫的《永憲錄》就明白記載著康熙的白貴人「籍蘇州，生皇弟二十四阿哥」，就是說雍正的二十四弟允祕的生母是蘇州人。

從另一方面看，自孝賢皇后去世，皇帝失去了可以傾訴內心苦悶的伴侶，與那拉皇后不諧，使他在處理軍政大事的極端焦勞煩悶之後卻找不到慰藉心靈的寧靜港灣。「起舞弄清影，高處不勝寒」。權勢達到頂峰的皇帝卻深深地陷入了空前的孤獨。感情上的極度空虛，也是乾隆皇帝逐漸耽於聲色

的一個重要心理因素。

據皇帝本人講，從這時期起，他就養成了終其一生的獨宿習慣，像孝賢皇后那樣「依舊橫陳玉枕邊」的情景，僅僅能在夢中出現；他並非不要嬪妃入侍，但雲散雨收之後，往往揮之而去。

因此，年逾五旬後，他對女色的追求，固然有誕育皇嗣之念，但多半為滿足肉慾的需要。也正是這個時候，安排皇帝南巡時游幸起居的皇帝奴才們，已摸清了主子的嗜欲，因此，進獻美女越發肆無忌憚。

皇帝有時捨不得輕棄被寵幸過的江南美姬，難免仍令繼續隨侍，以至攜回京師，置於後宮和御園，隨時臨幸。然而，僅此而已，不加封號，還不算顯違祖制；乾隆皇帝則不僅要攜回京師，而且還要賜以名號。

蘇州籍女子陸氏想必是二次南巡時帶回京師，並於「乾隆二十五年十二月十四日新封陸常在」的絕色美人。至於乾隆三十一年十一月十六日「新封」的「明常在」，即後來的明貴人、芳嬪、芳妃，則皇帝不僅在乾隆三十年四次南巡路上為她的美色傾倒，而且馬上即要賜以佳號。

當時傳聞說「皇上在江南要立」，而「那拉皇后不依」的「那個妃子」，極有可能便是「一顧傾人城，再顧傾人國」的揚州姑娘陳氏。這種事外間自然不得而知，卻不能完全避開隨駕南巡的那拉皇后。

皇后與皇帝如果感情和睦，皇后如果是個懦弱而無主見的婦人，一切都會風平浪靜地過去；然而，恰恰相反，皇后對皇帝的積怨太深了，皇后又是一個外似柔弱、內實剛強的烈女，到了杭州聖因寺行宮終於忍無可忍，她以維護祖宗家法為名，制止皇帝納漢女為妃。

由「忤旨」而爆發的帝后衝突，最後激化為皇后當眾截去一頭煩惱絲，宣告與皇帝，以至整個塵世徹底決絕。納拉皇后死後五個月，皇帝正式冊封陳氏為「明常在」。

乾隆晚年，嬪妃凋零，皇后自不必說，先後冊封的皇貴妃、貴妃亦俱謝世。嘉慶三年十月，太上皇乾隆崩逝前兩個月，芳嬪陳氏晉升為芳妃，冊文稱：

> 咨爾芳嬪陳氏，秉質柔嘉，持躬溫淑。早傳婉娩，椒庭之禮教維嫻；計厥歲年，蘭殿之職司無斁。

此時乾隆已八十八歲高齡，芳妃陳氏怕也年逾五旬了吧。但即使是官樣文章般的冊文，也多少透露出一點這位國色天香的揚州美女昔日曾令皇帝傾倒的風韻。

與香妃之間的故事

那拉皇后死的那年，乾隆皇帝才五十六歲，但帝后反目，萬口哄傳，給了他極大的刺激，從此心灰意冷，絕了再立中宮的念頭。乾隆四十三年九月，錦州生員金從善呈請皇帝就烏拉那拉皇后一事下詔罪己，還請「復立後」，皇帝十分惱怒，認為有必要向天下臣民公開表示不復立後的決心和理由，遂降旨曰：

> 朕春秋六十有八，豈有復冊中宮之禮？況現在妃嬪中，既無克當斯位之人，若別為選立，則在朝滿洲大臣及蒙古扎薩克諸王公，皆朕兒孫輩行，其女更屬卑幼，豈可與朕相匹而膺尊號乎？

金從善事件後，終乾隆一生，再沒有人敢議立皇后。然而在乾隆諸后妃中，享有皇后位號的，還有一位孝儀皇后，不過，那是死後追封的。

孝儀皇后魏氏，生於雍正五年九月九日，乾隆即位，入宮為貴人，乾隆十年十一月封令嬪，時年十九歲，是深宮妃嬪中比較年輕的一位。魏氏比孝賢皇后小十五歲，孝賢在日，與魏氏關係親密，魏氏地位上升，與孝賢照拂愛護不無關係。

　　乾隆皇帝晚年在孝賢陵前祭酒時所作的一首詩云：「舊日玉成侶，依然身旁陪。」當時魏氏已逝，以皇貴妃祔葬地宮，棺椁位於孝賢皇后棺東側，故而詩中說「依然身旁陪」。乾隆稱魏氏系孝賢「舊日玉成侶」，可見二人在宮中的特殊關係。

　　還有一種傳說，魏氏係孝賢皇后宮中女子，她的性情、氣質、身段及容貌與皇后酷肖。似乎由於上面提到的說不清的緣由，孝賢逝後，乾隆對魏氏別有一種難以名狀的憐愛之情，特別是烏拉那拉皇后被冷落後，已經升為令妃、令貴妃的魏氏實際上寵冠後宮。

　　乾隆三十年四次南巡，那拉皇后實際上被廢黜，給了魏氏晉升皇貴妃的良機，從此，魏氏雖未加以「攝六宮事」的名義，但皇貴妃魏氏實為蘭宮領袖。

　　魏氏前後生有皇十四子永璐、皇十五子永琰即後來的嘉慶皇帝，皇十六子、皇十七子永璘，以及皇七女和皇九女，是皇帝后妃中誕育子女最多的一位。

　　乾隆四十年正月二十九日，皇貴妃魏氏病逝，年四十九歲，謚「令懿皇貴妃」。魏氏去世時，皇十七子永璘才十一歲，皇帝內心頗有憐意，加以前年豫妃、去年慶貴妃連遭薨逝，眼下皇貴妃魏氏又接踵而亡，皇帝內心極為悲痛，他在《令懿皇貴妃輓詩》中說：

> 兒女少年甫畢姻，獨遺幼稚可憐真。
> 蘭宮領袖令儀著，萱戶已勤懿孝純。
> 了識生兮原屬幻，所慚化者近何頻？
> 強收悲淚為歡喜，仰體慈幃度念諄。

　　魏氏是乾隆在世時冊封的最後一位皇貴妃，隨著魏氏去世不僅中宮久虛，而且權當六宮領袖的皇貴妃亦闕而不補。乾隆六十年九月，皇帝歸政大典在

即，正式宣布嘉親王、皇十五子永琰為皇太子，準備翌年元旦即位為嗣皇帝。

「母以子貴」，永琰生母孝懿皇貴妃也就被追贈為「孝儀皇后」，是為乾隆第三位正式皇后。關於孝儀皇后魏氏的家世，後人亦有離奇的說法。

有記載說：琰之母孝儀皇后原為蘇州女伶，乃是掌管宮中娛樂的衙門昇平署自蘇州買來或僱用者。甚至有人斷言，昇平署內有一座小廟，供奉一尊女神喜音聖母，聖母腳前一度立有永琰及其子曼寧廟號和諡號的兩座牌位，如同這兩人就是她的後代。

儘管有這種可能，但官方記載卻說：

孝儀皇后是滿族人，《八旗氏族通譜》載有姓氏，其家至少有三代世為內務府包衣。她是高宗寵愛的妃子，居於圓明園內著名的「天地一家春」，永琰即誕生於該處。

「琰」條目的作者房兆楹先生引述有關孝儀皇后的傳聞後說「有這種可能」，他對官方記載則未予評論。看來，昇平署內小廟喜音聖母前列嘉慶、道光兩位皇帝廟號、諡號的牌位似乎為訛傳，然而，孝儀皇后魏氏是否原係蘇州女伶，則是一個可以深入探討的問題。

昇平署是承應宮廷奏樂演戲事務的機構，據《大清會典》：「設管理事務大臣一人，於內務府大臣內簡充。」乾隆時尚無「昇平署」之稱，排演戲劇音樂在南花園，故稱「南府」，道光七年改名「昇平署」。昇平署中蓄養江南優伶，這是盡人皆知之事。

乾隆三年五月，釋服未久的皇帝命大學士鄂爾泰等密諭南方織造、鹽政等不得強買「優童秀女」。這道密諭先說自己「自幼讀書，深知清心寡慾之義」，「雖身居圓明園，偶事遊觀，以節勞勤，而兢兢業業，總攬萬幾，朝乾夕惕，唯恐庶政之或曠，此心未曾一刻放逸」，然後轉入正題：

近聞南方織造、鹽政等官內，有指稱內廷須用優童秀女廣行購覓者，並聞

有勒買強買等事，深可駭異！諸臣受朕深恩，不能承宣德意，使令名傳播於外，而乃以朕所必不肯為之事，使外間以為出自朕意，訛言繁興。

諸臣之所以報朕者，顧當如是乎？況內廷承值之人，盡足以供使令，且服滿之後，諸處並未送一人，唯海保處曾進二女子，其一已經撥回；曾進一班弋腔，因甚平常，撥出外者二十餘名。

此人所共知者，何至廣求於外，致滋物議？是必有假托內廷之名，以惑眾之聽聞者。爾等可密傳朕旨曉諭之，倘果有其事，可速悛改，如將來再有浮言，朕必問其致此之由也。

雍正皇帝去世，乾隆行三年之喪，乾隆二年十一月服滿，至上述密諭不過半年時間，南方織造、鹽政中海保已進女子二名、弋腔一班。乾隆說「其一已經撥回」，另一女子何在？

乾隆說弋腔班中因平常「撥出在外者二十餘名」，未撥出而不平常者又有多少，見留何處？推敲上述密諭，可知在南方擔任鹽政、織造和稅關監督的內府包衣官員羅致貌美藝絕的優伶以進呈內廷本為例行之事，但這些奴才拉大旗作虎皮，把事情搞得太過分了。

以至江南流言蜂起，累及聖德；皇帝不得不悄悄告誡他們事情要做得隱蔽點、策略點。其實皇帝日理萬幾，年節看看戲，調劑一下緊張的工作節奏本無可厚非；皇帝喜昕南音，購覓江南優伶入宮當差，亦不足深責。

這裡想說的是，孝儀皇后魏氏出身於蘇州女伶，係「昇平署自蘇州買來或僱用者」，究竟有無可能性？答案只能是：有這種可能，但並無確證；或曰「事出有因，查無實據」。

唐邦治先生所撰《清皇室四譜》記孝儀皇后云：「孝儀皇后，魏氏，內管領清泰之女。」、「管領」有兩種涵義：

第一個涵義是「八旗包衣的基層編制單位」，八旗下屬包衣人一般編為一個牛錄，不夠編一個牛錄的，則編為半個牛錄，滿語為「渾托和」，漢語

稱「管領」；第二個涵義是隨管領這一組織來的，管領的頭目亦稱「管領」。八旗中上三旗包衣歸內務府管轄，其管領則稱「內管領」。

孝儀皇后的父親清泰就是內務府下一個管領的包衣的頭目。從民族成分講，雖有漢姓魏，但已屬滿族人了。《清史稿·后妃傳》說「魏氏，本漢軍」，是錯誤的。

如果魏氏原是蘇州優伶，只能這樣設想：魏氏被南府（昇平署）從蘇州購覓而來，以色藝俱佳為乾隆所喜愛，但家法森嚴，魏氏先認內管領清泰為父，經選秀女之途入宮，賜號貴人。當然，這不過是想像。在沒有確證之前，還是把孝儀皇后認定為內管領清泰之女穩妥。

除三位皇后外，乾隆還有五位皇貴妃位號的妃子。慧賢皇貴妃高氏，是高斌之女。高氏出身內務府包衣世家，乾隆在藩邸時，為側福晉，乾隆即帝位，冊封貴妃。乾隆十年正月薨逝，追溢「慧賢皇貴妃」。高斌以治河名世，官至大學士。嘉慶年間，高斌一支奉旨抬人滿洲鑲黃旗，賜姓「高佳氏」。高斌子孫高恆、高樸相繼因貪墨坐誅，據說處死高恆之前，大學士傅恆曾奏請皇帝看在已經去世的慧賢皇貴妃的面上，免其一死。

乾隆對此頗不快，正色道：「如皇后兄弟犯法，當奈何？」

傅恆為孝賢皇后兄弟，聽罷顫慄不敢言。至殺高樸，皇帝再諭：「高樸貪婪無忌，罔顧法紀，較其父高恆尤甚，不能念為慧賢皇貴妃侄而稍矜宥也。」

哲憫皇貴妃富察氏，也是早年隨侍藩邸舊人，雍正六年，生皇長子永璜，九年生皇二女，但她先於乾隆即位而逝，乾隆十年追贈哲憫皇貴妃。乾隆十六年十月東陵勝水峪地宮成，慧賢皇貴妃、哲憫皇貴妃棺椁隨孝賢皇后梓宮自靜安莊出發。

乾隆皇帝望著這三位年輕時代生活伴侶的靈駕魚貫而去，揮淚賦一首七律以誌哀：

鳳翣龍楯何事爾，魚貫故劍適相從。

可知此別非常別，漫道無逢會有逢。

蘆殿驚心陳白日，菆塗舉目慘寒冬。

百年等是行雲寄，廿載憑參流水淙。

帝陵先葬皇后，皇貴妃埋葬帝陵，始於康熙皇帝。孝賢皇后先葬勝水峪地宮，慧賢及哲憫兩皇貴妃埋葬，俱援例而行。地宮中第三位皇貴妃金氏也是內府包衣世家出身，祖上是鴨綠江畔義州地方的朝鮮人，太宗皇太極時投誠，編為滿洲正黃旗包衣第四甲喇下的第二高麗牛錄。

金氏為內務府上駟院卿三保之女，其兄金簡則以製作「武英殿聚珍版」而名聞遐邇。金氏也早侍藩邸，乾隆二年十二月冊封嘉嬪，累進至嘉貴妃，乾隆二十年一月薨，追謚淑嘉皇貴妃。淑嘉皇貴妃之父三保一支於嘉慶初脫離包衣籍，抬入滿洲正黃旗，並賜姓「金佳氏」。

淑嘉皇貴妃所生皇四子永珹、皇八子永璇、皇九子和皇十一子永瑆多高壽，且富藝術氣質，這在後面還要詳談。乾隆另兩位皇貴妃就是純惠皇貴妃和慶恭皇貴妃，則未祔葬乾隆地宮，她倆葬在帝陵西側「裕妃園寢」。

純惠皇貴妃蘇氏初侍乾隆藩邸，乾隆即位，冊封為純嬪，隨即晉純妃，生皇三子永璋、皇六子永瑢和皇四女，乾隆二十五年四月晉純皇貴妃，當月薨逝，謚「純惠皇貴妃」。

慶恭皇貴妃陸氏無子嗣，乾隆三十九年七月去世時位號是慶貴妃。嘉慶皇帝登極，念及自己「自沖齡蒙慶貴妃撫育，與生母無異」，特旨追贈慶貴妃為慶恭皇貴妃。

乾隆嬪妃中為皇帝生有子女的還有愉貴妃珂裡葉特氏、忻貴妃戴佳氏、舒妃葉赫那拉氏和悖妃汪氏。在乾隆皇帝眾多的妃嬪中，百年以來人們談論不衰的是極富傳奇色彩，而道明真相又極其平常的所謂「香妃」。

後宮家事

　　香妃之名，晚清就開始流傳，辛亥革命以後更為人所津津樂道。西元1915 年在故宮外朝地帶新成立的古物陳列所將一幅名為「香妃戎裝像」油畫陳列於浴德堂後。好事者趨之若鶩，古物陳列所前門庭若市，香妃豔事很快傳遍九城，成為京師街談巷議的新聞。

　　「香妃戎裝像」所畫系一內著紅裝、外罩鎧甲、佩劍挺立的英姿颯爽的年輕女子，據說出自乾隆年間宮廷畫師郎世寧的手筆，畫像下並附古物陳列所寫的《香妃事略》：

> 香妃者，回部王妃也，美姿色，生而體有異香，不假熏沐，國人號之曰香妃。或有稱其美於中土者，清高宗聞之，西師之役，囑將軍兆惠一窮其異。回疆既平，兆惠果生得香妃，致之京師。
>
> 帝命於西內建寶月樓居之。樓外建回營，氍幕韋鞲，具如西域式。又武英殿之西浴德堂，仿土耳其式建築，相傳亦為香妃沐浴之所。蓋帝欲借種種以取悅其意，而稍殺其思鄉之念也。
>
> 妃雖被殊眷，終不釋然，嘗出白刃袖中示人曰「國破家亡，死志久決，然絕不肯效兒女子汶汶徒死，必得一當以報故主。」聞者大驚，但帝雖知其不可屈而卒不忍舍也，如是者數年。
>
> 皇太后微有所聞，屢戒帝弗往，不聽；會帝宿齋宮，急召妃入，賜縊死。
>
> 上圖即香妃戎妝畫像，佩劍矗立，糾糾有英武之風，一望而知為節烈女子。

　　古物陳列所在《香妃事略》結尾處不忘告訴觀者：「原本現懸浴德堂，係郎世寧手筆。」《香妃事略》雖不能掩飾其招徠看客的廣告味道，但這篇短文結構謹嚴，文彩飛揚，史事傳聞虛實難辨，確是不可多得的佳作。

　　民間盛傳的香妃其原型是乾隆皇帝的容妃和卓氏。孟森在《香妃考實》一文中指出，乾隆容妃和卓氏既姓和卓，必為真主默罕穆德後裔，與後來據回疆叛亂的大小和卓或為兄妹，或為父女。

　　和卓氏入清的時間，當在大小和卓未叛之前。孟森是這樣論斷的：大

小和卓在伊犁初定時，實為受中朝之惠，而得返故境。迨其叛也，已在乾隆二十一二年間，始漸明叛狀，至二十四年秋，乃討平之，兩和卓授首。而和卓妃之入清，當在其先。蓋兩和準噶爾得釋時，以乞恩於中朝而進其女，非叛後以俘虜入朝也。

這位史學家說，乾隆皇帝考慮到和卓氏與宮中妃嬪言語不通、嗜欲不同，決定在西苑瀛台之南修築寶月樓，「以為藏嬌之所」。又在毗鄰寶月樓的西長安街街南闢出一區，定名「回回營」，並添建回教禮拜堂，專門安置歸順之回民，「屋舍皆用迴風，以悅妃意」。

寶月樓建於乾隆二十三年之春，當時回疆軍事方殷，孟森據此進一步證明和卓氏入清必在大小和卓發動叛亂之前。孟森據《清皇室四譜》等文獻資料，歷述和卓氏初入宮賜號貴人，乾隆二十七年冊封容嬪，三十三年晉容妃，五十三年四月十九日卒。

孟森據此批駁「香妃」為太后縊死的傳聞說：「太后壽考，至乾隆四十二年乃崩，已八十六歲，後十一年容妃乃卒，此豈可以太后賜死誣之？」

孟森先生是學問淹通、考據精審的清史專家，他的論斷鑿鑿有據，從此香妃即容妃在學人中間成為不可移易的鐵案。容妃既受恩寵，且又善終，所謂身懷利刃、欲伺機行刺皇帝以報故主雲雲，只可視為荒誕不經之言，進而推想容妃恐怕也不會是遍體異香的西域美人。

不過，孟森先生確信寶月樓為乾隆破宮中舊例為容妃準備的香閨，並從皇帝御製寶月樓詩文中推繹出他對容妃的綿綿戀情。如御製《寶月樓記》中說：「樓之義無窮，而獨名之曰『寶月』者，池與月適當其前，抑有肖乎廣寒之庭也。」

孟森據此推測：「此則中有一奔月之嫦娥在，知有營為金屋之意。」《寶月樓記》又說：「夫人之為記者，或欣然於所得；而予之為記，常若自識，是宜已而不已。予亦不知其何情也！」

　　孟森據此又推測道：「此又見高宗之用情，而兼露英主本色，自以為宜已，則對此叛回之女不宜尊寵，亦明知之；然不能已，則自問亦不知其何情，可知其牽於愛矣。」

　　再如，乾隆五十六年新正御製《寶月樓自警》詩云：「液池南岸嫌其遠，構以層樓據路中。卅載畫圖朝夕似，新正吟詠昔今同。俯臨萬井誠繁庶，自顧八旬恐脞叢。歸政之年亦近矣，或當如願昊恩蒙。」

　　孟森亦以為與容妃有關，他說：「此詩在乾隆五十六年，距容妃之喪已將及三年，詩中殊有悼亡意味。高宗文字不足以綺靡言情，且又須保持帝王尊嚴態度，只能如此。然感慨之意，溢於言表。雲『卅載畫圖』，決非樓之圖。樓為南海底倚牆盡處，何有於卅載之畫圖，而朝夕求其似否？蓋知畫圖即樓中人之圖也。香妃像舉世流行於今日，當時有郎世寧畫本戎妝一像，為遊行從蹕圍獵行宮之貌。殆即詩之所指。卅載之圖尚朝夕求其相似，可知珍惜之意。日『新正吟詠昔今同』，同之中分今昔焉，即所謂物是人非者也。」

　　總而言之，孟森從乾隆御製寶月樓詩文推求其中的弦外之音。他畢竟是重視考據的史家，所以他又明明自白地告訴讀者，乾隆關於寶月樓雖歷年有詩，卻「難指為與（容）妃有涉」。

　　是不是可以說，孟森先生在考出了俗傳香妃的原型是容妃之後，也真的相信皇帝在寶月樓頭與容妃有過一段情意纏綿的恩愛緣分？由於孟森做學問之嚴謹素來為人所敬服，且從高宗御製詩文中抉隱剔幽得出的結論也並非鑿空之言，自《香妃考實》刊出，香妃雖被揭去面紗，變成了實有其人的容妃，但其魅力未減當年。

　　有關容妃的軼事仍是人們茶餘飯後的談資，仍是文人馳騁遐想的素材，甚至今天在乾隆皇帝的傳記中也有據孟森說法而斷定容妃是極受乾隆寵愛的。

對和孝公主的喜愛

自從孝賢皇后離開乾隆皇帝以後，皇帝的心也是空空蕩蕩的，無依無靠的，他能夠穩得住，成為他精神支柱的，首先是肩負著父、祖兩代的重託，必欲把大清帝國治理好的強烈的事業心。

除此之外，大概就只有生母崇慶皇太后，可以像朋友那樣作推心置腹交談的大臣傅恆與和珅，以及六十五歲時得的愛女和孝公主了。

乾隆皇帝一生共有二十七個子女，在這眾多的皇子、皇女之中，真正能成為他感情寄託的，似乎只有皇十女、固倫和孝公主一人。皇帝對她的愛，不僅超過其他公主，而且也是所有皇子不可比擬的。

十公主的生母惇妃初入宮時賜號「永貴人」，乾隆三十六年冊封為「惇嬪」，那一年二十六歲，而乾隆已是年逾六旬一老翁了。惇妃是滿洲正白旗人，但她的家族原隸內務府，又以汪氏為姓，據此推測，她至少有漢族血統。

汪氏的父親四格，官都統，位居極品，而她在乾隆三十六年被封為惇嬪、三年後晉封惇妃時，冊文中竟連「秀毓名門」、「大家淑質」之類的門面話都沒有，可見她的家族並沒有被公認為八旗世家。

就惇妃本人而言，終其一生，等級也不過妃子而已。十公主生母為出身不算高貴的妃子，而竟被封為等級最高的「固倫公主」，顯然與清朝冊封公主的定制不盡符合。

中國古代從戰國時起，諸侯、帝王的女兒通稱「公主」。滿洲肇興東土，文明晚進，加以四處征戰，當時還無暇在名號上搞些繁文縟節的規定。太祖努爾哈赤的女兒們照滿洲習俗，一律稱為「格格」。

乾隆的高祖正式改國號為「大清」，登上了「寬溫仁聖皇帝」寶座時，才著手制定了一整套宮闈之制，規定凡中宮皇后所出之女封「固倫公主」，品級相當於親王；妃、嬪所出之女，則封為「和碩公主」，品級相當於郡王。

 **後宮家事**

　　公主下嫁，其夫婿也不稱「駙馬」，而按滿洲的習俗稱「額駙」；尚固倫公主的，名「固倫額駙」，尚和碩公主的，名「和碩額駙」。「固倫」也是滿洲語，意為「國家」，固倫公主意為「國公主」。太宗以下，循祖制而行，只有皇后所生的女兒才能冠以固倫公主美號。

　　然而，也有特例。康熙皇帝的十公主下嫁喀爾喀蒙古賽音諾顏部的策棱，由於十公主的生母納喇氏只有「嬪」的名號，所以封為「和碩公主」，策棱則隨公主封「和碩額駙」。日後策棱屢立奇功，進封和碩親王。

　　和碩額駙的名號與策棱的尊貴地位顯然又不相稱，於是在雍正十年進「固倫額駙」，其時和碩公主已經死去，特旨追贈「固倫純愨公主」。這是和碩公主逝後，由於公主所尚額駙身分提高，反過來追贈為固倫公主的特例。

　　也有因為皇帝鍾愛某一位公主，將其品級提高的。康熙皇帝的皇三女是榮妃馬佳氏所出，初封時恪遵定制，封為和碩榮憲公主，但當康熙皇帝五十六歲身患重病時，這位和碩公主「視膳問安，晨昏不輟四十餘辰」。皇帝被她的純孝深深感動，病癒後特旨進封「固倫榮憲公主」。

　　乾隆皇帝的十公主下嫁時被封為「固倫和孝公主」，就是援皇祖封固倫榮憲公主之例，雖有違定制，卻也無可厚非。

　　十公主出生於乾隆四十年正月，這一年皇帝已六十五歲高齡，其他皇女或死或嫁，竟無一人承歡膝下。

　　包括固倫和孝公主在內，皇帝一共生了十個女兒，皇長女、皇二女、皇五女、皇六女、皇八女不幸早殤，也談不到封什麼公主名號。皇三女固倫和敬公主是孝賢皇后所出，皇后崩逝的前一年，已下嫁科爾沁蒙古王公色布騰巴爾珠爾。

　　這個蒙古小夥子十分憨厚，九歲那年皇帝即命養育宮中，隨皇子們一起讀書，等長成後，皇帝更把他當半個兒子看待。皇帝時時憐念和敬公主是孝賢皇后留下的唯一骨血，因此對額駙色布騰巴爾珠爾也別有一番深情。

乾隆十九年，皇帝從避暑山莊啟鑾，經科爾沁蒙古往謁祖陵時，曾以《科爾沁固倫和敬公主額駙達爾漢親王色布騰巴爾珠爾侍宴》為題，寫了一首紀景抒情的小詩：

世篤姻盟擬晉秦，宮中收養喜成人。

詩書大義能明要，媯汭叢祥遂降嬪。

此日真堪呼半子，當年欲笑議和親。

同來侍宴承歡處，為憶前弦轉鼻辛。

儘管乾隆蓄意提攜色布騰巴爾珠爾，卻無奈這位固倫額駙達爾漢親王是個扶不起的天子，而且壽數不長，乾隆四十年時死於金川之役，留下和敬公主在豪華宏偉的公主府內孀居枯守。

皇四女和碩和嘉公主生母是純惠皇貴妃蘇氏，十五歲那年下嫁大學士傅恆次子、孝賢皇后親侄福隆安。皇帝對福隆安寄以莫大的期望，而和嘉公主卻沒有夫貴妻榮的福分，乾隆三十二年去世時不過二十三歲。

皇七女和皇九女都是皇貴妃魏氏所生，但皇七女因為下嫁前面曾提到的因軍功卓著晉封固倫額駙策棱的孫子拉旺多爾濟，所以特旨封「固倫和靜公主」。她去世時正趕上皇十女和孝公主出生，年紀也只有二十歲。

皇九女和碩和恪公主下嫁乾隆朝有名的福將兆惠之子札蘭泰，時為十公主出生前兩年多一點的光景。這樣屈指一算，乾隆皇帝女兒雖不算少，但到老閨女和孝公主降臨人間時，卻只剩下和敬公主、和恪公主兩人還在世；和敬公主已是四十多歲的婦人，和恪公主幾年後也故去了。

正是在這種情況下，望七之年的老皇帝得了一個長得十分像自己的可愛的小公主，他怎能不心花怒放呢？

再者，自從十七阿哥永璘在乾隆三十一年五月降生後，十來年間沒有龍種誕育，如今又有一個活潑潑的小姑娘在宮中呱呱墜地，因而上自望九之年

的皇太后，下至宮女、太監等執事人役，無不有一種喜從天降的意外之感，那歡快熱鬧的喜慶氣氛絕不亞於皇子的誕生。

小公主快四歲時，宮中發生一件給她幼小心靈以深刻刺激的大事。乾隆四十三年十一月，惇妃汪氏將她所居宮中的使喚女子毒毆立斃，皇帝震怒之下，想把她的惇妃位號廢掉，小公主嚇得不知如何是好。

本來太監、宮女犯錯被責打，在宮中是家常便飯，皇帝跟前的小太監胡世杰、如意等也常有惹皇帝生氣的時候，但都不過交敬事房太監打上幾十板子了事。

當然，皇帝偶爾也有動真氣的時候。乾隆十六年夏天，皇帝平伸雙手準備讓侍候的太監穿上一襲葛衣時，突然覺得手被紮了一下。待放下衣裳細加檢視，原來是一枚鋼針忘在袖口上了。

皇上一氣之下，除給了這兩個倒楣的太監責打、枷號的懲罰外，還發往邊遠地方充軍。而今這次事件卻非同尋常，惇妃竟將使喚宮女活活打死，如此殘虐人命之事，宮中確屬罕見。

汪氏被冊封惇妃時，冊文都稱頌她「毓質柔嘉，禔躬端淑」、「嫻蘭宮之禮教」云云。其實，她的柔嘉端淑、嫻於禮教，只表現在皇太后和皇帝面前，而對使喚宮女、太監卻極為凶暴。

誕育小公主後，「母以女貴」，年節賞賜，自然得到較之其他妃嬪更多的恩眷。這樣一來，惇妃對下人脾氣越發暴躁，責打起來也越發肆無忌憚。其他嬪妃見惇妃承恩正隆，誰也不肯出面勸解，終於釀成了將宮女立斃杖下的慘劇。

人命關天，且宮女又死於非命，皇帝的震怒可想而知。廢黜惇妃，以警戒其他妃嬪，他不難下此決心，而一旦惇妃被打入冷宮，必將深深傷害自己視若掌上明珠的小公主。

皇帝不忍心把公主抱給其他妃嬪撫養，更不忍心看到小公主日夜陪伴著一個以淚洗面的親生母親。皇帝冷靜下來，才發現自己難於廢黜惇妃，正是

由於對小公主在感情上的深深依戀。

愛屋及烏，皇帝最後決定把惇妃降為惇嬪，以示懲處，他為此召來皇子們和軍機大臣宣諭說：

> 昨惇妃將伊宮內使喚女子責處致斃，事屬駭見，爾等想應聞知。前此妃嬪內聞有氣性不好，痛毆婢女，致令情急輕生者，雖為主位之人不宜過於狠虐，而死者究系窘迫自戕。然一經奏聞，無不量其情節懲治，從來未有妃嬪將使女毒毆立斃之事，今妃此案，若不從重辦理，於情法未為平允。

但下面話鋒一轉，皇帝又諭：

> 第念其曾育公主，故量從末減耳。若就案情而論，即將伊位號摒黜，亦豈得為過當乎？

對惇妃的懲處，所以由「從重」改為「量從末減」，皇帝講得非常坦率——「念其曾育公主」。皇帝宛轉曲法之事極為罕見，從此，宮中外朝都明白了小公主在皇帝心目中的地位。

十公主的誕生，填補了自孝賢皇后去世後皇帝感情上的空虛。乾隆是一個精神世界十分豐富的人，是一個感情非常細膩的人。他需要有人憐愛他，同時也要把溫情奉獻給他所熱愛的人。

自從十公主降生後，只要有她在身邊歡鬧嬉戲，皇帝就會把一切疲勞倦怠都拋到九霄雲外；只要抱起十公主，皇帝苦惱煩躁的心緒就會立刻寧靜下來。這種感受，孝賢皇后在世時皇帝體味過，但那是很久以前的事了，如今十公主又喚起了皇帝對那段溫馨往事的回憶。

大概正是由於這一點，皇帝對十公主更加珍愛。隨著十公主一天天長大，皇帝也在考慮，女兒再好，也不能在自己身邊留一輩子，對孩提時的小公主，可以在年、節、生日時，盡可以多賞賜些漢玉娃娃戲獅、紅白瑪瑙仙鶴之類奇珍做她的玩物，而對她真正的愛，莫過於早早地為她安排好一生的前程。

　　皇帝明白，就十公主的未來而言，財富固然重要，尊崇的地位固然重要，但這些對她來說似乎無須操心過慮。皇帝以為，最重要的莫過於為她選擇一個終身靠得住的如意郎君。

　　俗話說：「皇帝女兒不愁嫁。」乾隆為十公主擇婿可真應了這句話。滿蒙聯姻，是清帝世代相承的家法。遠的不說，十公主的七姐固倫和靜公主就下嫁喀爾喀蒙古賽音諾顏部的拉旺多爾濟，但皇帝不願十公主遠嫁塞外。

　　嫁給蒙古王公，也可以像十公主三姐固倫和敬公主那樣，仍然留居京師，但即使像自幼養育宮中的固倫額駙色布騰巴爾珠爾那樣的蒙古人才，也難以讓眼界甚高的皇帝滿意。

　　和八旗勳舊之家，特別是所謂「八大家」聯姻，也是清皇室的源遠流長的老規矩。十公主四姐下嫁福隆安、九姐下嫁札蘭泰，就都是皇帝選定的八旗世家子弟。

　　然而，到十公主漸漸長大的時候，皇帝從這個圈子裡選擇乘龍快婿的餘地變得有限了，同皇帝年輩相當的老臣早已凋零殆盡，即使他們子嗣甚多，但也難於找到與和孝公主年齡匹配、輩分又相當的合適人選。

　　轉來轉去，皇帝自然而然地盤算起當朝大臣家的子弟，他首先想到了和珅的兒子。和珅姓鈕祜祿氏，說來也是名門出身。到十公主四五歲時，和珅年富力強，聖眷正隆，一身兼戶部尚書、軍機大臣、領侍衛內大臣、九門提督等要職，是政壇上一顆最有希望的新星。

　　就連來中國的朝鮮使臣據自己的觀感也得出了「兵部尚書福隆安、戶部尚書和珅貴幸用，閣老阿桂之屬，充位而已」的結論。皇帝當時年屆古稀，而和珅不過三十出頭，十公主下嫁和珅的兒子，皇帝認為她的前程最有保障。

　　福隆安地位雖高於和珅，又是孝賢皇后的親侄，不過就感情好惡而言，皇帝與和珅的性情更為相投。

和珅年齡不及皇帝之半，而他倆君臣間的忘年際遇，實在是某種說不清的緣分使然。皇帝最終決定與和珅家結秦晉之好，說到底是他由衷地喜歡和珅。

乾隆四十五年，虛歲剛滿六歲的十公主就由皇帝指婚給和珅兒子。這位佳婿貌如其父，英俊無比，年方六歲，比十公主小半個月光景。兩人八字經皇帝看過非常滿意，注定是一生和睦的恩愛夫妻。

皇帝為自己未來的女婿賜名「豐紳殷德」。「豐紳」，滿洲語含有「福祿」、「福澤」、「福祉」之類的意思，夫婿壽山福海，十公主的前程還有什麼可憂慮的呢？

豐紳殷德被指為十公主額駙時，因年齡太小，並未成婚，十公主仍在皇帝身邊承歡侍養。這個姑娘聰明伶俐、善解人意，對老皇帝非常孝順，待人接物也謙恭有禮，與阿哥們相處得都很融洽。

十公主從小性情剛毅，喜歡穿男裝，每年夏秋皇帝去避暑山莊，及隨後進哨木蘭行圍時，總忘不了帶上她。馬上圍獵，隨時隨處都有危險，皇上怕小公主稍有閃失，特別交代內務府上駟院調教好馴良的小馬，配上特製的「架子鞍」。

小公主把小撒袋掛在腰間，一身戎裝跨在馬背上，儼然滿洲英俊的少年武士。

初次行圍，在野獸左突右馳的圍場中，她居然用弓箭射死了野兔和小鹿。皇帝看在眼裡，心裡有說不出的高興。還有比這更開心的事，那就是每年新正駐圓明園時帶十公主逛買賣街。

買賣街在福海東岸同樂園近旁，元宵前後，皇帝總在同樂園賞王公大臣看戲，於是一時間冠蓋如雲、翎頂輝煌，煞是熱鬧。皇帝特命內務府在這裡布置一條宛如城內鬧市的商業一條街，名字叫「買賣街」。

那裡有賣古玩玉器的，有賣生熟藥材的，有專賣南貨的，有專賣廣貨的，有專賣西洋自鳴鐘、時辰表、板呢羽緞的，還有酒樓茶肆，飯店旅舍……最令人叫絕的是，沿街竟有攜小筐叫賣瓜子零食的。

買賣街上開店的都由宮中太監充當，而店小二則徵用外城各店鋪中聲音響亮、口齒伶俐的夥計。王公大臣們正月入園看戲時，都到買賣街競相購物，他們倒不是圖便宜，而是投皇帝所好，為新年遊觀之樂添些花絮。

迨天色向暮，外官退盡，宮內的妃嬪、公主，以至宮女、太監這些常年深居紫禁城內寂寞得難受的有閒人，便三五成群紛紛來到買賣街購物喫茶，盡享市井喧囂繁華之樂。

偶爾皇帝駕臨，只聽店內跑堂的呼茶，店小二報帳，掌櫃的噼裡啪啦打算盤核帳，眾音雜冒遝，紛紛並起，買賣街的熱鬧更是達到了高潮。十公主活潑好動，每年正月都讓父皇帶她逛買賣街，要這要那。

皇帝一一滿足她的要求，還認認真地傳旨開店的太監記帳。有一次小公主吵著要一領大紅袷衣，皇帝就指著隨侍在旁的和珅對公主笑著說：「為什麼不向你丈人要？」

和珅忙向估衣店主問價，結果花了二十八兩銀子買下大紅袷衣進呈給十公主。把未來的公公稱「丈人」，這是皇帝與和珅兒女親家之間叫慣了的戲謔稱呼。起初為何這麼叫，誰也說不清，大概因為十公主從小喜歡女扮男裝吧？

十公主十四歲時，皇帝破例冊封她為「固倫和孝公主」。因為不久就要舉行成婚禮，所以她開始把頭髮蓄了起來。

乾隆五十四年，皇帝八旬萬壽大慶的前一年，和孝公主和固倫額駙豐紳殷德奉旨完婚。

十一月二十七日是欽天監擇定的吉日，皇帝龍袍袞服，在保和殿擺出豐盛筵宴，款待固倫額駙和王公大臣們。和孝公主在即將離開她度過了一生黃

金時代的宮苑前，先到父皇跟前行禮拜別。

皇帝面帶慈祥的笑容，囑咐女兒到夫家之後，勿恃尊貴，孝順姑嫜，其實心裡卻百感交集，很難說清是什麼滋味。

吉時一到，和孝公主身穿金黃色繡龍朝褂、頭戴飾有十粒大東珠的貂皮朝冠，登上鑾儀衛早已準備的彩輿，前有內務府總管大臣以下官員乘馬導引，陪送的福晉夫人及隨從的命婦們乘輿隨行，後有護軍校率護軍二十名護送。

沿途街道，步軍統領衙門已令屬下清水潑街。送親隊伍浩浩蕩蕩來到北城後海南岸和珅府第時，鞭炮齊鳴，和珅夫婦早已恭迎於外堂和中室。只見和府上下修飾一新，到處張燈結綵。

公主降輿，升堂，和珅夫婦屈膝跪安，將公主迎入內室。合巹吉時一到，即由內務府派出的兩對年命相合的結髮夫妻跪進肉一盤，隨即用刀切碎，再跪進三杯酒，與肉一起拋撒在地上，表示祭天祀地。然後和孝公主與固倫額駙交杯對飲，眾人退下。宮內外翹首以待的十公主盛大婚禮至此圓滿完成。

乾隆一朝六十年，時當有清一代盛世的頂峰，轟動九城，令人嘆為觀止的大慶典接踵而至，而和孝公主下嫁就是京師百姓久傳不衰的一大盛事。

皇帝陪送給公主妝奩之豪奢，給人們留下的印象最為深刻。自成婚之日起，公主妝奩以及皇帝賞賜固倫額駙的金銀珠寶、皮貨綢緞、家具擺設，以至茶壺痰盂、木梳笤帚，等等，車載、馬馱、人抬，源源不斷地從宮中運出，有條不紊地隨著送親隊伍徐徐進發，把街道兩旁聚觀的百姓看得目瞪口呆。

除陪送金銀財寶、日用生活品之外，皇帝還賞給公主男女十二對、戶口管領二人。

此外，又賞賜豐紳殷德頭等女子、二等女子、三等女子各四名。這些陪送人口中揀補一、二、三等護衛，以及五、六品典儀，因此他們也都被賞有皮、棉、袷衣和綢緞衣料、首飾耳墜之類的東西。

到第二年朝鮮使節到京師時，還聽人議論和孝公主嫁妝十倍於下嫁福隆安的和碩和嘉公主，估其價值，大概值數百萬兩白銀。這還不止，公主借額駙回門那天，皇帝又賞給他們內庫即皇帝私人所有歸內務府廣儲司管理的銀庫白銀三十萬兩。

那一天，京師文武百官手捧如意、珍寶，「拜辭於皇女轎前者，無慮屢千百」，連年高德韶的大學士、首席軍機大臣阿桂也降貴紆尊，混跡其間。

和珅此時在朝中的位次，雖在阿桂以下，但已是朝野盡知的第一權臣，以致來華英國使臣也風聞和珅有「二皇帝」之稱。如今，他又和皇帝結為兒女親家，更沒有人會懷疑皇帝把女兒許配錯了人家。

不幸的是，皇帝為和孝公主找的靠山竟是一座冰山！嘉慶四年正月初三，乾隆皇帝崩逝。

元宵剛過，權傾一時的和珅便被一條白練結束了生命。和珅之所以沒有被處以凌遲極刑，還是靠和孝公主屢屢進宮，向其兄嘉慶皇帝涕泣求情，嘉慶才答應留和珅一個全屍，否則，其罪雖千刀萬剮猶不足蔽其辜。

禍從天降，和孝公主似乎早有思想準備。據說當和珅傳宣詔旨、氣焰熏天之際，有一日大雪紛飛，固倫額駙豐紳殷德心血來潮，竟用簸箕揚雪和家奴們打鬧。

公主見他忘乎所以，立刻嚴詞責備道：「你年紀不小了，怎麼還像小孩子一般？你父親在外名聲不好，父皇在，尚可擔待，但總有一天恐怕身家難保，到那時我也得受連累啊！」

豐紳殷德則對父親賜死、家產被抄感到茫然，昔日富埒王侯而一朝破敗潦倒，人情世態的突變給了他強烈的刺激，一首題為《自詠》的詩中流露出了這個年輕的貴公子看破紅塵的蒼老心態：

朝亦隨群動，暮亦隨群動。

榮華瞬息間，求得將何用？

形骸與冠蓋，假合相戲弄。

何異睡著人，不知夢是夢。

豐紳殷德有限的餘生，都是在「眼逢鬧處合，心向閒時用；既得安穩眠，亦無顛倒夢」這種絕望頹唐的心境中度過的。嘉慶十五年五月，這個對人生早已厭倦的人病故了，終年只有三十六歲。

和孝公主以堅強的毅力撐持著全家局面，道光三年九月，年將半百的和孝公主懷著對慈父永久的眷戀也與世告別了。

「擇膏粱，誰承望流落在煙花巷！」和孝公主的下場當然不會如此悲慘，她的後半生還是先以皇妹、後以皇姑的身分得到了嘉慶皇帝和道光皇帝的多方關照。不過，乾隆皇帝九泉有知，不知該怎樣為自己擇婿失算而貽誤了愛女終身而痛悔呢！

與皇子之間的相處

乾隆元年七月初二日，剛即位的皇帝在乾清宮西暖閣召見總理事務大臣、九卿等，鄭重宣布密建皇儲。他說宗社大計，莫過於建儲一事，因此自古以來，帝王即位，首先舉行。但明立皇儲，容易別生事端，或者太子恃貴驕矜，漸至失德，或者左右小人逢迎諂媚，引誘為非，是以皇祖康熙當日對建儲一事，大費苦心。父皇雍正，創立祕密立儲家法，朕再四思維只有循父皇成式，親書密旨，照前收藏。

隨後，在總理事務大臣在場的情況下，親書建儲密旨，由宮中總管太監收藏於乾清宮「正大光明」匾額之後。此時，乾隆二十六歲，春秋正富。他之所以急於立儲，一是有雍正成式可循，再就是有可立為皇儲之人。

這後一點似乎更重要，但因為是密立皇儲，所立之人為誰，除皇帝之

外，包括皇太子在內，誰也不知道，自然不能向王公大臣宣諭。皇帝親書密旨上定的是皇二子永璉為皇太子。

其時，皇帝有皇子三人：庶妃富察氏所出皇長子永璜十四歲，嫡妃富察氏所出皇二子永璉七歲和庶妃蘇氏所出皇三子永璋兩歲。永璉自幼聰明貴重，氣宇不凡，雍正在世時為他親自命名「永璉」，已隱寓承接宗器之意。

永璉的優勢還在於是嫡子，這一點最為皇帝所重，祕立皇二子永璉為皇太子自在情理之中。

誰想到了乾隆三年十月，永璉偶患寒疾而殤，乾隆只得撤出「正大光明」匾後置放的密立皇儲諭旨，並當眾宣布，乾隆元年七月所立皇太子即為已薨皇二子永璉，「永璉係朕嫡子，已定建儲之計，與眾皇子不同，一切典禮著照皇太子儀注行」。

永璉夭折，是乾隆立嫡夢的初次破滅。此後，乾隆又曾打算密立皇后富察氏所生皇七子永琮為皇太子，未及親書密旨，七阿哥又兩歲痘殤。這件事恰好發生在乾隆十二年除夕，因此對皇帝的震動極大。

經過反覆思考，決定向王公重臣剖白自己的心跡，為此降旨先說原本期望永琮承接神器：

> 皇七子永琮，毓粹中宮，性成夙慧，甫及兩週，岐嶷表異，聖母皇太后因其出自正嫡，聰穎殊常，鍾愛最篤，朕亦深望教養成立，可屬承祧。今不意以出痘薨逝，深為軫悼。建儲之意，另朕衷默定，而未似端慧皇太子永璉之書旨封貯，又尚在襁褓，非其兄可比。

皇帝的下面旨諭是為了安慰皇后，稱「賢后誕育佳兒再遭夭折，殊難為懷，皇七子喪儀，應視皇子從優」。這諭旨的後半則最值得重視：

> 復念朕即位以來，敬天勤民，心殷繼述，未敢稍有得罪天地祖宗，而嫡嗣再殤，推求其故，得非本朝自世祖章皇帝以至朕躬，皆未有以元後正嫡，

紹承大統者，豈心有所不願，亦遭遇使然耳？似此竟成家法，乃朕立意私慶，必欲以嫡子承統，行先人所未曾行之事。邀先人所不能獲之福，此乃朕過耶！

以上就是乾隆皇帝在年終歲尾痛悼嫡嗣再殤的時候，向天地祖宗虔誠地承認自己執意立元後正嫡為太子的過錯。乾隆說得很對，本朝自世祖章皇帝以至他自己，均非元後正嫡承繼皇統。

順治皇帝福臨是太宗皇太極第九子，生母莊妃博爾濟吉特氏，即後來著名的孝莊皇太后；康熙皇帝玄燁是世祖順治第三子，生母佟氏，時為妃；雍正皇帝胤禛是聖祖康熙皇四子，生母德嬪烏雅氏。

至於乾隆皇帝本人生母鈕祜祿氏當時地位更卑下了，在雍邸中沒有任何名號，只是被習慣地稱為「格格」，直到雍正即位，才冊封為熹妃。這樣一看，清帝以庶出之子承接神器，紹登大統，真的如乾隆所說，竟然成了約定俗成的「家法」。

乾隆說得也很對，「朕立意私慶，必欲以嫡子承統」。不過，他並沒有說明為什麼「必欲以嫡子承統」。從漢族封建皇朝的傳統來看，自然是「立嗣以嫡不以長，立嫡以長不以賢」。

昔日康熙皇帝即循著這樣的思路，立元後嫡長子胤礽為皇太子。乾隆即位後，一而再地欲以元後嫡子為皇太子，從表面上看似乎很容易講得通。

其實，無論康熙也好，乾隆也好，他們從自己庶出而終於即帝位的曲折痛苦經歷中，深深體會出以嫡子承統是何等的重要。

康熙之生母佟氏雖出身八旗漢軍世家，但入宮以後並不受順治皇帝寵愛，順治十一年三月十八日康熙降生之始，就由保姆抱到紫禁城西牆外一座府邸去養育。

順治不喜歡這個孩子而有意立康熙四弟、皇貴妃董鄂氏所生之子為皇太子。康熙晚年回憶這段幼年時代的境遇時是這樣講的：「世祖章皇帝因朕

幼年時未經出痘，令保姆護視於紫禁城外，父母膝下，未得一日承歡，此朕六十年來抱歉之處。」

可見康熙對幼年遭遇是終生銘記的，他深感失歡於父親的庶子處境之難堪。康熙後來之所以能以庶子入承皇統，全在於祖母孝莊皇太后的提攜呵護。通向帝位的道路，對康熙來說是不平坦的。

正是由於這段特殊經歷，所以康熙當嫡長子胤礽剛滿周歲時，即毅然將他立為皇太子；日後廢而復立，旋立旋廢，這個過程康熙皇帝經歷了錐心刺骨的痛苦。

乾隆庶出而得祖父康熙衛護為帝，有和康熙極為相似之處。他在踏上皇位途路上所遇到的挫折坎坷恐怕要超過他的祖父。

乾隆必欲立元後嫡子為皇儲，可以擺出各種堂堂正正的理由，但乾隆對立嫡的追求竟到了痴迷的程度，這只能從他個人獨特的人生體驗中去尋求答案。

乾隆十二年除夕，皇七子永琮出天花死去，給了乾隆立嫡夢第二次毀滅性的打擊。

第二年清明時節，元後富察氏在德州舟次仙逝，則徹底絕了乾隆立嫡的念頭。從此以後，二十多年的漫長歲月過去了，皇帝沒有再考慮過祕密立儲這件大事。

皇儲長期空虛，個中原因很複雜。皇帝年富春秋，身體康健，自然沒有急於立儲的緊迫感。孝賢皇后已逝，繼後那拉氏不愜帝心，既然已不存在從元後正嫡中選定皇儲的指望，也就可以從容行事了。

而當乾隆皇帝年逾六旬認為有必要立儲而環顧皇子、逐個審視時，竟發現沒有一個皇子令自己完全滿意、完全放心。

如果說皇帝對和孝公主充滿了慈父的愛心，有時甚至到了溺愛的程度，那麼，對於阿哥們則往往摒棄感情的因素，絕對從政治上著眼，考察他們的

品德才具能否擔得起大清江山這副重擔，考察他們是否有暗存爭儲的野心。

因而，對待皇子，皇帝總是擺出一副嚴父面孔，有時甚至到了不近人情的地步。大阿哥永璜和三阿哥永璋雖為庶出，卻都是誕自清宮的孝順兒子，嫡母孝賢皇后大故時，他倆已長大成人，永璜二十一歲，永璋十四歲。

誰料到大行皇后梓宮剛由水路運到通州，皇帝就沒頭沒腦地指責大阿哥茫無所措，於「孝道禮儀未克盡處甚多」。

皇后喪期剛滿百日，又當著滿洲王公大臣的面痛責大阿哥對嫡母之死「並無哀慕之愧」，三阿哥「於人子之道毫不能盡」，然後竟武斷地說大阿哥對母后之死幸災樂禍，有覬覦神器的野心，詞氣之嚴厲，令皇子們不寒而慄。

而皇帝意猶未盡，又殺氣騰騰地說：「大阿哥、三阿哥如此不孝，朕以父子之情，不忍把他們誅殺。但朕百年之後，皇統則二人斷不能承繼！大阿哥、三阿哥日後若心懷不滿，必至弟兄相殺而後止，與其讓他們兄弟相殺，不如朕在之日殺了吧！」

怒氣衝衝的皇帝轉過臉來又告誡滿洲大臣，今後如有人奏請立皇太子，「朕必將他立行正法，斷不寬貸」！

皇帝當時正沉浸在喪後的劇痛之中，對金川的戰事也十分棘手，脾氣出奇的暴躁可以理解。不過，似乎不能說他完全失去理智。

皇帝震怒自有他的道理，當時嫡子與皇后相繼而卒，皇儲虛位，皇帝腦子裡自然浮起了康熙第一次廢太子時皇長子胤禔的蠢蠢欲動，回憶起了雍正痛下決心處置掉年已二十四歲的皇三子弘時，回憶起了雍正年間那場皇室內部手足相殘的慘禍。

他不希望這一幕幕悲劇重演，所以才有那一番武斷專橫的誅心之論。以這樣的想法揣度乾隆，也可以說他愛之彌深，是以責之愈切。不過，也請替大阿哥、三阿哥設身處地想一下吧，他們實在冤枉之極。

後宮家事

　　乾隆十五年三月，大阿哥永璜竟憂懼而死，距嚴厲的廷訓不過一年零九個月。彌留之際，素幃中的大阿哥淚汪汪地對親臨視疾的皇帝說：「兒不能送父皇了，兒不能送父皇了！」

　　發引那天，皇帝手撫靈柩，心如刀絞。父親為兒子送行，已為人間慘事，更那堪將老喪長子，而長子含冤早逝，自己實為催命人，乾隆痛惜、悔恨，良心受到譴責，望著漸漸遠去的柩車，老淚縱橫，他沉痛地低吟著哀悼皇長子的輓歌：

　　　靈楯悠揚發引行，舉楯人似太無情。
　　　早知今日吾喪汝，嚴訓何須望汝成？
　　　三年未滿失三男，況汝成丁書史耽。
　　　見說在人猶致嘆，無端叢己實何堪。
　　　書齋近隔一溪橫，長杏藝窗占畢聲。
　　　痛絕春風廄馬去，真成今日送兒行！

　　為了補過，乾隆皇帝在皇長子薨逝之後降旨追封其為定親王，諡曰「安」，其親王爵即令皇長孫旻德承襲，並破例讓其於皇長子所居別室治喪，不必遷移外所。

　　乾隆諸子中第一個得封親王爵的是皇長子永璜，儘管是死後追封的。乾隆諸孫中，第一個未降等襲封親王的，是永璜長子旻德。皇長子不幸早逝，乾隆有一種難以釋懷的負罪感，是以終其一生，對皇長子一支都給予了特殊的關愛。

　　三阿哥永璋也韶華早逝，乾隆二十五年七月，死的時候只有二十六歲。對這個阿哥，皇帝曾抱有一定期望，他曾私下對親信的軍機大臣訥親說過，儲位三阿哥「尚有可望」，可見永璋的人品才識有過人之處。三阿哥永璋逝後，追封循郡王，也可視為皇帝良心發現後的補過之舉。

在乾隆皇子中，遭遇不如大阿哥、三阿哥的是十二阿哥永璂。他的生母那拉皇后，本來也稱得上皇帝嫡子，但那拉皇后與皇帝反目成仇，被幽禁而死，十二阿哥因而在人們白眼下，隱忍苟活到二十五歲時死去。

皇帝對那拉皇后怨恨太深，由其母而遷怒其子，故而十二阿哥身後十分淒涼。直到嘉慶皇帝親政，才追封他這個不幸生在帝王家的兄長為多羅貝勒。

到乾隆三十八年，皇帝六十三歲打算祕立皇儲時，除上面提到的大阿哥、二阿哥、三阿哥、七阿哥、十二阿哥已故，或根本沒有資格列為皇儲人選之外，五阿哥永琪、九阿哥、十阿哥、十三阿哥永璟、十四阿哥永璐和十六阿哥也相繼而亡。這幾個阿哥中，乾隆比較看重的是五阿哥永琪，據說他從小「國語騎射嫻習，為純皇帝所鍾愛，欲立儲位」。

永琪長到二十五歲時，被封為榮親王，是繼追贈永璜定安親王后，第一次為皇子在世時封授的親王爵。但永琪封王四個月後，就病逝了，時間是乾隆三十一年三月。

這樣一算，乾隆再度滋生立儲想法時，所生的十七個兒子中就只剩下了四阿哥永城、六阿哥永瑢、八阿哥永璇、十一阿哥永瑆、十五阿哥永琰和十七阿哥永璘六人。

而這僅存的六位皇子中，四阿哥和六阿哥早已分別過繼給履親王允祹和慎郡王允禧為孫，因而也被排除掉了立為皇儲的可能。本來子息極多的乾隆皇帝真的要決定與愛新覺羅氏宗族、與大清帝國命運攸關的預立皇儲這件頭等大事，就只能在八、十一、十五和十七阿哥這狹小的範圍中作一抉擇了。

中國古代關於龍的傳說特別多，其中一個說龍生九子、九子各不同：老大叫蒲牢，好鳴，後來做了鐘上的鈕鼻；老二叫囚牛，喜音樂，做了胡琴頭上的刻獸；老三叫睚眥，好殺，做了刀劍上的吞口；老四叫嘲風，喜歡冒險，做了殿閣上的走獸；老五叫狻猊，善坐，做了佛座騎象；老六叫霸下，

能負重，做了石碑下的托座，即人們俗稱的龜；老七叫狴犴，好訟，做了牢獄大門上的鎮壓之物；老八叫贔屭，好文，做了石碑兩旁蜿蜒而行的飾紋；老九叫蚩吻，好動，做了殿脊的獸頭。皇帝是真龍天子，乾隆無可奈何地承認，除了和孝公主同自己的相貌、體格、性情、氣質相類之外，哪一個龍種都不像龍，而且恰如龍之九子，乾隆諸子性格各異，愛好迥別。

八阿哥永璇是皇帝身邊最年長的阿哥，書法趙孟頫，嫵媚可愛，也能畫平遠山水，但為人輕躁，做事顛倒。

有一次皇帝分派諸皇子去西郊黑龍潭祈雨，八阿哥與十一阿哥分在一班，下班後，皇帝有所垂詢，卻哪裡也找不到八阿哥的蹤影。

一問十一阿哥，才知道他帶著親隨侍從忙中偷閒到城裡玩去了。八阿哥這種乖戾的性情，經皇帝屢屢訓斥後非但沒有收斂，反而放縱到了沉湎酒色的下流一路。加以他又有腳病，儀表欠佳，皇帝對他不抱期望，在乾隆四十四年封個儀郡王了事。

八阿哥的同母弟、皇十一子永瑆，乾隆五十四年封成親王，號少廠，一號鏡泉，別號詒晉齋主人，是個頗具文學藝術天分的天家子弟。他的詩文精潔，尤工書法，早年學歐陽詢、趙孟頫書，出入王羲之、王獻之筆法，臨摹唐宋各家名帖，均造極詣。

有一個康熙年間的老太監同永瑆說過一件往事，其師少時猶見過董其昌作書，唯以前三指握筆，懸管寫字。成親王聽了很受啟發，由此獨創所謂「拔鐙法」，名重一時，論者以為清朝自王若霖以下，成親王一人而已。

同時代享有盛名的書法巨擘還有鐵保、翁方剛、劉墉，與成親王永瑆並稱四大家。永瑆不以畫家名世，然偶爾弄筆，空靈超妙，能寫墨蘭，亦能寫生，間作山水，筆墨蒼潤，自己戲題云：「山水素不習，偶為之，荒率離披，數筆盡矣。其胸中無丘壑可知，人或以馬一角呼之可也。」、「天雨粟，馬生角」，乃人間怪事，永瑆詩句自以為不善畫而偶弄筆，故自嘲「馬一角」。

乾隆是個風雅天子，每每臨幸成王府第，觀賞他的書畫佳作。不過，對十一阿哥的寄情翰墨，流連詩酒，皇帝也頗為警惕。乾隆三十一年五月的一天，皇帝見十五阿哥永琰手持扇上有題畫詩名，文理、字畫俱甚可觀，落款為「兄鏡泉」三字，一問才知「鏡泉」是年方十四五歲的十一阿哥別號。

皇帝一則以喜，一則以憂，喜的是幼齡所學如此，可見天分甚高，憂的是脫劍學書，漸染漢人陋習，難免丟掉滿洲勇武的祖風，所關國運人心，良非淺顯。

皇帝對十一阿哥的擔憂尚不止於此，這位阿哥柔而無斷，而且隨著年齡的增長，怪脾氣越來越多，被近支王公大臣傳為笑談的是他的吝嗇。

據說一次乘馬死了，成王即命烹馬肉代膳，當天成王府即不舉炊。成王的福晉是當朝第一大臣傅恆之女，奩資極豐，這位鐘鳴鼎食慣了的大家小姐竟然日食薄粥度日。

陪嫁的金銀財寶都被納入成王府庫中，庫中積有白銀八十萬兩，名「封椿庫」。成親王晚年得了狂癇症，死前大小便失禁，穢物從褲襠流出來。左右勸他換件衣裳，他卻超然答道：「死後遍身蛆蟲吃腐肉，又有誰替我洗乾淨呢？」

永瑆和永璇都活到了道光年間，一個卒年七十一歲，一個卒年八十六歲，是乾隆皇帝十七個兒子中最長壽的兩位。十五阿哥永琰暫且放下不說，十七阿哥永璘恐怕是皇帝最不成器的一個孩子。

乾隆三十八年皇帝遴選皇儲時，永璘八歲，年齡比諸兄都占優勢，不過皇帝並沒選中他。因為皇帝看到這個老兒子從小就不喜歡讀書，性情也輕佻浮躁，沒有天潢氣度。

永璘稍長，常常溜出宮禁，一身便服去外城狹路曲巷尋花問柳。乾隆五十四年皇帝八旬萬壽慶典前大封諸子，六阿哥、十一阿哥、十五阿哥都封了王爵，永璘只封個貝勒，從此對皇位徹底死了心。

他曾對親近的人說：「即使皇帝多如雨落，也不會有一個雨珠兒滴我身上。將來哪位哥哥當了皇帝，能把和珅府邸賜給我，也就心滿意足了。」

和珅敗後，他的同胞兄長嘉慶皇帝果然將為王公大臣垂涎的和府賜予永璘一半。從此，永璘燕居邸中，唯以聲色自娛而已。與八阿哥、十一阿哥、十七阿哥比較，內廷外朝雖不敢公開議論，私下卻一致認為十五阿哥永琰為人穩重、處事剛明，是最有希望的皇儲人選。

的確，十五阿哥文武兼資，品學俱優，堪稱皇家教育出來的理想人材。清朝家法相承，極重皇子教育。歷代皇帝無不慎選天下英才，以教輔元良，即皇太子。

清朝則因祕密立儲之制，皇太子從諸皇子中密定，因此，皇子、皇孫年滿六歲一律入尚書房讀書，皇帝親自挑選學識一流的京堂、翰林為師傅，分別教授經史策問、詩賦古文，又指派大學士、尚書等重臣為總師傅，稽查督飭。

同時，還簡選滿洲、蒙古大臣和侍衛等教授「國語」騎射，稱「諳達」。「諳達」是蒙古語和滿洲話「賓友」的意思。尚書房有兩處，圓明園的一處在勤政殿東邊，宮中的一處靠近乾清宮，都與皇帝日常辦公之處近在咫尺。這樣的安排為的是皇帝可以隨時親臨檢查。

乾隆元年正月二十四日皇子書房開學，這以前已降旨任命大學士鄂爾泰、張廷玉、朱軾及左都御史福敏、侍郎徐元夢、邵基這些乾隆少年時代的啟蒙老師為皇子師傅。

皇子們這一天當著父皇的面，行過拜師禮後，乾隆特別鄭重告誡各位師傅道：「皇子年齡雖幼，但陶淑涵養之功必自幼齡始。卿等可殫心教導之；倘不率教，卿等不妨過於嚴厲。從來設教之道嚴有益而寬多損，將來皇子成長自知之也。」

清皇室教育確如乾隆所說，是「嚴厲」的，較之一般富家子弟的寬縱溺愛，不啻天壤。入值內廷軍機處的趙翼記述了他所親見的皇子讀書之勤：

本朝家法之嚴,即皇子讀書一事,已迥絕千古。余內直時,屆早班之期,率以五鼓入,時部院百官未有至者,唯內府蘇喇數人往來。

黑暗中殘睡未醒,時復倚柱假寐,然已隱隱望見有白紗燈一點入隆宗門,則皇子進書房也,吾輩窮措大專恃讀書為衣食者尚不能早起,而天家金玉之體乃日日如是。

既入書房,作詩文,每日皆有程課,未刻畢,則又有滿洲師傅教國書,習國語及騎射等事,薄暮始休。

趙翼隨後談了他的感想:

如此重皇子教育,文學安得不深?武事安得不嫻熟?

宜乎皇子孫不唯詩文書畫無一不擅其妙,而上下千古成敗理亂已瞭然於胸中。以之臨政,復何事不辦?

因憶昔人所謂生於深宮之中,長於阿保之手,如前明宮庭間逸惰尤甚,皇子十餘歲始請出閣,不過官僚訓講片刻,其餘皆婦寺與居,復安望其明道理、燭事機哉?

然則我朝諭教之法豈唯歷代所無,即三代以上,亦所不及矣。

趙翼出身清寒,年十五而喪父,此後長期在官宦之家,以設塾授徒為業。

及年長,潛心經史,熟於歷朝掌故,他對清重皇子教育的看法極為中肯。

包括乾隆在內,清朝皇帝高度自覺的政治責任感,在歷代帝王中是十分突出的,即由皇子教育之一端,亦可略見一斑。然而,不能不說,乾隆皇帝雖以嚴於皇子之教著稱,結果卻不甚理想。

前面提到的八阿哥、十一阿哥和十七阿哥都沒有往政治一路發展,就是已過繼給兩位皇叔為嗣的四阿哥永城和六阿哥永珞,也僅以擅畫花卉山水以及精於算學名聞於世,未見有出類拔萃的政治才能。平心而論,這倒不能全歸於皇子教育的缺失,而要從當時整個政治大氣候中探索其原因。

乾隆時期,宦海風濤極其險惡。熱衷的人當然什麼時候都往功名利祿裡

鑽，而稍稍清醒的有識者已看穿了「……因嫌紗帽小，致使鎖枷扛；昨憐破襖寒，今嫌紫蟒長；亂哄哄你方唱罷我登場，反認他鄉是故鄉……」這出人間鬧劇，特別是那些在官場中翻過筋斗的過來人，更產生了一種對政治以至對人生的厭倦情緒，王公大臣士大夫惑於因果，遁入虛無，以素食為家規，以談禪為日政者，比比皆是。

除十五阿哥永琰之外，乾隆諸子或怡情翰墨，或狹巷冶遊，甚至佯狂裝瘋，似乎也表現了他們有意逃避政治的扭曲心態。在這樣的政治氛圍中，從尚書房培養出來的上乘人才如永琰輩可能無可挑剔，而盡善盡美到難尋瑕疵的人恰恰不可能是曠世奇才。

乾隆三十八年，當乾隆皇帝為立儲不能不做出最後的抉擇時，很可能陷入了茫茫然、惶惶然的煩亂心緒。太祖努爾哈赤時談不到什麼皇子教育，而所謂「四大王」、「四小王」幾乎個個是帝王之材；聖祖康熙皇帝對皇子的教育失敗了，但皇長子、二子、三子、四子、八子、九子、十四子也都有登九五之尊的見識與才幹。自己的子嗣不少，而可供選擇的皇位繼承人為什麼如此有限呢？

即使如此，乾隆三十八年冬還是選定了皇十五子永琰為皇儲，儘管皇帝並不十分滿意。這次皇帝立儲，既不同於雍正皇帝創製定下的儀式，也沒有像乾隆元年立皇二子永璉為皇太子那樣向群臣宣諭，而只是親手書寫應立皇子之名後，密封緘藏，然後將此事「諭知軍機大臣」而已。

這件宗社攸關的頭等大事之所以做得如此機密，似乎是皇帝對十二歲的十五阿哥的氣性還把握不住。當年冬至，皇帝親詣南郊天壇舉行祀天大典時，特命諸皇子侍儀觀禮，當著十五阿哥等皇子的面，皇帝向蒼穹默默禱告：

如所立皇十五子永琰能承國家洪業，則祈佑以有成；若其不賢，亦願上天潛奪其算，令其短命而終，毋使他日貽誤，予亦得以另擇元良。朕非不愛

己子也，然以宗社大計，不得不如此，唯願為天下得人，以繼祖宗億萬年
無疆之緒。

看來皇帝已做好了十五阿哥隨時為天所殛而將立儲密旨撤出毀棄另作他
圖的準備。由於這次立儲絕密至極，因此直到乾隆四十三年九月皇帝風聞有
人議論他「貪戀祿位，不肯立儲」時，才被迫向天下宣布五年前，即乾隆
三十八年冬已選立皇儲，此事昊昊蒼天可以為證。

此後，外間開始紛紛猜測乾隆所立者究為哪位阿哥，有猜六阿哥永珞
的，有猜十一阿哥永瑆的，有猜十五阿哥永琰的，甚至有猜皇長孫綿德和皇
次孫綿恩的，眾說紛紜，莫衷一是。

直到乾隆六十年新正，被嚴密封固了數十年之久的最高國家機密才被皇
帝本人在談笑間揭開了謎底。

那是正月初二，皇帝照例在乾清宮設家宴，與皇子、皇孫、皇曾孫、皇
元孫以及近支親王、郡王等濟濟一堂，他們輪流到老皇帝跟前跪拜，恭賀新
禧。除十五阿哥永琰一人，皇帝都有賞賜。就在他仰望皇帝，仍有所期待
時，皇帝卻在眾目睽睽之下，笑著對他說：「你還要銀子有什麼用？」

永琰一時還未品出父皇旨意的味道，而聰明的皇子皇孫們已相視莞爾一
笑。這一天距皇帝正式宣布永琰為皇太子不到九個月。

盛極而衰

在順天鄉試時，乾隆特派親近大臣嚴密搜檢，甚至連考生的內衣、下體也不放過。結果，頭場考試就交白卷的有六十八人，沒有答完考卷的三百二十九人，文不對題的有二百七十六人；第二場考試時，因考生看到檢查非常嚴，到點名之前就悄悄溜走的就有兩千八百人。

鑒於此事，乾隆感嘆道：「人心士風，日益墮壞，還哪裡渴望人才的興起呀，成為國家寄予厚望的人又到哪裡去找呢？」

為重申科場考試之重要，乾隆下令地方考試監試各官：「盡心嚴查，務使作弊之人不得漏網。」聲稱如果發現科場有假、有抄，必將監臨提調等官，從重議處，並將考生的老師加以處分等等。要整頓吏治，就要加強對官吏的考核。

寬仁導致官場積弊

隨著太平盛世的發展，寬久必懈，寬久尤危，善政過度了也會出現副作用。許多官員貪圖安逸，日漸懈怠，甚至為了一己私利，賄賂朝廷大員。於是，官場積弊日漸增多，盛世之下，危機漸伏。失去嚴厲約束的官吏甚至違法亂紀，貪汙受賄成風。

乾隆元年三月，江西巡撫常安因母親去世而回京辦喪事，當他耀武揚威地帶領家人走到山東段運河仲家淺閘時，被閘門擋住了去路。當時正值禁運時間，而常安的家人無理取鬧，違制開閘，並痛打閘夫，事情由河東河道總督白鐘山報呈了乾隆。

乾隆對朝中官員借寬風而屢屢犯錯的各種行為也早有懲戒之心，所以，他馬上抓住常安事件，下令對常安從嚴治罪。最後，常安被革職並發往北路軍營監運糧餉，其家人被枷號鞭責。

乾隆二年，山西學政喀爾欽在布政使薩哈諒支持下賄賣文武生員一案被揭露。乾隆為之震驚，他說：「沒有想到竟然有山西布政使薩哈諒、學政喀爾欽，罪行昭然若揭，贓物堆積如山。實在使我意想不到一個省尚且如此，其他的省可想而知了。」

乾隆六年三月，在僅僅一個月之間，朝廷中就發現了四起貪汙案件。三月初七，山西巡撫喀爾吉善參劾山西布政使薩哈諒：「收受他人錢糧，作威作福，偽造國家公文，縱容家人為非作歹，淫樂所轄地區百姓，貪贓枉法，肆意剋扣國家下撥的各種錢財。」

第二天，喀爾吉善又參劾山西學政喀爾欽：「接受當地各級官員的賄賂，罪證一目瞭然，並買有夫之婦為妾，聲名狼藉。」

同樣是在三月，左都御史劉吳龍又揭發浙江巡撫盧焯在處理嘉興府桐鄉縣汪姓分家案件時，貪贓枉法，受賄銀五萬兩，該知府楊景震受賄三萬兩。

乾隆聞訊大怒，下令嚴查此兩案，並嚴懲薩哈諒和喀爾欽。由於這兩個案件給乾隆的震動非常大，他說：「我父皇整飭風俗、澄清吏治有十多年了，才做到國家吏治的澄清。現在不過幾年時間，就又有如此貪汙腐敗的事情發生，你們這些做臣子的，既不知道感激我的恩惠，又不知道遵守國法，你們將使我父皇旋轉乾坤的苦衷由此而廢弛，每次想到這裡，我實在是寒心啊。」

因而乾隆怒斥兩個貪官說：「我即位以來，信任大臣，體恤各級官吏，且增加俸祿，厚給養廉，恩施優厚，以為天下臣工，一定會感激奮勉，盡心盡職，肯定不會出現貪汙腐敗、違反國家法度的大臣，誰想卻是這個樣子，難道你們把我看成是無能而可欺的皇帝嗎？」

乾隆不僅處死了兩個貪官，連參劾他們的山西巡撫喀爾吉善也交刑部嚴察議處，討論處理方案。乾隆之所以這樣做，原因在於喀爾吉善的參劾是馬後砲，而皇帝派人調查出這個問題是在他之前，也就是說喀爾吉善是被動參劾的。乾隆為此警告各省總督、巡撫力戒此弊，否則必以法示人。

 盛極而衰

　　借此機會，乾隆又連下諭旨，列舉山西地方官員官官相護、貪贓枉法、苛索民財的種種行為，責令他們痛改前非。同時指出：如果不改悔，一定將大小官員從重治罪，絕不寬恕。在乾隆的嚴屬整頓之下，山西巡撫喀爾吉善又上疏參劾貪贓枉法的山西省知州、知府等五人，乾隆都無一例外地給予了懲處。

　　然而，在這兩起案件發生之後沒過幾天，左都御史劉吳龍又上疏參劾浙江巡撫盧焯。參奏中說盧焯一次就收賄銀五萬兩。盧焯一案剛發數天，兵部尚書鄂善受賄案又發。在處理盧焯之後，乾隆親自審理鄂善一案。

　　鄂善屬朝中一品大員，乾隆在落實了他受賄之事後，垂淚令其自盡，自此開了乾隆朝誅殺一品大臣之例。乾隆之所以傷心，在於鄂善這般為自己所倚重的臣子竟公然受賄，這使他深感自己的從寬施政之不妥。

　　因而，乾隆嘆息道：「我為這件事情，數日以來，寢不安席，食不甘味，深自痛責。以為不如父皇之仁育義正，能使臣工兢兢業業奉法，自不致身陷重辟。水弱之病，是我自己造成的。如果再不明彰國法，則人心風俗，將敗壞到什麼時候是個頭啊？」又說，「寬縱這些人到這樣的地步，何以統治臣工而昭顯國家法度呢？」

　　到了九月，總督那蘇圖參奏：姜邵湘管理荊關稅務，肆志貪饕，橫徵暴斂，以滿足自己的私慾。荊關稅課每年還有餘銀三萬餘兩，姜邵湘年侵吞差不多一半。接著，又發生了浙江巡撫常安貪汙案、四川學政朱荃賄賣生童案等等。

　　乾隆在震怒之下，下旨嚴懲涉案官員。乾隆經過幾年的政治實踐，發現以前自己的「寬則得眾」等理論並未能建立一種理想化的政治形勢，而且，「寬」的實施竟導致了吏治的一步步腐化和專制皇權權力的分散。在對初期政事的反思中，乾隆曾這樣表達自己的苦衷：

作為君主，以一人立於萬民之上，宗社的安危、民生的休戚都系於一身。崇尚寬大，就會開啟廢弛的大門；稍事振作，就可以助長苛刻的風氣；言路不開，就會耳目壅蔽；想要達到耳聰目明，那是無稽之言，勿詢之謀，弛鶩並進，不但不足以集思廣益，而且足以混淆是非。

即以情理分析事情，議論的人都說這個君主不喜歡聽取群眾的意見，不能容納其他意見，遍觀史冊，比比皆是……即此一端，為君之難，就可知道了。

從這段話可以看出，乾隆已萌生了找尋其他施政方法的政治意圖。回顧數年統治實踐和官場出現的貪風情況，乾隆產生了強烈的危機意識，他對群臣說：「看看現在，讓當官的人以忠厚正直為其心，泯滅追求身價利祿的念頭，是很難的啊；讓文人學士以道德文章為重，而僥倖求取功名的意圖不萌發，是很難的啊；讓小民家家富足，民心趨於淳樸和端良，也是很難的啊；讓兵士都驍勇善戰，使之死心塌地地為朝廷盡忠效力，同樣是不容易的啊。」

面前的種種隱憂使乾隆無法樂觀。乾隆七年，乾隆採取一種姿態，為讓群臣共勉，他專門下諭，表達自己對前途的憂慮之深。深慮才有熟思，熟思才有對策，才有勵精圖治。緊接著，乾隆從幼時讀書明理和登基之後所慮之事，來居安思危地告誡群臣前途不甚光明，必須盡力而為，才可保長久大業，他說：

我小時候讀詩書，頗懂得一點治理之道，即位以來，經常思慮天下太平富足的道理。八旗生活即使是不足的，然而八旗相對於天下百姓的生活而言就算小的事情了。

現在天下百姓仍然有許多生活在困苦中，我們必須及時籌劃讓他們的生活逐漸好起來，如果我等君臣現在不及時籌劃，又將等到什麼時候呢？

歲月如梭，我們這一代人不做好這件事情，那我們的後代就會笑話我們的平庸？你們這些大臣都大我幾歲，分析問題應該比我深刻，因此你們要互相警惕，考慮問題要長遠，這樣才能把我們眼前的問題完整全面地解決好。

於是，乾隆逐漸採用了「裁抑官僚，講究效益」這一措施。乾隆七年，出現了御史仲永檀洩漏機密案。乾隆八年，謝濟世參劾田文鏡且因著述諸事引起皇上反感而獲罪，因這一案件，湖南全省高級官員全部被革職，其中有巡撫及湖廣總督等人。

乾隆九年，乾隆考慮到科舉關係到官僚隊伍的素質問題，因此下令嚴格考場紀律。在順天鄉試時，乾隆特派親近大臣嚴密搜檢，甚至連考生的內衣、下體也不放過。結果，頭場考試就交白卷的有六十八人，沒有答完考卷的三百二十九人，文不對題的有二百七十六人；第二場考試時，因考生看到檢查非常嚴，到點名之前就悄悄溜走的就有兩千八百人。

鑒於此事，乾隆感嘆道：「人心士風，日益墮壞，還哪裡渴望人才的興起呀，成為國家寄予厚望的人又到哪裡去找呢？」

為重申科場考試之重要，乾隆下令地方考試監試各官：「盡心嚴查，務使作弊之人不得漏網。」聲稱如果發現科場有假、有抄，必將監臨提調等官，從重議處，並將考生的老師加以處分等等。要整頓吏治，就要加強對官吏的考核。

乾隆前期，對官吏的考核還是比較認真的，不少地方官因考核不及格或罷或降或休致。乾隆十年的全國大計中，被劾為不謹、疲軟、才力不及、浮躁、年老、有疾官共計一百八十人。其中不謹官四十三人，疲軟官十七人，才力不及官三十五人，浮躁官十三人，年老官四十人，有疾官三十二人。

一次大計，有這麼多官員不及格，說明考核並非徒具形式。乾隆整頓吏治並沒有一味地採取鎮壓的態勢，他認為必須從源頭抓起，即從制定制度開始，讓官員有所束縛，這樣能夠在一定程度上防止官員的腐敗。

同時，乾隆還提倡教化的功能，經常給予官員一定的教育，讓他們知道貪汙腐敗的後果。此外，就是加大執行力度，對罪大惡極的貪官，他也毫不

手軟，堅決懲處。乾隆憑藉這種高壓和撫慰雙管齊下的措施，有效地遏制了清中期官場風氣一度惡化的形勢。

乾隆的軟硬兼施的治貪辦法雖然在短期內造成了一定的作用，但是由於君主專制本身的侷限性，皇帝以一人之力無法兼顧群臣，所以，官場中貪汙腐敗、營私舞弊等弊端並未銷聲匿跡，而是不斷累積，漸有危及皇權之勢。

面對日益增多的貪汙案件，乾隆意識到，對貪汙犯採取罰沒贓款、減少俸祿等辦法不足以達到懲罰的目的，於是決定加重懲治。他說：「近年來，貪贓枉法的越來越多，而對這些人的處罰只是降降級，減少俸祿，結果雖然受到了處罰，但這些人仍然能中飽私囊，懲罰太輕，沒有造成應有的作用。」

為此，乾隆下令將乾隆元年以來的重大貪汙犯陸續發往邊疆軍營充當苦力，以提醒將來想當貪官的人不要重蹈覆轍，此後貪汙犯都照這個命令辦理。

乾隆十一年，由於各地抗糧鬧賑事件激增，乾隆認為「民風日刁」，訓責官僚「以此懈怠廢弛，盜風何由寧息」，於是加強了對鬧事的惡民的鎮壓，並把安徽省自乾隆元年以來任臬司者均交部察議。

同年內，為了整頓日益廢弛的官場和軍隊，乾隆命親近大臣訥親南下巡視。這一年，乾隆發現各省虧空現象增多，他認為這都是因自己辦理政事往往待人以寬，而使得下面官吏放縱鬆弛而不受約束。

在七月間，乾隆發現山東沂州營都司姜興漢、奉天錦州府知府金文淳在百日喪期內我行我素，照剃不誤。乾隆猜想：「他們大概是以為滿族和漢族各有習俗吧。」對此，乾隆大發雷霆，聲言喪期內剃頭按「祖制」立即處斬。

到了後來，由於乾隆發現違制剃頭者大有人在，遂決心抓住不放，狠狠地整飭一些不如意的官員。其實，早在雍正皇帝喪葬時，就有許多官員並沒有遵照習慣，喪期內即已剃髮，但乾隆當時正在鼓吹「寬仁施政」，並沒有追究他們的責任。

可是這一次，乾隆可謂龍顏大怒了。這與他當時惡劣的情緒有直接的聯繫，因而在煩惱焦躁中採取了過分嚴厲的懲罰措施。為了懲罰不法官吏，乾隆嚴懲常安，意圖「懲一儆百」，整頓漸已鬆弛的官風吏治。

乾隆十二年，乾隆又降旨修改懲治貪汙的法律。原法律規定，貪汙官吏要等到秋審時確定罪責，此間大多數人都是上下打點替自己減輕罪責，所以到了該判決的時候，他們大多不至於被判處死刑。

乾隆命令九卿於秋審時，根據原來的罪責判處，不許加入人情的因素；如果有，則待將貪官判決後，再追究人情方面的責任，從重懲處。乾隆對貪汙案的處理雖較以往嚴厲，但乾隆一朝的貪汙案，仍層出不窮。

乾隆二十二年發生了三起貪汙案：一是深受皇恩、為帝賞識的一品封疆大吏、滿洲官員恆文貪汙納賄案，二是滿門高官重相的山西巡撫蔣洲貪贓案，三是包庇貪官的湖南巡撫蔣炳和九卿一案。

於是，乾隆採取了「嚴飭科道，清明官場」的措施，將尚書、侍郎、給事中、御史等六十八名政府官員分別處以革職留任、降級留任、銷級等處分。

乾隆二十二年四月，雲南巡撫郭一裕參奏雲貴總督恆文讓屬員買金鑄造用於進貢的金手爐，但卻少給商家銀子，藉機牟利，並且還縱容家人收受屬員門禮。

乾隆聽說這件事情後，開始並不相信恆文這等受他重用，又有思想覺悟的滿族大臣會做出這種事情，雖然馬上派了刑部尚書劉統勳去調查此事，但為防萬一，還是要求他保密行事。

此外，乾隆之所以沒有像乾隆元年處理貪吏薩哈諒、喀爾欽那樣在審理恆文案之前即將其定罪革職，原因在於他不相信恆文會有其事。首先從民族情感上來說，乾隆為政期間一直對滿官極有好感，認為他們不會像漢官那樣做出負恩之舉；而另一重要原因就是因為這個恆文有過人的才幹。

　　恆文，滿洲正黃旗人，起初只是雍正時期的一個小小生員，此後連續四次升遷，不到十年的時間就成為貴州布政使、清廷的二品大員。乾隆十二年，在清軍征金川時，恆文因獻良計被乾隆調任直隸布政使。乾隆十六年，乾隆嘉其能治事，又升任他為湖北巡撫。

　　恆文在任期間又在採礦、水利和糧倉儲備問題上提出過很多較好的建議，於是到乾隆二十一年，又接受皇恩，擢為一品大吏雲貴總督。他在任職總督期間，還彈劾了貴州糧道沈遷的貪汙行為，因而深為乾隆所賞識。

　　鑒於這些功績，乾隆一向認為他確實是一個好大臣，所以在有人奏恆文貪汙時，乾隆自然不相信了。然而，事實終歸是事實，經過劉統勛的深入調查，郭一裕所彈劾的恆文的各種貪汙的事情，確鑿無誤。

　　乾隆聽到奏報後既失望又生氣，恆文這回勒派屬員、短價購買金子，原意在於既能減少一些開支，又能為皇上貢獻最好的物品，是為了皇上而違紀。

　　這種情景，使乾隆並不好受。他在諭旨中說：「我本來就曾多次降旨，禁止群臣上貢進獻，而恆文竟為進獻金手爐而勒派屬員，短價購買，以圖餘利，實在罪不可逃。我之所以懲罰他，也是不得已的決定。」

　　乾隆二十二年九月，乾隆忍痛下諭，勒令恆文自盡。他在諭旨中說：「恆文深負皇恩，如果有意將他的懲罰減輕，那日後還如何能夠整頓吏治！」

　　不久，乾隆又以地方官行賄於恆文，毫不為過，而將恆文下獄終身監禁，將貴州玉屏縣知縣等十四位州縣官員普降一級留任，其他涉及此案的三十八個官員均受到一定的懲罰。

　　恆文原本企圖貢獻珍品取悅乾隆，而乾隆卻毫不留情，把他從一個飛黃騰達的治政能臣，變為聲名狼藉的階下囚，落得個人財兩空。看來，乾隆對這些貪贓橫行的大臣是捨得下狠心懲罰的，哪怕他以前功勛卓著、名望很高。而與恆文同年發生的蔣洲貪汙案，更讓乾隆意想不到，也更讓他下大決

239

心要痛懲貪官、革除劣員。

蔣洲的父親蔣廷錫是雲貴總督蔣陳錫的弟弟,工詩善畫,在康熙朝時官至內閣學士;到了雍正朝,蔣廷錫又深受雍正皇帝賞識。六年時間內,由內閣學士升至禮部侍郎,後升為戶部尚書,兼領兵部尚書,又拜文華殿大學士,兼領戶部,並受恩得到一等阿達哈哈番世職。

蔣洲的哥哥蔣溥,在乾隆年間歷任湖南巡撫、戶部尚書、協辦大學士兼禮部尚書,後升至大學士、軍機大臣等要職,身任重職近三十年,還頗有政績。

像蔣洲這樣世代出身於書香門第、一家之中拜二相的朝中二品巡撫,竟侵吞帑銀、勒索民財、收受賄銀,真是不可思議;況且蔣洲的父兄都是科甲出身的大學士,他本應律己正身以報效皇恩。可是他竟喪失廉恥,見利忘義,貪汙數量達到數萬兩,怎能不讓乾隆驚駭愕然呢?

乾隆又派自己比較信任的大臣劉統勛去審理蔣洲一案,由於案情的不斷發展,此案牽連到山西省的巡撫、按察使、知府、知州、守備等不少州官、縣官。山西吏治之腐敗使乾隆深為震怒,他嘆道:

> 山西一省,巡撫藩臬朋比為奸,毫無顧忌,吏治之壞,達到了這樣糟糕的地步了,我將怎麼相信其他的人,又怎麼來用其他的人。地方官營私舞弊,自從我父皇整頓以來,基本已經肅清官場腐敗現象,但是我沒有想到這兩年出了楊灝、恆文等案件,還多次發現其他一些案子,但那些案件都比不上蔣洲這一個案件,如果不加大懲處的力度,國家法律將不復存在!我實在是氣憤已極!

乾隆二十二年十一月,蔣洲被綁赴法場,成了刀下亡魂,而由此被追查出的山西貪官汙吏也均被嚴厲懲處。封建制度依靠龐大的官僚機構進行統治,而官場又總是伴著彼此傾軋、貪汙腐敗、營私舞弊、效率低下等不可克服的弊端,它威脅著獨尊的皇權,也威脅著國家的長治久安,當這些弊端積累到一定程度時,必須給其以震懾和調整,才不至於動搖統治基礎。

　　乾隆在悲痛之餘，仍很清醒地採取了嚴厲的措施，並堅決付諸實施，這足以收到沖刷官場積弊的效果。然而古往今來，封建專制是吏治腐敗的溫床，貪官殺而不絕；只要專制存在，貪汙受賄的官員就會像離離草原上的野草一樣年年枯榮而又年年復生。所以說官場貪風自古有之，敢以身試法的人也大有人在。

　　乾隆四十七年，時任浙江巡撫的王亶望在甘肅任內貪汙賑災糧案發，牽連官吏六十多人，王亶望等二十二人被誅，涉案的陝甘總督勒爾謹自盡。查辦此案的閩浙總督陳輝祖在抄家過程中以金換銀，將王亶望的贓物據為己有，乾隆命阿桂前往查詢。

　　陳輝祖曾奏稱：自王亶望家抄出的金子成色不足，他已與布政使商量以金換銀，再解京師。然而，在當時，王亶望的四千七百餘兩黃金可換九萬餘兩白銀，陳輝祖解交戶部的卻只有七萬三千五百兩，還包括王亶望家的兩三萬兩。這樣一來，有四五萬兩白銀沒有下落。乾隆看準了這一點，命阿桂嚴查。

　　陳輝祖的貪汙大案大白於天下後，乾隆發現浙江省的錢糧虧空額已達一百二十萬兩。為此，他限令浙江省的各級官吏，於一年之內將虧空全部補齊。然而，吏治的全面腐敗，早已成貪風越來越盛的態勢。四五年後，全省的虧空額不但沒能補齊，反而增加了。

　　雖然乾隆誅戮了一批巨貪大蠹，並且不少是總督、巡撫等高級官員，但官場的貪汙腐敗之風仍然愈演愈烈。這些大案要案均屬事情敗露不可掩蓋，其餘得到風聲、彌縫無跡的貪汙案件更是數不勝數。貪汙是封建專制制度下必然出現的積弊，因為貪官們只要掩住皇帝的耳目就行了，所以貪汙橫行，到最後皇帝發現了，卻已經牽扯太多，根本沒法處理了。

　　乾隆看到了官場積弊，並對貪官汙吏嚴加懲處，然而，到乾隆後期，貪汙之風已經盛行，乾隆的懲處措施並沒有能從根本上改變吏治，這些都為乾隆統治後期國力的衰敗埋下了禍害的種子。

盛極而衰

內部矛盾相對緩和

乾隆剛剛即位，就有個叫孫國璽的左都御史奏請將懸掛在京師菜市口的汪景祺等六名犯人的頭顱「剬桿掩埋」，理由講得很委婉，說是「京師為首善之區，菜市口又京師之達道，列樹枯骨於中途，不唯有礙觀瞻，且不便服賈之輻輳」。

這裡提到的汪景祺是何許人也？為什麼他的頭顱長期高高懸掛在南城鬧市的桿子上呢？汪景祺是雍正朝第一個以文字之故被殺的人。究其原因，是他黨附年羹堯。雍正力矯朋黨之弊，就拿他開了刀。

汪景祺，號星堂，少年輕狂，爾後潦倒文場數十年，康熙五十二年才考取了個舉人的功名，故而心中燥熱，急於速化。雍正二年，他離京前往陝西布政使胡期恆處「打秋風」。

胡期恆是年羹堯死黨，年羹堯時任川陝總督，佩撫遠大將軍印，聖眷正隆，權勢炙手可熱。汪景祺借胡期恆這層關係，上書年羹堯自薦。為得到年的青睞，他在信中極盡阿諛諂媚之能事，說歷代名將郭子儀、裴度、韓鑄、范仲淹比起年大將軍，「不啻螢光之於日月，勺水之於滄溟」。

在這封自薦信快煞尾時，汪景祺肉麻地說：「不能瞻仰『宇宙第一偉人』大將軍金面的話，則此身虛生於人間了。」

年羹堯看了，心裡很受用。就這樣，汪景祺成了年的入幕之賓。不料年羹堯好運不長，從雍正三年起，雍正就開始究治年及年黨，理由是年恃寵而驕，擅作威福，植黨營私。當年九月，雍正命將年羹堯從杭州將軍任上解京治罪。

在查抄年寓時，發現了汪景祺所寫的《讀書堂西征隨筆》。雍正閱後，恨得咬牙切齒，揮筆在該書封面上批寫：「悖謬狂亂，至於此極！惜見此之晚，留以待他日，弗使此種得漏網也。」

果然，當年十二月，剛處決了年羹堯，便把「此種」汪景祺照大不敬律

立斬梟示。「大不敬」，係《大清律例》中所謂「常赦所不原」的「十惡」重罪之一，汪景祺為什麼坐以「大不敬」呢？

羅列的汪景祺的罪款：《讀書堂西征隨筆》中詩句「皇帝揮毫不值錢」意在譏刺聖祖康熙皇帝，該書還載有譏誹康熙皇帝的尊諡不應稱「聖祖」；非議雍正的年號用「正」字，有「一止之象」等內容；其《功臣不可為》一文責備人主猜忌，以檀道濟、蕭懿比年羹堯。

雍正心裡很清楚，汪景祺如果僅止吹捧黨附年羹堯，自然罪不至死。所以不惜從他的《讀書堂西征隨筆》中羅織出誹謗先帝、本朝的罪狀，再加上「大不敬」的嚇人罪名，然後堂堂正正地置之重典。「大不敬」罪刑罰極重，不只立斬，還要「梟示」。

「梟示」，亦稱「梟首」，即砍下人頭，懸桿示眾，多用於犯強盜罪者，其他惡逆重犯也有用梟首刑的，汪景祺即屬此例。按照雍正特旨，汪景祺的頭顱要長期懸掛在宣武門外最熱鬧的菜市口。那裡既是刑場，又是大道通衢，南來北往的人，特別是那些南邊來的漢族士大夫和普通讀書人見了，怎能不觸目驚心呢？

經過十年風吹雨打，烈日曝曬，汪景祺等人的頭顱皮肉和髮辮早已剝離殆盡，只剩下白森森的幾顆骷髏在淒風苦雨中晃蕩。乾隆對此早有所聞，但父皇屍骨未寒，自不宜主動採取糾正前朝弊政的聲勢過大的舉動。如今既有大臣從有礙觀瞻著眼，奏請將汪景祺等人首級掣桿掩埋，所以立即降旨命「照所奏行」。接著，又命赦免了被發遣邊外的汪景祺及查嗣庭的親屬。

當然，這一連串的舉措對遏制雍正朝文字獄泛濫的趨勢充其量不過是治標而已，但無異於向天下臣民發出了一個明確的信號，朝中有人開始考慮透過健全法制的途徑，從根本上杜絕清初以來持續發生的以文字罪人的悲劇重演，他就是上海籍監察御史曹一士。

盛極而衰

雍正十三年十一月，曹一士經過深思熟慮，字斟句酌地草成《奏陳清查比附妖言之獄並禁挾仇誣告之事折》進呈乾隆皇帝。折中首先回顧了康熙晚年，特別是雍正即位以來文禍肆虐帶來的嚴重危害：「比年以來，閭巷細人不識兩朝所以誅殛大憝之故，往往挾睚眦之怨，借影響之詞，攻訐私書，指摘字句，有司見事生風，多方窮鞫，或至波累師生，株連親族，破家亡命」，其結果，「使天下告訐不休，士子以文為戒」，影響統治秩序的穩定。

曹一士最後建議皇帝下旨命各省總督、巡撫全面檢查以前是否有此類獄案，條列上請，以俟明旨欽定甄別；今後凡有檢舉詩文書札悖逆譏刺者，審無確鑿形跡，即以所告本人之罪，依律反坐。

乾隆十分慎重，將曹一士奏摺發交刑部討論上奏。刑部也很慎重，三個月後，才拿出「應如所奏」的最後意見。他們又補充了一條極關重要的建議：「承審各官有率行比附成獄者，以故入人罪論。」

乾隆立即予以批准實行。什麼叫「反坐」？「坐」，就是加以某項罪名的意思。「反坐」，簡言之，即以某人控告他人的罪名，反加之某人。清律規定，凡故意捏造事實，向官府控告他人，使無罪之人被判有罪，罪輕之人被判重罪，告人者要按誣告他人的罪名，受到相應甚至加重的刑罰，稱「誣告反坐」。

曹一士這裡說的是，如有人挑剔別人文字作品的瑕疵誣告其「悖逆」，而審無「確鑿形跡」的話，就「反坐」誣告者以「悖逆」之罪，凌遲處死，親屬緣坐。誣告仇家，必欲置之死地而後快。

在專制時代，氣候適宜時，最省事最易得手的伎倆就是對詩詞書札吹毛求疵、雞蛋裡挑骨頭，因為對文字字面意思的解釋，最易顛倒黑白，上下其手。雍正年間翰林院庶吉士徐駿寫了兩句詩：「明月有情還顧我，清風無意不留人。」被人告發，說他「思念明朝，出語詆毀，大逆不道」，經刑部審訊，雍正批准，把徐駿殺掉了。

「明月」、「清風」，哪一個文人不曾吟誦過？徐駿卻為此招來殺身之禍。這可怎麼得了！看來只有望月結舌，臨風緘口了。曹一士奏摺的鋒芒所向，就是像徐駿案中這類專以文字羅織他人死罪的惡棍，只要「反坐」一個，躍躍欲試者可能都會聞風喪膽。

什麼叫「故入人罪」？即法官故意將無罪判為有罪，將輕罪判為重罪。清律規定，承審官「出入人罪」，凡不意誤犯，處罰較輕；凡知而故犯，則要受到重懲。曹一士提出「反坐」，意在遏制起自民間的文禍的萌生；而刑部覆奏又在文禍既生之後，從承審文字之獄的官府方面，責成其慎重甄別，將其消弭，否則就要冒丟掉烏紗的危險。

隨後在《大清律例》中增加了以下一條專門針對「以文字罪人」這種違法行為的治罪法條：有舉首詩文書札悖逆者，除顯有逆跡，仍照律擬罪外，若隻字句失檢，涉於疑似，並無確實悖逆形跡者，將舉首之人，即以所誣之罪，依律反坐，至死罪者，分別已決、未決，照例辦理。承審官不行詳察輒波累株連者，該督撫科道查出題參，將承審官照故入人罪律交部議處。

嚴格來講，《大清律例》並無「以文字罪人」的法律根據，清朝皇帝也從來不肯承認自己以文字罪人；相反，《大清律例》卻明確載有將「以文字罪人」定為犯罪行為並加以懲治的條例，那就是上述乾隆元年由御史曹一士倡議、刑部遵旨覆奏、乾隆皇帝批准，最後在修訂律例時加載於《大清律例》的重要律條。

既然如此，清朝，特別是康、雍、乾三帝在位的一百多年間，何以製造了那麼多的文字獄呢？問題就發生在究竟如何界定「形跡」或「實跡」的內涵和外延。

曹一士以及制定上述乾隆元年法條的刑部大臣們從無數摧殘人性、扼殺思想的血淋淋的文字獄案中模模糊糊地感覺到了不能光憑詩詞書札的字句定罪。曹一士強調必須有「確鑿形跡」，《大清律例》中上述律例也強調「確

實悖逆形跡」為最後定案的根據。這樣來界定「形跡」一詞,可謂抓住了文字獄案如何定罪的要害;這樣來界定「形跡」一詞,和今天法律意義上「行為」這一概念十分接近。

雍正皇帝和中年以後的乾隆皇帝都堪稱搞文字獄的專家,他們總是指斥犯罪者有「種種叛逆實跡」,他們所說的「實跡」是不是我們今天所講的「行為」呢?請看雍正朝著名的查嗣庭案。

雍正說:「查嗣庭的罪,並不是因為他去江西典試時出的試題有毛病,如果這樣做,別人會說查嗣庭出於無心,『因文字獲罪』我之所以殺查嗣庭,是因為他有『種種實跡』。」

「種種實跡」原來是抄查嗣庭家時發現的兩本日記,在那裡面記下了查嗣庭對已去世的康熙皇帝的種種不滿,和對雍正初政的一些微詞。查嗣庭對自己所寫的日記隱祕之至,從來沒有明示於他人。

如果不是雍正抄了他的家,可能誰也不知道他有這樣一本日記,因此,不能把他定性為反清的宣傳煽動罪,然這是今天的認識。這樁著名的文字獄很有典型性,它表明以雍正為代表的清朝皇帝的邏輯很簡捷:凡是譏諷皇帝、詆毀清朝,不管你有沒有宣傳煽動的行為,都要視為「謀叛大逆」的「實跡」,罪名定得十分可怕。

清代文字獄特別多,與對「實跡」做如此強詞奪理的解釋,隨意擴大其外延,實在有很大關係。這樣看來,至少在雍乾之際,統治集團上層中有相當一部分人對「實跡」或「形跡」的解釋,與雍正皇帝有所不同。

那個搖頭晃腦、吟風誦月的倒楣的徐駿,如果在乾隆初年被人舉發,承審官就很有可能依法審查一下他究竟有沒有確鑿的反清形跡,當然更有可能的是,沒人敢以身試法,舉發他「大逆不道」,清代文字獄史上也就見不到這個案子了。

曹一士等人強調文字獄案應以「確鑿形跡」定罪的認識十分可貴。專制時代文字獄林林總總，不暇細分，其最本質的共同特徵則是不以作者的行為方式作為主要罪證，而僅僅從作品的文字推求作者的思想傾向將其置之以法。

這裡面固然有對字面意思加以歪曲荒唐解釋的，甚至有本意在奉承人主而糊裡糊塗得罪的，但也有相當數量的文字獄不能說作為罪證的文字作品沒有反對以至詆毀國君及朝政的意味。

這後一種情況最難講清楚，你說我是善意批評，當政者非說你是惡毒攻擊。專制時代，皇帝「口含天憲」，你縱有一百張嘴也辯不清，很可能不讓你說話就把你殺了。

曹一士等人竟朦朦朧朧地感覺到此中的真諦，實在難能可貴。然而非常遺憾的是，他們的認識並不徹底，所擬的相應法條也存在自相牴觸之處，給日後乾隆及其子孫，還有那些專門揣摩皇帝風旨的伶俐官員們開了踐踏法制的後門。

反對「以文字罪人」旗幟最鮮明的曹一士竟認為康熙、雍正「兩朝誅殛大憝」的戴名世《南山集》案和查嗣庭日記案這樣再明顯不過的文字獄倒是神聖而不可非議的。

他特別聲明，他的反對以文字罪人並不包括「聖祖」和「世宗」發動的這兩個特殊的大獄；乾隆元年新定律例儘管反對以文字定罪，但又預留下什麼「有舉首詩文書札悖逆者，除顯有逆跡，仍照律擬罪外」之類可供專制帝王曲法玩法的含糊之詞。

這樣一來，又把什麼是「實跡」的最後解釋權拱手交給了專制皇帝。所以說到底，當時包括曹一士這樣勇敢的有識之士在內，誰也不敢也不能期望透過法制手段約束最高統治者製造文字獄的手腳。

如果乾隆和他的子孫認為政治上確有製造文字獄的強烈需要的話，他仍

然可以放手大幹起來。當然，乾隆元年新帝即位伊始，他真誠地不想這麼做。

在乾隆初政的十幾年間，能夠稱得上文字獄的大概就只有謝濟世私注經書案一件。謝濟世在雍正朝因為私注《大學》，「心懷怨望」，險些丟了腦袋。朝代更迭，物換星移，他的積習卻難以改變，仍舊在那裡注經，仍舊不用程、朱的註釋。

乾隆對此早有不滿，到乾隆六年終於感到不宜再寬容下去了，於是親自揭發了這件事，下令查辦。但他與雍正不同，沒有說謝濟世有政治問題，只說他「迂」。至於說他的居官操守，乾隆說：「朕可保其無他也。」

從乾隆對謝濟世的批評來看，保全的意思是十分明顯的。在最後結案時，乾隆特向天下臣民鄭重表示：「朕從不以語言文字罪人。」謝濟世本人仍做他的原官湖南糧道，不過，被指為「自逞臆見，倡為異說，肆詆程朱」的謝注經書則不便存留於世，所以連同書版，一把火全都燒了。

這十幾年間，思想界之所以比較開放，文字獄之所以幾近絕跡，看來有這樣幾個原因：一是乾隆本人對雍正朝峻急嚴猛的統治方針帶來的弊病有比較清醒的認識。

為緩和統治集團內部的緊張關係和知識分子的對立情緒，他為政以寬緩為主調，相應地採取了一系列措施，放鬆了對文化思想的嚴密禁錮。再就是初政伊始，兢兢業業，唯恐失誤，既真誠求諫，又虛心納諫，是他六十餘年政治生涯中作風最開明的時期。

還有一點，乾隆即位以後相當長的一段時間裡，政治形勢比較平穩，全國的氣氛比較寬鬆。當時吳中歌謠有「乾隆寶，增壽考；乾隆錢，萬萬年」之語，與雍正後期「雍正錢，窮半年」的民諺形成了鮮明的對照。

這一時期階級矛盾、民族矛盾和統治階級內部矛盾相對緩和，乾隆沒有碰到什麼大的棘手問題。他後來回憶說，當時叫他心煩的不過是張廷玉與鄂爾泰的門戶之爭、暗中較量而已。

史學家全祖望去世

對於政治節氣的轉換，士大夫和普通士人感覺最敏銳。剛登金榜的才雋之士全祖望回首康熙晚年以及整個雍正年間文字獄的肆虐，有感於乾隆初政以來文字之禁的解除，不勝欣喜地說：「欣逢聖天子蕩然盡除文字之忌。」

這個雍乾之際最著名的史學家死於乾隆二十年。他一生創作最旺盛、他最想在著述近代史和當代史上能夠最大可能地保留自己獨立的見解時，正好趕上雍正時期與乾隆中後期兩個文字獄高峰之間的谷底。

從積極的方面看，他給後人留下了明清鼎革和清前期諸多珍貴的史料；從消極的方面看，全祖望生前得以幸脫文網，死後也因極偶然的緣故而躲過了乾隆中後期文禍的浩劫。

全祖望在乾隆元年中進士時已經三十二歲了，剛及而立之年便春闈登科，前程正無可限量，但他坎坷的後半生卻恰恰從這時開始了。當年九月特開博學鴻詞科，以全祖望的才學本該不成什麼問題，結果竟出乎意料地落了榜。

他的摯友杭世駿深有感慨地說：「紹衣之考證，據天下之最，近代罕有倫比，不得在詞館，豈非命哉！」

全祖望，字紹衣，他所著《七校》、《三箋》是獨步一時的考據佳構，所以杭世駿認為紹衣未登詞科，不在才學而在命。其實，這倒不能全歸之於命運。據說全祖望未能透過博鴻之試，原因在於大學士張廷玉對他沒有好感。

當時張廷玉以三朝元老一身而兼大學士與輔政大臣二任，視為朝中權相。博鴻失敗後，全祖望儘管仍在翰林院供職，但他心中隱隱感覺前景不容樂觀。據全祖望後來講，歷事康、雍、乾三朝的名士方苞預感兆頭不妙，曾勸他及早辭官隱退，他沒有聽，禍事果然很快降臨了。得禍之由是全祖望寫了《皇雅篇》一文，篇中有「大討賊」一段，這「賊」指的是闖王李自成。

盛極而衰

　　西元 1644 年，歲在甲申，李自成陷北京，明崇禎帝倉皇奔景山，投繯自盡。由誰來討賊呢？全祖望說的是清世祖順治皇帝。他在《皇雅篇》中描述清兵「討賊」進入北京時說：「燕人望師如拯焚，一朝快復仇，壺漿夾道出九門。」

　　你看，京師的老百姓簞食壺漿，夾道歡迎，全祖望筆下的清兵不是成了為明朝報弒君之仇、拯救民眾於水火之中的王者之師了嗎？對清朝入關第一帝的順治，全祖望更是極盡美化之能事，說他是「聖人」，沖齡不及十春便命攝政王多爾袞「為我討賊清乾坤」。

　　這種近於諛頌的應景之作出自全祖望的筆下，真令人替他惋惜。但就是這篇頌揚清朝得天下之正的文字，卻被全祖望的仇人指為「悖逆」。他們說全祖望在《皇雅篇》中把崇禎帝寫成了有德之君，竟有「明烈帝，非荒君，十七載，何憂勤」之句，這分明意在煽惑人民「不忘故主」。

　　他們還特別指出「為我討賊清乾坤」這一句詩，說全祖望故意將「賊」字冠於「清」之上，名為頌揚清朝而暗肆詆斥毀邦，這不是「悖逆」是什麼？無中生有，羅織周納，竟到了如此地步，也真叫人無話可講了。但全祖望終能倖免於禍，據說是「某大學士為之解釋」。

　　有人說這「某大學士」就是李紱。李紱在雍正朝屢起屢躓，乾隆即位，萬象更新，在世人當中聲望很高的李紱又恢復了侍郎銜。他仍然改不了「遠聞佳士輒心許」的愛才如命的老毛病，對才情橫溢的後起之秀全祖望更懷有特殊的眷愛。

　　全祖望順天鄉試中舉，內閣學士李紱看到他的行卷深為嘉許，爾後考中進士的丙辰科，考官之一就是李紱，出面薦舉他參加博鴻之試的也是李紱。全祖望因《皇雅篇》而受到誣陷，李紱出來援救是可能的。但李紱一生從未入閣拜相，沒有做過大學士；再者，乾隆元年他就因薦舉過眾，左遷詹事。他是否有力為全祖望開脫並得到乾隆的首肯，不能沒有疑問。

　　這「某大學士」若說是鄂爾泰似乎更有可能。乾隆初年，鄂爾泰與張廷玉不和，而鄂爾泰位居張廷玉之上，全祖望不得登詞科為張廷玉所梗，在大小臣工分別投靠鄂、張，隱然對立的乾隆初期，全祖望因惡張而趨附鄂自在意料之中。

　　全祖望後來為方苞寫的《神道碑銘》中就流露出對鄂爾泰的好感。當然這也只能是一種推測。不管這「某大學士」是誰，乾隆總算接受了他的「解釋」，判定全祖望是無辜的。但從根本上講，還應歸之於乾隆初政，相對開明，在「聖天子蕩然盡除文字之禁」的氛圍裡，有人敢站出來為蒙冤者講話，而乾隆還聽得進去這樣的話。

　　有驚無險，一場虛驚。但從惡人的誣陷中掙脫出來的全祖望還是深受觸動。他這個人生性耿介，待人接物直來直去，既處處與人為善，也疾惡如仇，有不少好朋友且樹敵亦多。回想起方苞前此的忠告，從《皇雅篇》事件後，全祖望退隱的念頭便越來越強烈了。

　　第二年翰林院朝考，全祖望被置於劣等，散館後分發知縣。一連串的打擊使他抑鬱憤懣，心灰意冷。他不願為五鬥米而折腰，就辭官回到了家鄉浙江鄞縣。全祖望的後半生，曾主持過浙江寧波蕺山書院和廣東端溪書院的講習，但時間都不長。他把自己的餘生都奉獻給了史學。他酷愛歷史，特別想為活躍於明清之際的那些光彩照人的先賢立傳，為他十分熟悉的康、雍、乾三朝那些氣節凜然、個性鮮明的人物立傳。

　　乾隆十五年春，正當他埋首於著史之時，害了一場重病，一隻眼睛忽然失明了。有人就說他「不善持志。理會古人事不了，又理會今人事，怎能不害病」！

　　然而，一目忽眇是小，全祖望拳拳於記述時事，這在當時更隱藏著殺身破家的危險，這他怎能不知道呢？但先人的那些事跡就像胸中的一團火，他非要把它寫成火一樣的文字，讓它在世上流布。

盛極而衰

最早使全祖望立下著史之志的是他的祖母張氏。祖母的父親就是為抗清而壯烈獻身的烈士張煌言。有關張煌言的種種軼事，全祖望就是聽張氏祖母講的。康熙三年七月十七日，張煌言在一個海島上遭到清兵的偷襲而被捕。

十九日押解到南京，浙江提督張杰設宴迎接，張煌言對他說：「父死不能葬，國亡不能救，今日之事，速死而已！」

張杰無奈，把他解到杭州。路上看守他的士兵在船頭低唱蘇武牧羊曲，又有人偷偷把詩放在艙中，上面寫道：「此行莫作黃冠想，靜聽先生《正氣歌》。」

張煌言知道他們在激勵自己，希望他學蘇武，不能屈節失志；學文天祥，要殺身以成仁，發揚民族正氣。九月七日張煌言在杭州就義時，遙望鳳凰山一帶深情地說：「好山色！」遂賦《絕命詞》，挺立受刑。聽這些故事時，全祖望還是個十幾歲的孩子，他深深地感動了，為自己的家鄉出了這樣一位堅毅卓絕的偉人而驕傲，為自己家族有這樣一位志節皎皎的英傑而自豪。

全祖望棄官治史，更有他得天獨厚的條件。他的老家浙東地方清朝初年出了幾位名聞遐邇的大史學家，其中最著名的是餘姚黃宗羲和鄞縣萬斯同。全祖望佩服黃宗羲的學問，更敬仰他的品德節操。

黃宗羲批評明人講學束書不觀而從事於游談，他教育學生要以「六經」為根柢，做有益於世的真學問。萬斯同是黃宗羲的得意門生，敬承師教，主張「無益之書不必觀，無益之文不必為」。

康熙中期，他參與了官方《明史》的纂修，但講明是以「布衣」身分入館，這樣終歸少一些約束。全祖望全面繼承了黃宗羲、萬斯同的學術宗旨，而且又有所發展。

他把寫史的範圍從古代推進到近現代，除表彰前朝忠義之士外，特別把眼光集中到當今之世，寫了他身邊諸多遭遇坎坷的悲劇人物。這就是前面所

說的「理會古人事不了，又理會今人事」。

此外他又為清初那些忠於明朝而不與新朝合作的所謂「明遺民」立傳，表揚為先儒肯定的可貴的民族意識和民族氣節。顯而易見，在當時的政治環境裡，全祖望特立獨行的精神和作為，對保留明清之際及康雍乾這一重要歷史時期的信史，意義不可估量。然而，也恰恰因此而最擔風險。

在《陸麗京先生事略》一文結尾，全祖望用「嗚呼，其亦可哀也夫」，對莊氏史獄倖免者陸圻的遭遇表示了深切的理解和同情。另在顧炎武、查慎行的傳記中，全祖望還記錄了康熙七年發生在山東濟南的黃培詩獄以及雍正朝著名的查嗣庭案。

這些文字儘管寫得不夠舒展酣暢，但字裡行間流露出來的作者愛憎仍是灼然可見的。全祖望為當代人物所寫的傳記，感情抒發得比較自由一些，特別是為他的恩師和摯友李紱寫的《閣學臨川李公神道碑銘》一文，更把自己的政治傾向和憤激情懷錶達得淋漓盡致。

李紱歷仕康、雍、乾三朝，屢起屢躓，骯髒以沒。對這樣一個置身於最高統治集團權力鬥爭漩渦的人物的功過是非如何評定，直接關係到康熙、雍正乃至當今皇帝 —— 乾隆的形象。

在李紱與田文鏡的互參事件中，雍正從一開始就站在了田文鏡一邊，給李紱扣上了科甲朋黨的大帽子。全祖望在李紱的傳記中則說他「遭鉤黨之誣」。

乾隆即位，李紱復起，是非業已昭然，本應有一番作為，但「不一年，竟左遷詹事」，原因何在？全祖望說乃是李紱愛才心切，以「薦舉過多而被黜」。對李紱在三朝的遭遇，全祖望作了這樣的總結：「公平生以行道濟時為記，用世之心最殷，故三黜而其志未嘗少衰，而浩然之氣亦未嘗少減。」

如此一偉丈夫為什麼不能見容於康、雍、乾三帝？就在於他那一副錚錚鐵骨，一腔勁氣剛腸。全祖望以自身經歷對此中奧妙已有所認識，所以他說

雍正皇帝特以李紱「性剛，意欲痛有所催折而後湔洗之，而復用之」。

這話聽起來很委婉，實則對清帝用人之道的剖析可謂力透紙背。在全祖望為恩師所寫的墓碑中，人們看到李紱的博學洽聞，看到他那如大江東去、如春潮澎湃的雄豪浩瀚之才，但留給人們印象最深的是他的不為專制淫威稍稍屈服的剛烈之氣。

全祖望說，恩師曾親口對他講：「我只要內省無負疚之初，那麼生死且置之度外，何況禍福？禍福且不足動心，何況榮辱得失？這樣做去，再險惡的處境也難不倒我。」

日後，全祖望的弟子向他請教立身行事之道，他就把李紱的話傳達給他們。

然人皆血肉之軀，終非金石，屢經政治霜雪侵蝕剝離，精華亦漸漸耗盡了。

全祖望記晚年的李紱「神氣支離，與人語健忘，一飯之間，重述其言，絮絮數十度不止」，與「少有萬夫之稟，及中年百煉，芒彩愈出」的李紱豈可相提並論？李紱先逝，全祖望不勝悲痛地說：「今老成徂謝，後學其安所依歸乎？」

乾隆二十年，一代史學家、一代文學家全祖望去世了，年僅五十一歲。他的身後事極為淒涼蕭條，連殯葬之費也沒有著落，家人把他畢生所藏萬卷書出讓，換來二百兩銀子，才得以安葬。

乾隆十六年「聖明天子」治下的中國政治環境比較寬鬆的時代戛然結束了。乍暖還寒時節過後，並沒有迎來百花齊放、萬紫千紅的春天，文字獄高峰卻突兀而起。

壓制大興的「文字獄」

乾隆登上龍位之初，為了籠絡人心，採取了「優待文人，清明盲路」的政策。為了提高文人的地位，乾隆採取了不少措施，諸如重開博學鴻詞科、開鄉會試恩科和舉經筵，禁扣舉人坊銀，優恤紳士和生員等等。

博學鴻詞科起於康熙年間，是康熙為了發展文化和籠絡文人學士而開設的，主要選拔「學行兼優，文詞卓越」的人才。到了雍正年間，博學鴻詞由於種種原因又停止了。而乾隆剛繼位便開此舉科，優選士人，在繼位第二年又連續開科選人，說明了他對文人學士的重視和對文化的崇尚。

在考試中，選拔出了幾百名進士，人數大大超過了正科，在這些人中就有後來權傾朝野的於敏中。乾隆還特別批准該年度的新取進士可以條奏地方利弊，顯示出了對恩科進士的重視之意。

乾隆還在經濟和物質上來改善文人的日常生計。乾隆規定從元年冬天開始，將兩江學政養廉銀從原來的一千五百兩和兩千兩增到四千兩，以此來鼓勵他們堅持操守、鞠躬盡瘁、公正廉明、自覺維護國家的法度。

此外，乾隆還把州縣學中的教官從九品升為正七品，學正和教諭定為正八品，訓導也定為從八品。這些人政治地位一提高，經濟收入也自然上漲了。

清朝原規定各省鄉試考中的舉人，每人由該省布政使頒給坊銀二十兩，以資鼓勵。但是有些省的官員竟貪汙其中的資金，使舉人只得到一點點，甚至是一點都沒有；或者有的地方官員把坊銀發下去了，舉人還得將此銀兩來孝敬主考官。

瞭解到這種種現象後，乾隆感到這樣下去既與朝廷鼓勵人們讀書上進的本意背道而馳，還助長了貪汙之風，辜負了朝廷優恤文人的初衷。為此，乾隆下令說：

以前地方官或主考官扣發、收受坊銀的事情一概不究，此後，考官等應該
遵守行政制度，不許收受此銀兩，該藩司亦必照數給發，不得絲毫扣留，
一定要讓中第的舉人實實在在地享受到皇上的恩澤。

這樣，也終於讓實惠真的落在舉人身上。乾隆三年四月，乾隆又做出規
定：凡遇地方賑災之時，由督撫傳令教官，將貧生人名開報給地方官，按人
數多寡從官府公款內撥出銀米，移交本學教官，均勻散給那些貧困的學子，
資助他們的生活。乾隆還強調指出：如果教官開報不實，散給不均，或者胥
吏從中貪汙，都要從嚴懲治。

乾隆不僅在這些措施上優待士人，而且在他出巡過程中，特別是南巡期
間，還對前來迎駕的知識分子給予特別召試，並透過考試授予官職和功名。

在南巡之地江浙等省份，乾隆還增加了歲試文童府學及州縣大學名額。
乾隆歷次南巡時都召試士子，賜給出身，使一批有才華的讀書人以文獲進。

乾隆比較重視從科舉選拔人才，曾經多次親臨貢院，巡視號舍，看到考
場矮屋風簷，士子非常艱苦，便命發給考生蠟燭、木炭，准許入場時攜帶手
爐以溫筆硯，還關心考場的伙食。因會試時正值京師嚴寒，乾隆還曾命延期
三個月以待春暖。後來，為了選拔更多的人才，乾隆還增加了皇太后萬壽恩
科的考試。

在乾隆愛惜文人才識的表率作用下，很多官員也多以培養人才，扶持後
進為己任，像大學士於敏中，是編纂《四庫全書》的最早倡導者之一，不但
自己致力於古文詩詞討論典籍，講求古今沿革利弊，熟研朝章國故，切磋久
之，達於實用；而且他也非常重視人才的選用，當時人都稱他衡量人才從細
小處計較屈申榮辱，看人的才能而定。

那時，公卿好士已成風氣，大學士蔣溥極愛士，一旦有人來薦書，即安
排吃住在自己的公寓裡，即使不認識這個人也不計較。尚書裘日修，在內城
石虎胡同，購買了一個亭子叫「好春」，退朝以後就來到這裡休息，賓客門

下士往來不絕，他們都不約而同地直接來到這個亭子處。下朝後，裘日修必定會來這裡等待那些想要求取功名的士子。可見當時的文士是很活躍的，入仕的路子也是很多的。

對文人的優待和培養，使乾隆朝的人才之盛遠遠超過了前幾代，這些人很多都成為文治武功的大家。有的精於考據，如漢學諸公；有的長於治理，如陳宏謀、梁國治、薩載、舒赫德、高晉等。雖說其中不乏寡廉鮮恥、營私敗檢之徒，但大多數人才學優長，尤善經世撫民。

乾隆透過小小的恩惠，可以說達到了「天下之才全入我彀中」的目的，這也是清朝長治久安的根本。而到了乾隆中後期，為了控制文人言論，卻又製造了文字獄，讓文人安分守己。乾隆對於文人的態度有一個明顯的轉變，這是與他的政治需要緊密聯繫的。

雍正在位十三年，製造了查嗣庭等十多起文字冤獄。乾隆為了汲取歷史教訓，在他即位初年，就表現了某些開明之舉。大學士鄂爾泰曾奏請迴避御諱。乾隆說：「避諱雖歷代相沿，而實文字末節，無關大義也。」他宣布，「嗣後凡遇朕御名之處，不必諱。」

乾隆還曾說：「朕自幼讀書宮中，從未與聞外事，耳目未及之處甚多，群臣可各抒己見，深籌國計民生要務，詳酌人心風俗之攸宜，毋欺毋隱……即朕之諭旨，倘有錯誤之處，亦當據實直陳，不可隨聲附和。如此則君臣之間，開誠布公，盡去瞻顧之陋習，而庶政之不能就緒者鮮矣。」

但在乾隆十五年以後，即孫嘉淦偽奏稿以後，乾隆就背棄了自己的諾言，不只不許臣民「據實直陳」他的「錯誤之處」，而且對臣民的詩文吹毛求疵，斷章取義，隨意附加「影射譏諷」等罪名，殺人無數。

乾隆十五年，社會上流傳所謂孫嘉淦偽奏稿。孫曾官至工部尚書，生性耿直，敢於犯顏直奏，因此社會上有人冒其名寫奏稿，指斥乾隆「五不解十大過」，主要內容是批評乾隆南巡擾民、奢侈浪費和賞罰不公等。

乾隆大怒，說這「全屬虛捏」，他下令各省督撫、各級官員嚴查偽稿的炮製者和傳播者。至同年十一月，僅四川一省就逮捕了嫌疑犯二百八十多人。山東曾發現偽奏稿，山東巡撫以為「無庸深究」，被乾隆革職查辦；御史書成上疏委婉提出勸阻，說此案曠日持久，「株連終所難免，懇將人犯即行免釋」，乾隆閱後大怒，連降二道諭旨申斥書成為「喪心病狂之言」，書成被革職服苦役，此後無人敢諫。

在繼續追查中，有挾仇誣告，有畏刑妄承，有株連擾累，總之弄得人心惶惶。乾隆十七年十二月，江西巡撫鄂容泰，奏報長淮千總盧魯生父子傳抄偽稿。逾月，軍機大臣在刑訊誘供中又得知南昌守備劉時達父子同謀。

乾隆十八年三月，盧魯生被凌遲，劉時達等俱定秋後斬決，家屬照例連坐。辦案不力的大員如江西巡撫、按察使、知府等俱被革職拿問，連兩江總督、漕運總督也被牽連問罪。

其實此案疑點很多，盧的供詞前後矛盾，他說偽稿是劉所供，但二人並未對質，又無其他證據，只是負責此案的官員怕擔當「查處不力」的罪名，就倉促判決定案了。

乾隆雖未加罪孫嘉淦，但孫嘉淦嚇得心驚肉跳，面對身邊哭泣的妻兒，自悔以前不該耿直敢奏，致使別人冒己名寫偽奏稿。乾隆十八年，孫嘉淦因驚懼而死。在文字獄的腥風血雨中，正氣傲首俱喪，以後敢於直言的就更少了。

乾隆二十年，乾隆又透過胡中藻文字獄案掃平了鄂派的勢力。乾隆二十二年，乾隆南巡到徐州，江蘇學政使彭家屏告病在老家河南夏邑休養。夏邑縣離徐州很近，乃前往接駕。乾隆詢問民情，彭家屏奏稱河南去年水災造成莊稼歉收，他自己的家鄉夏邑縣和永城縣災情尤其嚴重。

乾隆聞聽，雖然立刻傳旨訊問河南巡撫圖勒炳阿，心中卻在尋思：「以彭家屏為本地縉紳，不免有心邀譽鄉里，言之過甚。」所以當圖勒炳阿報告

「夏邑等縣僅少數低窪地方有積水，都有六七分收成，可以不必給予賑濟，酌情借一些糧食已經足夠接濟」時，乾隆也就放心了。

在乾隆南巡迴駕又經徐州時，河南夏邑縣百姓張欽攔路告狀，稱上年夏邑受災，地方官隱匿災情不報，乾隆聽到這些不覺大吃一驚。由於沿途見到徐州百姓困苦不堪，於是想到夏邑等縣與徐州是近鄰，恐怕受災也不會輕，便派步軍統領衙門微服前往密行訪查，而步軍統領未回之時，又有河南夏邑縣農民劉元德狀告地方官散賑不實等事。

在追查出段、劉兩名官員時，受命微服私訪的步軍統領從夏邑返回，向乾隆報告說：「夏邑、永城、商丘、虞城四縣災情嚴重，莊稼連年歉收，積水乾涸，無法下種，百姓慘不忍睹。」

步軍統領僅花了幾百個銅錢就買了兩個男孩子，並有賣身契約為證。至此，證明彭家屏及告狀農民張欽、劉元德所說句句屬實，而且還把災情隱瞞不少。乾隆遂將巡撫圖勒炳阿革職，發往烏里雅蘇台，夏邑、永城知縣皆被革職，此案自此了結。

然而事情的發展卻並未到此結束，乾隆一向視民告官為刁風惡習。所以又反過來下令對劉元德嚴加審訊，以此告誡百姓，務必安分守法。

在嚴刑逼供之下，劉元德供出支使他告狀的是生員段昌緒等人，還為他們告狀提供了路費。夏邑知縣又報告說從段昌緒家中搜出吳三桂當年使用過的檄文一張。

乾隆想到彭家屏也定有偽書之嫌，便派人到彭家屏家中嚴查。接著，乾隆又親自提審彭家屏，向彭家屏聲稱：「你是朝廷重臣，一直身受國家的恩惠，如果你自首的話，還有一線生機。」

彭家屏稱：「吳三桂的偽檄我實在沒有看到過。」

乾隆再三盤問，彭家屏才承認家中藏有《豫變紀略》、《酌中志》、《南

259

遷錄》等明末野史。但是，到彭家中搜查的官員卻並未發現任何悖逆書籍。

乾隆在一怒之下，遂轉而指責彭家屏之子彭傳笏焚燬書籍，讓圖勒炳阿等將彭家屏的兒子及家人嚴行審訊，明白開導，下令讓熟悉彭家屏底細的人主動招供，以使其無可狡賴。乾隆傳話給彭家屏如能主動承認，還是可以寬恕的，如果頑固不化，馬上按照律法從重辦理，嚴加正法，不再給予寬待。

在這種威逼利誘下，彭傳笏只得承認逆書係自己焚燬。然而乾隆並不滿足，進一步將案情引向嚴重，指責彭家屏有校點逆書之嫌，將彭及其子定斬監候、家產入官。

後來，圖勒炳阿奏彭家屏刊刻族譜《大彭統記》，乾隆聞訊，又抓住此事大做文章，將其置之死地。他說：「彭家屏稱大彭得姓於黃帝，太狂妄了，身為臣子，自稱為帝王苗裔，這是何居心？而且以《大彭統記》命名，實在是大逆不道，又斥責彭家屏不避諱皇室宗廟名字，朕綜合他所有的罪狀，決定賜他自盡，用以告誡其他負恩狂悖的大臣。」

江西新昌人王錫候，中舉後九次會試都落榜，從此他心灰意冷，專心著述，他深感《康熙字典》查檢、識證都不容易，於是用數年的工夫，編了一部《字貫》，於乾隆四十年刊成後，被仇家王瀧南告發，說他刪改《康熙字典》，貶毀聖祖。

乾隆一看，該書的《提要·凡例》中有一則教人怎樣避諱，即凡有康熙帝、雍正帝、乾隆帝的名字等字樣時應如何改寫以避諱。王錫候所教的方法是完全按官方規定，都用了缺筆處理，以示敬避。

可是乾隆還認為該書沒有按更嚴格的避諱方法，於是勃然大怒，認為此實「大逆不道」、「罪不容誅」。王錫候被判斬立決，家屬按例受株連。江西巡撫滿人海成，當初在接到王瀧南控告後，立即上報，擬革除王錫候的功名。

乾隆認為海成判得太輕，「有眼無珠」，將其革職治罪。這個滿洲大吏，

以前因查繳出禁書八千多冊，曾受到乾隆嘉獎，如今一著不慎，便淪為階下囚。

從此以後，各省督撫大員及各級官員，遇到這類案件就更加刻意苛求，吹毛求疵，在擬具處理意見時，就寧嚴勿寬、寧枉勿縱，以免被皇帝加罪。乾隆四十三年，為江蘇東台縣舉人徐述夔子孫被仇家蔡嘉樹告發，因而獲罪。

徐述夔生於康熙中葉，約卒於乾隆二十八年。生前曾著有《一柱樓詩集》，該詩集中有「大明天子重相見，且把壺兒擱半邊」；「清風不識字，何須亂翻書？」等句。

乾隆見了，認為是「叛逆之詞」，說「壺兒」是諷刺滿人；「清風」一句是指滿人沒文化。詩集中還有兩句，「明朝期振翮，一舉去清都」，「明朝」二字本是指明天早晨，意思非常清楚，而乾隆偏說是指「明代」，因此這兩句便被說成是懷念明朝。

最後判決：徐述夔及其子已死，開棺戮屍，梟首示眾；徐的兩個孫子雖攜書自首，但仍以收藏「逆詩」罪論斬。最冤枉的是徐述夔的族人徐首發和徐成濯兄弟，因二人名字合成是「首發成濯」四個字，乾隆根據《孟子》「牛山之木，若彼濯濯，草木凋零也」，遂認為此二人的名字是詆毀本朝剃髮之制，以大逆不道之罪處死。

石卓槐，湖北黃梅縣監生，在其所著《芥圃詩抄》中，有「大道目以沒，誰與相維持」等句。經仇家告發，乾隆批道：「大清主宰天下，焉有大道沒落之理，更焉用外人維持？」於乾隆四十五年下令將石凌遲處死。

乾隆四十六年，湖北孝感縣生員程明湮在讀《後漢書·趙一傳》中的五言詩「文籍雖滿腹，不如一囊錢」句後批道：「古今同慨」四字，被仇家告發為以古諷今，判斬立決。

　　乾隆更一再下令各省督撫大員和各級官吏，搜查禁書。對於有積極表現的，就獎勵升官；對於不積極的，就予以申斥治罪。因此各級官員都戰戰兢兢，到處搜查禁書，翻箱倒櫃，弄得各州縣鄉里騷然。

　　官員們在處理案犯時也就無限上綱，寧枉勿縱，而何謂「悖逆」，何謂「禁書」，又沒有個標準，所以奸人就可以亂加解釋、挾嫌誣告，或因敲詐不遂而告發。

　　在這種社會風氣下，勢必產生一批文化鷹犬，如浙江巡撫覺羅永德在乾隆三十三年向皇帝密報：「為查獲行蹤妄僻，詩句牢騷可疑之犯，臣諄飭各屬，不論窮鄉僻壤，庵堂歇店細加盤詰。」

　　官府尚且如此，一些無恥文人更為虎作倀，用各種卑鄙手段獲取告密材料，以為自己升官發財進身之階。在這種文化專制恐怖主義之下，曹雪芹寫《紅樓夢》時不得不聲明，此書大旨言情，不敢干涉朝廷，都是些「賈雨村言，甄士隱去」，其良苦的用心都是為了躲過殘酷的森嚴文網。

　　當時的士人絕大多數也終日戰戰兢兢，提心吊膽過日子，更不敢言創新和改革，只能謹守「祖宗之法」，終日揣摩上意，歌功頌德，唯唯諾諾。

　　乾隆四十七年以後，文網稍寬，對下面官員或因邀功或因畏罰而送上來的文字獄案，乾隆有時批示：「朕凡事不為己甚，豈於文字反過於推求？毋庸深究。」

巨資興修皇家園林

　　乾隆登基那年二十五歲，風華正茂，野心勃勃。從乾隆元年開始，圓明園就開始大舉擴建。到乾隆九年，建成了「圓明園四十景」。這座園林有的模仿江南園林，有的再現古詩和繪畫的意境，集天下之大美於一身。

　　乾隆對圓明園的厚愛是有來歷的。小時候他和前途尚不明朗的父親雍親

王胤禛一起住在圓明園，那時的圓明園只是皇子賜園，康熙所居的暢春園才是真正的皇家園林。

乾隆聰明能幹，好大喜功。傳教士郎士寧認為，乾隆各方面都爭強好勝，最喜歡扮演文壇領袖。他一生寫詩四萬多首，比《全唐詩》數量還多，有時候乾隆一天寫幾十首詩，見什麼寫什麼。

據統計，乾隆寫的與圓明園有關的詩就達兩千多首，詩中記載著諸多歷史事件，比如八十三歲高齡時在正大光明殿接見英國使臣馬嘎爾尼，八十五歲時在勤政殿立皇十五子永琰為太子，宣布歸政。

乾隆對雍正時期的圓明園做了調整和更改，減少了園林的鄉野味道，比如牡丹台更名「鏤月開雲」，竹子院更名「天然圖畫」，菜圃更名「杏花春館」，金魚池更名「坦坦蕩蕩」。乾隆在《圓明園後記》得意地寫道：

天寶地靈之區，帝王豫游之地無以逾此。

乾隆還在圓明園的西北建了「鴻慈永祐」，又稱「安佑宮」。這座家廟供奉著康熙和雍正畫像。這座建築樣式仿照太廟，門口豎著華表和牌樓。安佑宮加強了圓明園作為離宮的政治地位，但從園林美學角度而言，則顯得體積龐大，過於莊嚴，與周圍山水頗不協調。

另外一處規模宏大的建築群是福海東北方的「方壺勝境」，這是乾隆想像中的仙境的模樣。圓明園的建築一般不用琉璃瓦，而「方壺勝境」不但用琉璃，而且還用了七彩琉璃。每當夕陽西下，此地絢爛異常。

乾隆還嫌不過癮，又向東發展擴建了長春園，向東南兼併了綺春園，這三座園林仍統稱為「圓明園」。在長春園，乾隆把六下江南的舊夢帶回了京都，又把西洋建築引進了中國。

乾隆對江南園林的學習很成功。雖然很多景點的名字都是照搬江南風景，比如西湖十景、獅子林，但乾隆塑造的是神韻，而不是僅求形似。

他第二次、第三次、第四次下江南，都曾遊覽蘇州的獅子林，對該園鬧中取靜的設計，乾隆讚不絕口。第五次南巡時，長春園東北角的「獅子林」已經建成，該園不拘泥於原樣，而是根據圓明園當地條件，對景物加以取捨。

乾隆十五年，乾隆下旨建造西洋水法房，這是西洋樓建築群的開端。此後，他又下旨命郎士寧等人設計，修建了方外觀、海晏堂、大水法等洛可可和巴洛克式建築。

直到乾隆四十八年，大水法以北建成了遠瀛觀。西洋樓景區只占整個圓明園的 2%，乾隆的本意也只是玩賞噴泉等西洋奇巧。要知道，西洋樓建築主體雖然是歐洲樣式，屋頂卻是中式的，這也意味著乾隆內心深處仍然堅信大清權傾天下，捨我其誰。

圓明園中最匪夷所思的地方，當屬同樂園的買賣街了。平民喜歡模仿皇室，造「假皇家」；皇家卻也喜歡模擬平民，造「假民間」。同樂園倒沒什麼，那是皇帝看戲的地方，主建築是一座三層的大戲台。

而買賣街卻是一處鬧市。街上店鋪掌櫃由內務府太監充任，舉凡古玩、酒樓、茶館，無所不有，甚至還有拎著籃子賣瓜子的。據傳教士王致誠描述，買賣街上有太監假裝吵嘴打架的，還有扮演小偷和捕快的。「小偷」被抓獲之後要送官府懲辦，給皇室家族取樂。

乾隆皇帝的園居生活在大多數時間裡，他睡在後宮「九州清晏」，當然，圓明園裡有許多寢宮，他可以在任何地方小憩。比如文淵閣，那是《四庫全書》的藏書樓；再比如長春園的含經堂，那裡也有《四庫全書》的簡本《四庫全書匯要》。

早上起來，乾隆一般去「坦坦蕩蕩」餵魚，到舍衛城燒香禮佛。接著或乘船，或坐轎到同樂園吃早飯，他的早飯很晚，大概相當於上午十點鐘。

　　吃完早飯，乾隆再到「勤政親賢」辦公。奏章批閱累了，他可以就地「觀稼驗農」，也就是視察農業生產。圓明園由兩層虎皮牆包圍著，牆體不高，牆外就是周圍百姓的水田。

　　圓明園牆邊建了幾處較高的建築，乾隆可以站在樓上看農夫種田。比如「若帆之閣」，牆外風吹禾苗，稻田像海浪一般蕩漾，他所在的閣樓就像航行在稻海裡的一艘小船。

　　乾隆忽然閃現一個念頭，比如想蓋座新樓，或想改建現有宮殿，就會把建築設計世家「樣式雷」找來，後者根據他的口述，用木條和紙板做成模型，就是「燙樣」。乾隆批准之後，紙上的圖樣就會迅速拔地而起，不久以後，乾隆就會遊蕩其中，不停地作詩、潑墨繪畫。

　　乾隆修建圓明園工程，耗資肯定是巨大的。況且正如乾隆所言，「土木之功，二十年斯弊」，圓明園建成之日也就是修繕的開始。對此乾隆自有一套說辭，他認為，「泉貨本流通之物，財散民聚，聖訓甚明，與其聚之於上，毋寧散之於下」。

　　上行下效，乾隆時代，北京掀起了建設高潮，宮殿、壇廟、園囿、衙署、城郭、河渠，莫不修繕。清朝以前，皇家工程往往是無償徵用人工，而乾隆則「物給價，工給值」，這位皇帝從來不打白條。乾隆認為建築是百年大計，不能省錢，所以乾隆時期的建築質量很高、結實、美觀。

　　清王朝進入乾隆時期，最終形成了肇始於康熙的皇家園林建設的高潮。乾隆皇帝作為盛世之君，有較高的漢文化素養，平生附庸風雅，喜好遊山玩水。他自詡「山水之樂，不能忘於懷」，對造園藝術很感興趣也頗有一些見解。

　　明代以及康、雍兩朝建置的那些舊苑已遠不能滿足乾隆的需要，因而按照自己的意圖對它們逐一進行改造、擴建。同時，他又扶持皇家斂聚的大量財富，興建了為數眾多的新園。

盛極而衰

　　乾隆曾先後六次到江南巡視，足跡遍及江南園林精華薈萃的揚州、蘇州、無錫、杭州、海寧等地。凡他所喜愛的園林，均命隨行的畫師摹繪為粉本「攜圖以歸」，作為北方建園的參考。一些重要的擴建、新建的園林工程，他都要親自過問甚至參預規劃事宜，表現了一個內行家的才能。

　　康熙以來，皇家造園實踐經驗上承明代傳統並汲取江南技藝而逐漸積累，乾隆又在此基礎上把設計、施工、管理方面的組織工作進一步加以提高。內廷如意館的畫師可備諮詢，內務府樣式房做出規劃設計，銷算房做出工料估算，有一個熟練的施工和工程管理的團隊。因而園林工程的工期比較短，工程質量也比較高。

　　從乾隆三年直到三十九年這三十多年間，皇家的園林建設工程幾乎沒有間斷過，新建、擴建的大小園林按面積總計起來大約有一千五六百公頃之多，它們分布在北京皇城、宮城、近郊、遠郊、畿輔以及承德等地。營建規模大，確乎是宋、元、明以來所未之見的。

　　大內御苑的情況，比之清初因興廢擴充而有一些變動：

- **東苑**：大部分析為民宅，少部分改為寺廟和內務府倉庫，東苑作為園林已不復存在。
- **兔園**：全部析為民宅，亦不復存在。
- **景山**：增建、改建若干建築物。
- **西苑**：三海以西的空地由於皇城內民宅日增而不斷縮小，最後只剩下沿東岸的一條狹窄的地帶，不得不於此加築宮牆以嚴內外之別。西苑的範圍縮小，苑內卻增建了大量建築物，包括佛寺、祠廟、殿堂、住房、小園林以及個體的樓、閣、亭、榭、小品之類的點景，由於建築密度增高，苑內景色大為改觀，尤以北海一帶的變動最大。
- **紫禁城內**：御花園和慈寧宮花園大體上仍保持著清初的格局，僅有個別

殿宇的增損，另在內廷的西路新建「建福宮花園」，內廷東路新建「寧壽宮花園」。

以西苑的改建為主的大內御苑建設，僅僅是乾隆時期的皇家園林建設的一小部分，大量的則是分布在北京城郊及畿輔、塞外各地的行宮和離宮御苑。北京西北郊和承德兩地尤為集中，無論就它們的規模或者內容而言，均足以代表有清一代宮廷造園藝術的精華。

乾隆之所以集中全力在北京西北郊和承德這兩個地方興建和擴建御苑，固然由於這裡具備優越的山水風景和康、雍兩朝已經奠定的皇家園林特區的基礎，而他本人持有與康熙同樣的園林觀也是一個主要的原因。

乾隆酷愛園林的享受，六巡江南又深慕高水平的江南造園藝術。同時也像康熙那樣保持著祖先的騎射傳統，喜歡遊歷名山大川，對大自然山水林木懷著特殊的感情。他認為造園不僅是「一拳代山、一勺代水」對天然山水作濃縮性的摹擬，其更高的境界應該是身臨其境的直接感受：

> 若夫崇山峻嶺，水態林姿；鶴鹿之遊，鳶魚之樂；加之岩齋溪閣，芳草古木，物有天然之趣，人忘塵市之懷。較之漢唐離宮別苑，有過之無不及也。

北京西北郊和承德的山水結構乃是創設園林的自然風景真實感的不可多得的地貌基礎，這樣的造園基地，對於乾隆來說其所具有極大的誘惑力，自是不言而喻的。

乾隆奉皇太后居暢春園並擴建其西鄰的西花園，他自己仍以圓明園作為離宮。對該園又進行第二次擴建，大約在乾隆九年告一段落。這次擴建並沒有再拓展園林用地，而是在原來的範圍內增建若干景點。將園內的四十處重要景點分別加以四個字的「景題」，成「四十景」。其中二十八處是雍正時舊有的，十二處是新增的。

　　乾隆十年，擴建香山行宮，十二年改名「靜宜園」。乾隆十五年，擴建靜明園，把玉泉山及山麓的河湖地段全部圈入宮牆之內。同年，在甕山和西湖的基址上興建清漪園，改甕山之名為「萬壽山」，改西湖之名為「昆明湖」，二十九年完工。

　　與建設清漪園和靜明園的同時，為了徹底解決與日俱增的宮苑的供水和大運河上源通惠河的接濟問題，對北京西北郊的水系進行了大規模的整治：攔蓄西山、香山一帶的大小山泉和澗水，透過石渡槽導入玉泉湖，再經過玉河匯入昆明湖；結合園林建設，拓展昆明湖作為蓄水庫，另開鑿高水湖和養水湖作為輔助水庫，並安設相應的涵閘設施；疏濬長河，開挖香山以東和東南的兩條排洪洩水河。

　　經過這一番整治之後，昆明湖的蓄水量大為增加，北京西北郊形成了以玉泉山、昆明湖為主體的一套完整的、可以控制調節的供水系統。它保證了宮廷、御苑的足夠用水，補給了通惠河上源，也收到農業灌溉的效益。同時，還創設了一條由西直門直達玉泉山靜明園的長達十餘公里的皇家專用水上游覽路線。

　　乾隆十六年在圓明園東鄰建成長春園、東南鄰建成綺春園。此二園為圓明園的附園，三者之間有門相通，同屬圓明園總理大臣管轄。因此，一般通稱的圓明同也包括長春、綺春二園在內，又稱為「圓明三園」。除此之外，海澱以南、沿長河一帶還陸續建成若干小型的行宮御苑。

　　到乾隆中期，北京的西北郊已經形成一個龐大的皇家園林集群。其中規模最宏大的五座：圓明園，暢春園，香山靜宜園，玉泉山靜明園，萬壽山清漪園，號稱「三山五園」。圓明、暢春為大型人工山水園，靜明、清漪為天然山水園，靜宜為天然山地園。它們部由乾隆親自主持修建或擴建，精心規劃、精心施工。

可以說，三山五園薈聚了中國風景式園林的全部形式，代表著後期中國宮廷造園藝術的精華。它們附近又陸續建成許多賜園、私園，連同康、雍時留下來的一共有十餘座。

在西起香山、東到海澱、南臨長河的遼闊範圍內，極目所見皆為館閣聯屬、綠樹掩映的名園勝苑，形成一個巨大的「園林之海」，也是歷史上罕見的皇家園林特區。北京西北郊以外的遠郊和畿輔以及塞外地區，新建成或經過擴建的大小御苑亦不下十餘處，其中比較大的是南苑、避暑山莊和靜寄山莊。

乾隆三年，擴建北京南郊的南苑，增設宮門九座，苑內新建團河行宮以及衙署、寺廟若干處，作為皇帝狩獵、閱武和游幸時駐蹕之用。乾隆十六年，擴建承德避暑山莊，五十五年完工。

在園內增建大量的景點，其中主要的三十六處以三個字命名景題，是為「乾隆三十六景」。園外獅子溝以北、武烈河東岸一帶，先後建成宏偉壯麗的「外八廟」，自北而南環繞避暑山莊有如眾星拱月。

乾隆十九年，在北京以東薊縣境內的盤山南麓建成大型山地園林「靜寄山莊」，又名盤山行宮。乾隆題署「靜寄山莊十六景」，其中八景在園內，八景在園外。

其餘規模較小的行宮則是乾隆北巡、南巡、西巡、謁陵的途中，以及遊覽近郊和畿輔各地的風景名勝時臨時駐蹕之用，大部分均有園林或園林化的建置。

乾隆時期是明、清皇家園林的鼎盛時期，它代表著康、雍以來興起的皇家園林建設高潮的最終形成，它在造園藝術方面所取得的成就使得北方園林成為與江南園林南北並峙的一個高峰。乾、嘉盛世的皇家園林鼎盛局面，也正預示著它的衰落階段行將來臨。

皇家園林要充分顯示皇家氣派，而規模宏大是皇家氣派的突出表現之

一。因此，這時期的皇家造園藝術的精華差不多都集中在大型園林，它們的總體規劃在繼承上代傳統和康熙新風的基礎上又有所發展和創新：

其一是大型人工山水園的「集錦式」的布局。這類園林的橫向延展面極大，為了避免出現園景過分空疏、散漫、平淡和山水比例失調的情況，園內除了創設一個或若干個以較大水面為中心的開朗的大景區之外，在其餘大部分地段上採取化整為零、集零為整的方式，劃分為許多小的、景觀較幽閉的景區。

每個小景區均自成單元，各具不同的景觀主題、不同的建築形象，功能也不盡相同。它們既是大園林的有機組成部分，又相對獨立而自成完整小園林的格局。這就形成了大園含小園、園中又有園的「集錦式」的規劃方式，圓明園便是典型的一例。

其二是力求把中國傳統的風景名勝區的那種以自然景觀之美而兼具人文景觀之勝的意趣再現到大型天然山水園林中來，後者在建築的選址、形象、布局、道路安排、植物配置等方面均取法、借鑑於前者。從而形成類似風景名勝區的大型園林，即園林化的風景名勝區。

從康熙到乾隆，皇帝在郊外園居的時間愈來愈長，園居的活動內容愈來愈廣泛，相應地就需要增加園內建築的數量和類型。因此，乾隆時期皇家園林的建築分量就普遍較以前增多。

加之當時發達的宮廷藝術，諸如繪畫、書法、工藝美術，都逐漸形成了講究技巧和形式美的風尚，宮廷的藝術風尚勢必影響及於皇家園林。匠師們也就因勢利導，利用園內建築分量的加重而更有意識地突出建築的形式美的因素，作為造景和表現園林的皇家氣派的一個手段。

園林建築的審美價值被推到了新的高度，相當多的成景部分離不開建築，建築往往成為許多局部景域甚至全園的構圖中心。園林建築幾乎包羅了中國古典建築的全部個體型式，某些型式還適應於不同的造景需要而創為多樣的變體。

建築布局很重視選址、相地，講究隱、顯、疏密的安排，務求其表現與大自然協調親和的藝術魅力。凡屬國內的重要部位，建築的群體布置一般均運用軸線對位和比較嚴整的幾何關係，個體採取「大式」做法，以顯示皇家氣派。

其餘的地段則因就局部的地貌作自由隨宜的群體布置，個體建築一律為「小式」做法，或「小式」做法與民間建築相融糅的變體。正是這些變體建築，使得皇家園林於典麗華貴中又增添了不少樸素、雅緻的民間鄉土氣息。北方皇家園林之引進江南造園技藝始於康熙，而更全面、更廣泛的吸收則在乾隆時期。大體上是透過三種方式：

其一，引進江南園林的造景手法。在保持北方建築風格的基礎上大量使用遊廊、水廊、爬山廊、拱橋、平橋、亭橋、舫、榭、粉牆、漏窗、洞門、花街鋪地等江南常見的園林建築形式以及某些小品、細部、裝修，大量運用江南各流派的疊山技法。

臨水的碼頭、石磯、駁岸處理，水體的開合變化，水域的聚散劃分等，也都借鑑於江南園林。此外，還引種馴化南方的不少花木。而這些都並非簡單的抄襲，乃是使用北方的材料、結合北方的自然條件、適應北方的鑒賞習慣的一種藝術再創造。

其二，再現江南園林的主題。皇家園林裡面的許多「景」其實就是把江南園林的主題在北方再現出來，也可以說是某些江南名園在皇家御苑內的變體。

例如，蘇州四大名園之一的「獅子林」，元代畫家倪雲林曾繪《獅子林圖》，乾隆南巡時三次遊覽此園，並且展圖對照觀賞。倪圖中所表現的獅子林著重在突出疊石假山和參天古樹的配合成景，而乾隆詠該園詩則謂「一樹一峰入畫意，幾彎幾曲遠塵心」，實際上也是對倪圖的意境的讚賞。因而先後在北京的長春園和承德的避暑山莊內分別建置小園林亦名「獅子林」，它們並不全同於蘇州獅子林，但在以假山疊石結合高樹茂林作為造景主題這一點上卻是一致的。

盛極而衰

　　所以說，長春園、避暑山莊的獅子林乃是再現蘇州獅子林造景主題的兩個變體。正由於諸如此類的大量變體的創作，對充實、擴大皇家園林的造景內容造成了十分重要的作用。

　　其三，具體仿建江南名園，以它們為藍本大致按照其規劃布局而建成園中之園。這種情況亦不在少數，清漪園內的惠山園便是典型的一例。即使仿建亦非單純模仿，用乾隆的話來說乃是「略師其意，就其自然之勢，不捨己之所長」。也就是說，重在求其神似而不必拘泥於形似，是用北方剛健之筆抒寫江南柔媚之情的一種更為難能可貴的藝術再創造。

　　透過上述三種方式，促成了宮廷與民間造園藝術的大融糅。皇家園林因得到民間養分的滋潤而大為豐富了園林的內容，大為開拓了創作的領域。在講究工整格律、濃豔典麗的宮廷色彩中，或多或少地融入了江南文人園林的清沁雅緻、如詩如畫的情趣。

　　雍、乾時期，皇權的擴大達到了中國封建社會前所未有的程度。御苑既然是皇家建設的重點項目，則園林藉助於造景而表現天人感應、皇權至尊、綱常倫紀、崇聖尊君等的象徵寓意，就比以往的範圍更廣泛、內容更駁雜，傳統的象徵性的造景手法在乾隆時的皇家諸園中又得到了進一步的發展。

　　園林裡面的許多「景」都是以建築形象結合局部景域而構成五花八門的摹擬：蓬萊三島、仙山瓊閣、梵天樂土、文武輔弼、龍鳳配列、男耕女織、銀河天漢等等，寓意於歷史典故、宗教和神話傳說。

　　此外，還有多得不勝枚舉的借助於景題命名等文字手段而直接表達出對帝王德行、哲人君子、太平盛世的歌頌、讚揚。甚至有以整個園林或者主要景區的規劃布局，間接地表現出「普天之下莫非王土，率土之濱莫非王臣」的天朝象徵。

　　諸如此類的象徵寓意，大抵都伴隨著一定的政治目的而構成了皇家園林

的意境的核心，也是儒、道、釋作為封建統治的精神支柱之在造園藝術上的集中反映，正如私家園林的意境的核心乃是文人士大夫的不滿現狀、隱逸遁世的情緒之在造園藝術上的曲折反映一樣。

在皇家園林內還大量建置寺、觀、祠廟，尤以佛寺為多。幾乎每一座稍大的園林內都有不止一所的佛寺，其規模之大、規格之高，並不亞於當時的第一流敕建佛寺，有的佛寺成為一個景域或主要景區內的主景，甚至全國的重點和構圖中心。

這固然由於清王朝的滿族統治者以標榜崇弘佛法來鞏固自己的統治地位，而與當時為團結和籠絡蒙、藏上層人士以確保邊疆防務、多民族國家的統一的政治目的也有更直接的關係。因此，乾隆時期的皇家園林中佛寺之盛遠遠超過上代。有些園林甚至可以視為寺觀園林與皇家園林的複合體。

乾隆朝得以最終完成肇始於康熙的皇家園林建設高潮，把宮廷造園藝術推向高峰的境地。但是，如果與康熙朝相比較，則某些御苑的建築物分量過大、內容過於駁雜，全面吸收江南園林養分的同時也難免摻雜了巨商富賈的市井趣味，個別御苑內佛寺過多而瀰漫著不甚協調的宗教氣氛等等。更重要的是，這些修建都耗費了巨大的資財。

乾隆修建皇家園林，是好大喜功，還是雄才大略？這兩個看法似乎都有道理。他創造了一個盛世，卻也錯過了一些極為關鍵的機遇。英使馬嘎爾尼來華，希望中國在廣州之外再開闢通商口岸。乾隆請他到西洋樓看了噴泉表演，並告訴他，天朝物產豐盈，無所不有，至於馬嘎爾尼當作禮物送給清廷的槍炮，就一直堆放在倉庫裡。

盛極而衰

放鬆對和珅的管控

　　乾隆用阿桂，可謂他晚年的一個英明抉擇。然而，盛極而衰，封建統治週而復始的輪迴規律告訴人們，在乾隆引以為榮的盛世中已經潛伏著衰微的因素，而好大喜功、剛愎自用的乾隆，又在某種程度上助長了這一趨勢。

　　對大清王朝來說，和珅是個一等一的奸臣，他中飽私囊，貪汙受賄；而對乾隆來說，和珅卻是他貼心的小棉襖。和珅，字致齋，姓鈕鈷祿氏，滿族正紅旗人。其家世頗難考訂。鈕鈷祿氏為滿族八大貴族之一，其先祖是當年追隨清太祖努爾哈赤入關的額亦都，額亦都有十六子，以幼子過必隆最貴。

　　和珅踏上仕途是在乾隆三十四年，這一年他承襲三等輕車都尉，開始有了接近皇帝的機會，很快，他被授為三等侍衛，旋即又被委以重任。可見，和珅入仕伊始，就非庸碌之才可比。乾隆四十年，和珅被授為御前侍衛，入直乾清門，於是，他等到了一生中最難得的機運。

　　有一次，乾隆出宮到北海遊賞春光，和珅與眾多侍衛陪同侍駕。正行間，忽見一侍衛縱馬飛馳而來，翻身下馬，急急走到輿前報導：「雲南急呈奏本，緬甸要犯逃脫。」

　　乾隆很生氣，諭令停輿，接過奏章，龍顏大怒，罵道：「廢物！」

　　眾侍衛見此情景，刷的一聲，全部跪倒，不敢抬頭。只聽乾隆怒道：「虎兕出於柙，龜玉毀於櫝中，誰之過歟？」

　　這是引用《論語》中的一句話，來責問「罪犯逃脫，是誰的過錯」。一連問了幾聲，那些扈從侍衛一個個驚慌失措，不知皇上所言為何。突然，只聽見一人口齒清晰地應聲答道：「典守者不得辭其責也！」

　　這句答話，正好也是《四書》中對上句話的註解「豈非典守者之過邪？」被作了巧妙的變通，用在這個場合，顯得自然貼切。乾隆吃驚道：「什麼人答話？站起身來。」

一人答道：「奴才和珅衝撞皇上，罪該萬死！」

乾隆道：「正是可以得到褒獎的，怎能說是衝撞呢？你且站起來。」

乾隆看著從一大片下跪的人群中突然站起一人，猶如鶴立雞群；再看這個出語不凡的年輕人，相貌俊秀，舉止合度。乾隆問起了和珅的出身和學業，見和珅是生員出身，知書達理，於是頗為器重。

從那以後，乾隆就讓和珅總管儀隊。乾隆四十年，又升為御前侍衛兼副都統，宮中的瑣碎事務，諸如儀仗的排列、護從的派遣、車馬的準備以及宮中膳食等事宜，差不多都由他管理。從此，和珅得到乾隆賞識，官運亨通，青雲直上。

乾隆四十一年正月，和珅任命戶部侍郎，三月任命軍機大臣，四月任命總管內務府大臣。和珅就任侍郎後，有位叫安明的筆帖式送禮給和珅，希望能夠升為司務，所以向和珅賄賂。

和珅起初清廉為官，當然不會接受賄賂，但他向安明保證會向尚書豐升額提拔安明。這令安明十分高興，所以安明對和珅百般依順，和珅便向豐升額保舉安明就任司務。

安明任司務後立即送了一顆玉給和珅，和珅婉拒絕收，五日後，安明收到老家的信，說安明父親已經離世，叫安明回家奔喪。按清朝體制，父母過世，要回家守三年喪，這安明剛升職，不想回家守喪，所以就隱瞞下來。

但被尚書豐升額查出，豐升額聯同權臣永貴一同彈劾和珅包庇安明，不料和珅早就從永貴之子伊江阿得到消息，連忙寫了兩份奏摺，一份送交軍機處，一份自己留下來。

次日，永貴上奏指和珅包庇安明，和珅立刻上奏摺指出安明不回家奔喪，是為不孝，自己失察，亦應處罰。永貴大驚，忙指責和珅徇私舞弊，棄屬下於不顧，有違人倫，理應處罰。

盛極而衰

　　乾隆帝說自己已收到軍機處呈交和珅彈劾安明的奏摺，證明和珅並不是蓄意包庇安明，故乾隆認為和珅被安明矇蔽，將安明凌遲處死，全家籍沒，而和珅則因失察降兩級留用。和珅這次得罪了當朝權臣永貴，令自己的仕途蒙上陰影。

　　乾隆四十五年正月，海寧揭發大學士兼雲貴總督李侍堯涉嫌貪汙，乾隆下御旨命刑部侍郎喀寧阿、和珅和錢灃遠赴雲南查辦李侍堯。起初毫無進展，後來和珅拘審李侍堯的管家趙一恆，向趙一恆嚴刑逼供，趙一恆奈不住痛楚，把李侍堯的所作所為一一向和珅作了交代。

　　他把趙一恆交代的事項筆錄下來，又命人召來了雲南李侍堯屬下的大官員，當著他們的面宣告了趙一恆的供述，那些原來忠於李侍堯的官員見和珅已掌握了證據。

　　於是他們紛紛出面指控李侍堯的種種罪行，就連那些曾向李侍堯行賄的官員，也申明自己是被迫行賄的。和珅取得了實據，迫使李侍堯不得不低頭認罪。和珅也因此被提升為戶部尚書。案件審結後，李侍堯被判斬監候。

　　李侍堯案審結後，李侍堯和他的黨羽一大份財產被和珅私吞，加上乾隆的賞賜，和珅初嘗掌握大權大財的滋味。四月，長子豐紳殷德被乾隆指為十公主額駙，領受乾隆賞賜黃金，古董等等，百官爭相巴結。

　　和珅起初不受賄賂，但日子一長，和珅開始貪汙、結黨，形成一股大勢力。

　　和珅初為官時，由於是向乾隆百般討好，加上是年紀輕輕就官居要職，受到了一部分不滿和珅的官員惡意對待。加上乾隆四十一年正月發生的安明案，和珅被文官們輪番彈劾，令他對朝中文官懷有仇恨之心，這也是後來大多數文人被和珅殘殺的原因。

　　乾隆四十五年，和珅開始對文官實行報復。和珅就任四庫全書館正總裁

後大興文字獄，把反對他的一部分文人派一律誣陷為「私藏逆書」、「禁逆不力」或針對作者本身的「多含反意」、「詆訕怨望」等作為謀反的罪證。

和珅另外入翰林院任滿翰林院掌院學士，與漢翰林院掌院學士嵇璜一起掌管翰林院，不過嵇璜年老力衰，主要事務大多為和珅代理。和珅從此控制科舉制度，肆意從秀才處納賄，形成「價高者得」的一種交易。

和珅更用此壟斷朝廷士子，要中進士必先透過和珅的審核，如有「問題」者則除名，令乾隆末期的士子「幾齗和門」。乾隆四十三年，因為福康安於吉林貪贓枉法，乾隆四十五年又於廣東貪贓枉法，又經常運用漕船私運貨物。

於是，和珅暗中蒐集證據，等待時機。乾隆五十二年，發生林爽文事件，和珅向乾隆帝進讒言，讓福康安領兵攻打林爽文。乾隆命福康安為主將、海蘭察為副將率綠營兵八千人對付林爽文號稱五十萬的大軍。

乾隆帝準奏。同年十二月福康安抵臺灣開始攻打林爽文，和珅黨羽柴大紀又故意拖延福康安，福康安故殺柴大紀，但是福康安仍然費時一年零四個月才平定林爽文事件。

乾隆四十三年七月，和珅把矛頭指向阿桂之子阿迪斯，劾其貪贓枉法，逮解京城審問。和珅獻上阿迪斯貪汙所得金銀八箱予乾隆觀看，乾隆帝大怒，下令將阿迪斯發配伊犁充軍，其父阿桂連坐，降二級留任。

經過阿迪斯事件後，和珅陷害近半數武官，乾隆更下詔需要嚴加查辦。不久後黃枚案爆發，阿桂是黃枚的義父，黃枚少時天資聰穎，很年輕就中了進士，當年任浙江省平陽知縣，竇光鼐告發黃枚貪贓枉法，黃枚反告竇光鼐「刑逼書吏、恐嚇生監、勒寫親供狀」。

竇光鼐欲以死相諫，和珅亦上奏乾隆黃枚貪汙，並稱阿桂有意包庇。乾隆下令徹查，結果是黃枚家財高達十二萬兩，黃枚貪汙證據確鑿，就地正法。大學士和珅、學政竇光鼐舉報有功各升一級，領班軍機大臣阿桂連坐，

但因阿桂領軍在外爭戰，於國家有功，不予追究。

乾隆四十六年三月，屬甘肅河州管轄的循化廳撒拉族人蘇四十三，因不滿甘肅之官員貪汙舞弊、欺壓人民，率眾起義，於河州圍攻中殺死支援之楊士璣，起義軍分兵從小道繞過清軍勒爾謹部，直取首府蘭州。蘭州城只有八百守兵，一經交戰，便損兵三百。

乾隆皇帝唯恐蘭州不保，遂命尚書和珅為欽差由京城赴甘肅，又命軍機大臣阿桂督師，速調陝西、四川、新疆等地援軍進剿，合共十幾萬軍隊入甘肅支援。

十日後，巴彥岱率三萬大軍到達蘭州城下，撤了陝甘總督勒爾謹的職，暫任陝甘地區軍事指揮，組織軍隊反擊叛亂軍。李侍堯到達後正式接任陝甘總督，只用四萬軍隊把十萬起義軍打得潰敗，分五路進軍循化。

二十日後，和珅到達海蘭察部，發現海蘭察部已經擊敗起義軍，於是下令分四路進軍，但是四路軍中對於和珅這位拍馬屁起家之長官多有不滿，於是海蘭察、圖欽保出征，海蘭察繞山而進，殲敵軍伏兵。但是圖欽保則被困於山中，最後被圍困而死。和珅此舉更增加了諸將之反感，數日未曾再出征。

再過數日，軍機大臣阿桂領十萬大軍到達，阿桂問和珅為何戰敗，和珅推搪諸將不聽調遣，阿桂說：「是宜誅！」

次日，阿桂下令集合，一會兒軍隊就全部集合，他馬上反問和珅：「諸將殊不見其慢，當誰誅？」

和珅語塞，知道這是諸將有意為難，只得閉上嘴，認錯。阿桂正式接手最高統帥，十日後，李侍堯攻下循化，阿桂捕殺韓二個，蘇四十三叛亂接近結束，和珅亦被調回京師，因指揮失敗關係導致總兵圖欽保戰死，被停職處分。加上阿桂和海蘭察等三十餘將上書，奏請乾隆帝禁止和珅再度領兵。

　　和珅知道此事後對阿桂結下不解之恨，直至阿桂去世。清乾隆四十六年五月丙午日，清兵包圍起義軍據點華林山華林寺，清兵放火燒寺，起義軍皆葬身火海，蘇四十三在混亂中被殺，歷時七十多日之蘇四十三起義終告失敗。

　　乾隆四十九年，和珅已經成為了朝中四大勢力之一，四大勢力分別是以阿桂為首的武官派、以劉墉為首的御史派、以錢灃為首的反對派、以和珅為首的貪官們。和珅並不急於和他們爭鬥，他將自己的觸手伸向商人和犯罪集團。

　　和珅迫令商人們臣服於他，假如不臣服便會遭到犯罪集團滅門。浙江富商曾氏因拒絕交和珅的幫費，竟在一夜之間全家被殺，金銀財寶全部被掠去。對外稱被強盜搶劫，後來被御史平反。和珅因此得到了龐大的利益，亦因此有了資本進行政治鬥爭。

　　乾隆四十九年正月，二十一日，乾隆帝從京師出發，開始第六次南巡。和珅在第五次南巡時亦有隨行，但這次和珅的勢力與幾年前倍增數倍，更由於和珅下令各府進獻資金，國庫未曾花一毛錢便完成南巡的準備。所以乾隆帝下令和珅南巡時站在自己旁邊，以顯示其功績。

　　乾隆五十三年，和珅將大部分朝中反對勢力打倒，獨攬大權。主要敵人阿桂和福康安長年在外。朝中只有王杰、范衷和錢灃在與和珅進行政治鬥爭。但和珅黨羽布滿全國，對比起來擁有絕對優勢。

　　和珅的親信十分多，其集團骨幹成員有和琳、李侍堯、福長安、蘇凌阿、國泰、伊江阿、伍拉納、蔣錫棨、畢沅、汪如龍、吳省欽、吳省蘭兄弟等人。

　　乾隆五十五年，和珅創立議罪銀制度，假如官員犯罪，可透過交納一定的銀兩來免罪。而所收銀兩收入內務府庫，供乾隆運用。不過內閣學士尹壯圖對此制度作出彈劾。

　　於是，乾隆帝下令戶部侍郎慶成帶領尹壯圖視察，不過為免擾民，必須在將到某地時通知當地官府，所以尹壯圖所到之處都張燈結綵，人民安居樂

業。以致尹壯圖到了山西太原後即上奏：「倉庫整齊，並無虧缺，業已傾心貼服，可否懇恩即今回京待罪？」

乾隆硃批道：「一省查無虧缺，恐不足以服其心，尚當前赴山東及直隸正定、保定等處。」

最後尹壯圖當然什麼也查不到，都察院下令：「移會內閣稽察房查照。奉上諭，尹壯圖前奏各省多有虧空。經令慶成盤查實系尹逞臆妄言虛詞欺罔。尹壯圖著革職，交與慶成押帶來京交刑部治罪。」

廷議處斬，最後乾隆以「不妨以謗為規，不值加以重罪也」免去了尹壯圖的死罪。嘉慶元年，福康安在鎮壓苗民起義時死去。嘉慶二年十月，領班軍機大臣阿桂去世，朝中只剩下劉墉和董誥二人暗中反對和珅。

乾隆帝已經進入垂暮之年，他上朝時命令和珅站在他和嘉慶的旁邊，因為只有和珅才聽明白乾隆在說什麼。所以每天上朝滿朝文武三跪九叩後，和珅就等同攝政，滿朝文武上奏什麼，他就「聽取」乾隆說話，自己下判斷，把持朝政，因此清人都稱和珅為「二皇帝」。而坐在一旁的嘉慶沒有實權，真正握有實權的是和珅和乾隆。

乾隆、嘉慶兩帝的人身自由受到和珅很大的限制，因為無論是太監、宮女或者是親信官員都有可能是和珅派來的間諜。嘉慶侍讀吳省欽、吳省蘭兄弟就是一例。

和珅並且能掌握官員的生殺大權，所以劉墉裝老、董誥裝傻來瞞騙和珅，但是兩人仍被和珅一黨孤立。就連嘉慶也得小心行動，因為和珅曾在即位初期贈予嘉慶玉如意，所以嘉慶寫下《詠玉如意》數首，故意扔給太監小德子。

小德子便將《詠玉如意》獻給和珅，和珅看後即笑說：「嘉慶不足以與我鬥智謀！」

但是嘉慶仍不放心，下令和珅除了公開場合外，不需行三跪九叩之禮，又稱賜和珅良田美宅、奴僕婢女。就連孝淑睿皇后喜塔臘氏去世，嘉慶亦不

能流露感情。嘉慶七日之內每天焚香三回，就連眼淚亦沒有流。

和珅倒台後，嘉慶寫他當時恨不得立刻斬了和珅。和珅權大欺主，所以英國使臣馬戛爾尼於回憶錄寫道：「許多中國人私下稱和珅為『二皇帝』。」

嘉慶四年正月，太上皇乾隆駕崩；正月十三，嘉慶帝宣布和珅的二十條大罪，下旨抄家，抄得白銀八億兩。乾隆年間清廷每年的稅收，不過七千萬兩。和珅所匿藏的財產相等於當時清政府十五年收入。時人稱：「和珅跌倒，嘉慶吃飽。」

正月十八，廷議凌遲，不過，固倫和孝公主和劉墉等人建議，和珅雖然罪大惡極，但是畢竟擔任過先朝的大臣，應改賜和珅獄中自盡。最後賜和珅在自己家用白綾自殺，其長子豐紳殷德因娶乾隆帝第十女固倫和孝公主，得免連坐。

為防止有人借和珅案進行報復，劉墉向嘉慶帝建言應避免案件擴大化，妥善做好善後事宜。結果，在處死和珅的第二天，嘉慶帝發布上諭，申明和珅一案已經辦結，不大規模地牽連百官，以安朝臣之心。

和珅在清朝的外交事務擔任重要職位，英特使馬戛爾尼對和珅的外交十分讚賞。和珅初為官時，精明強幹，為政清廉，透過李侍堯案鞏固自己的地位。

乾隆帝對其寵信有加，並將幼女十公主嫁給和珅長子豐紳殷德，使和珅不僅大權在握，而且成為皇親國戚。隨著權力的成長，他的私慾也日益膨脹，利用職務之便，結黨營私，聚斂錢財，並用賄賂、迫害、恐嚇、暴力、綁架等方式籠絡地方勢力、打擊政敵。

此外，和珅還親自經營工商業，開設當鋪七十五間，設大小銀號三百多間，且與英國東印度公司、廣東十三行有商業往來。成為後人所稱權傾天下、富可敵國的「貪官之王」、「貪汙之王」。

和珅亦同時是18世紀「世界首富」，超越了同時期的梅耶・羅斯柴爾德。以嘉慶帝、監察御史錢灃、大學士劉墉、翰林院編修范衷、軍機大臣王杰、

戶部尚書董誥和禮部侍郎朱圭為代表的朝中清議力量，曾多次彈劾和珅，但和珅均能化險為夷。

　　雖然貪汙是他的最大的過錯，但他的才華還是應該得到認可。有人將他與劉墉和紀曉嵐並列為清乾隆時期三大中堂。雖然劉墉和紀曉嵐均未入軍機處，但劉墉官至體仁閣大學士，紀曉嵐官至協辦大學士，按職級標準而言，稱為中堂是合理的。

　　《清史稿》說「大學士非兼軍機處，不得為真宰相」，故稱為劉、紀為中堂還可以，宰相則不沾邊了。他雖然聚斂，但他確實善於理財。前幾任都因辦不到而被罷職。之後，由於要花錢辦事，所以還得靠和珅來弄錢。

　　和珅一生讀書甚多，清史載和珅喜讀《三國演義》和《春秋》，精通四書五經，他早年對朱熹的理念十分認同。雖然後來信奉現實主義，不過閒時亦愛與文人墨客一聚。而且四大名著之一的《紅樓夢》，也是因為和珅才保留了下來。他常常與乾隆帝一起作詩，和珅對乾隆所作詩詞的風格都知道得一清二楚。

　　和珅為了迎合乾隆，下功夫學詩、寫詩，並造詣很深。他偶爾會在乾隆面前表現一下自己對詩文的研究，甚至閒暇的時候以「騷人」自居。和珅的詩合乎乾隆的審美趣味，乾隆很多時候就命和珅即景賦詩，以代替自己。在和珅的詩集《嘉樂堂詩集》中就有很多首是奉乾隆帝的命令所為，從中可以看出和珅書法之造詣。

壓制農民反抗鬥爭

　　乾隆三十九年是乾隆朝由盛轉衰的轉折點。山東王倫起義，揭開了各族人民大規模反抗鬥爭的序幕。三十九年八月二十八日，山東省壽張縣黨家莊爆發農民起義，領導者是當地白蓮教的支派清水教首領王倫。

　　王倫為人機智、勇敢，善拳術。乾隆十六年，王倫祕密加入白蓮教的支派清水教。乾隆三十六年自稱教主，並以「運氣」替人治病、教授拳術等方式，在兗州、東昌等地收徒傳教。他的信徒，大都是貧苦農民和游民。

　　乾隆三十九年，山東歉收，地方官加重賦稅，人民的反抗情緒十分強烈。王倫利用清水教讖言，決定組織教徒於是年秋起事，並任命了軍師、元帥、總兵等官職。

　　王倫發動起義後，當天夜裡就占領了壽張縣城，殺死知縣沈齊義。九月初二日，王倫起義軍又攻破陽谷，初四占領堂邑。起義軍殺富濟貧，「將庫存銀兩搜劫，釋放監犯，收入夥內」。因此，起義軍的隊伍越來越壯大。

　　起義軍進一步北上，直逼臨清。臨清是運河重鎮，是南北水路交通的樞紐，清政府非常重視。臨清有兩座城池，一座是舊城，另一座是臨清城。

　　舊城土城早已倒塌，清軍沒有可以把守的城牆，所以，起義軍很快就占領了舊城。占領舊城之後，起義軍又包圍了臨清城的西門和南門。臨清城的守將束手無策，因為德州、青州和直隸正定派兵增援，才暫時守住。

　　九月五日，乾隆才接到王倫造反的奏摺。他口頭上說：「幺麼烏合，不過自速其死。計余績、唯一到彼會剿，自可迅即就擒。」其意似乎胸有成竹，但是卻知道憑山東的兵力，無法鎮壓農民起義。山東的綠營懦怯無能，旗兵早已失去戰鬥力。

　　於是，乾隆在八日傳諭軍機大臣：

壽張、堂邑奸民滋擾不法，不可不迅速剿捕。但恐該省綠營兵庸懦無能，
且與奸民等或瞻顧鄉情，不肯出力。而徐績於軍旅素所未嫻，恐不能深合
機宜。

　　當時，大學士舒赫德正奉命前往河南督視河工，乾隆下令舒赫德臨時趕往山東主持鎮壓起義軍，並且命令天津挑選一千餘名綠營軍，滄州、青州也

盛極而衰

挑選一些精兵，準備投入戰鬥。

九日，乾隆又下旨，命額駙拉旺多爾濟和左都御史阿思哈，帶著健銳營和火器營的兩千餘名士兵，從北京出發去山東鎮壓起義軍。十一日，當乾隆得知起義軍已經攻到臨清時，又急忙下令直隸、河南兩省加以堵截，防止起義軍向鄰省進軍。

十二日，兗州鎮總兵唯一、德州防禦尉格圖肯各帶兵二百五十名支援臨清。唯一「素以勇略自誇」，但是在起義軍的突擊下被打得丟盔卸甲。唯一和尉格圖肯「避賊而逃」，乾隆大怒，下令將這兩個臨陣脫逃的將領軍前正法。

九月二十日，乾隆經過反覆思考，批准了舒赫德的三路圍攻的計劃。東路由舒赫德、拉旺多爾濟率領，從德州經恩縣、夏津進軍臨清；南路由阿思哈、徐績率領，從東昌向臨清進發；北路由直隸總督周元理率領，從景州經過故城、油房逼向臨清。

三路軍隊約在九月二十四日一起攻擊起義軍，以圖一舉殲滅起義軍。從九月七日開始，起義軍攻打臨清，歷時半個月，攻城沒有進展。二十三日，舒赫德軍隊到臨清。起義軍排列在城外的東南面，迎擊清軍。雙方展開激戰。

不久，阿思哈和徐績率領的軍隊也趕到了，包圍起義軍。起義軍寡不敵眾，退回舊城，與清軍展開巷戰。舊城中小巷很多，小路縱橫交錯，起義軍化成小股力量，打擊清軍。

二十四日，清軍攻入舊城搜捕王倫。王倫部下為了保衛王倫，與清軍展開激烈的巷戰，王倫義女烏三娘在巷戰中被清軍用炮炸死。二十九日，清軍包圍了王倫的住處，並勸王倫投降。王倫看到起義軍死傷無數，沒有力量再與清軍戰鬥，於是舉火自焚。

王倫起義規模不大，歷時不到一個月，但它是在清王朝前期鼎盛之時爆發的，對封建統治是一次不小的震動，預示著清王朝盛極而衰，更大規模的革命風暴即將到來。

在雙方激戰的時刻,乾隆日夜披閱奏章,指揮調度,督責文臣武將嚴行鎮壓,「斷不可稍存姑息,圖積陰功」。並諭令軍機大臣一定要生擒王倫:「必當明正刑誅,以彰國法。若掩於槍箭之下,或焚死,或自壯,得免魚鱗寸磔,尚覺其幸逃重罪。」對被捕後解往京師的起義軍首領,都要「將該犯徽筋挑斷,以防中途竄逃」。

起義被鎮壓後,乾隆為了加強朝廷的控制,從三個方面採取了措施。首先,乾隆下令對起義軍採取殘酷的鎮壓手段,「示以懲儆」。清軍攻占臨清後,血腥屠殺起義軍。起義軍領袖梵偉、王經隆、孟燦等被凌遲處死,戰鬥結束後被官兵殺害的起義群眾更多。

舒赫德等在臨清每日督率官兵,從早到晚分頭搜捕,挨屋逐戶嚴查,下及地窖、水溝,無不遍加尋覓,如果遇到有匪黨藏匿其內,連日治拿殺死者無數,並自行焚級者,也到處皆有。臨清舊城街巷,屍體遍野,堆積得都塞住了道路。

直隸總督周元理等奏請將拿獲的人犯中審訊明白是被威脅隨行的,應行釋放,乾隆批駁說:「如果一被抓獲,就自稱被逼脅,豈可再這麼寬恕他們。」對逃散的起義群眾,乾隆令直隸、河南兩省堵截擒拿。

周元理回奏說:「已經讓大名、天津二道及府、州、縣、協、營嚴密稍查。」

乾隆硃批責問道:「為什麼不親自去這些地方鎮壓,那不是更為有力嗎?」又命令南河總督高晉,「速馳赴山東等省這些賊人親戚多的地方,密行調兵,督率防剿,不要讓賊人稍有竄越滋事。」

由於王倫是自焚而死,乾隆責備舒赫德派官兵搜捕時人數本覺太少,以致未能生擒,下令將王倫的親屬不分男女大小,盡行處斬。地方官刨挖王倫等人的祖宗墳墓,毀散屍骨,以發洩對農民起義的仇恨。

此外,許多起義農民的家屬被當作「逆屬」賞給貴族官僚為家奴,甚

至八十餘歲的老嫗也不能倖免。然後，乾隆下令加緊推行保甲法。王倫起義被鎮壓後，乾隆想要尋找一個嚴密防止人民反抗、以求長治久安的良策，於是，保甲法又一次被提到加強警保的重要地位。

周元理奉命前往山東「會剿」王倫起義後，從大名、廣平一帶巡查回省，他再三考慮，只有力行保甲法。周元理在奏摺中寫道：「保甲系舊立章程，只因為行之日久，各屬視為具文，卻少有實效。直隸為徽輔首善之區，此次不可不認真查辦。」

乾隆披閱後十分讚賞，於乾隆三十九年十月二十六日下旨：

清查保甲系孤盜潔奸良法，地方官果能實力奉行，何至有邪教傳播、糾眾滋擾之事？今周元理欲認真立法清查，自屬課吏安民切實之道。直隸既如此辦理，他省自亦當仿照查辦，不得僅以虛文覆奏了事。

乾隆下令將周元理的原折抄寄各省督撫學習，首先響應的是新調任山東的巡撫楊景素。楊景素對農民起義心有餘悸，立即回奏：「山東省保甲一事，較他省尤為切要。現在賊匪剿除，所有善後章程更應籌之有素。」

楊景素分析山東各地以祕密結社的形式，正日益嚴重地威脅著清王朝的封建統治：山東為九省通衢，山海交錯，地廣人稠，易藏奸愚，如竟曹沂青一帶，每有不逞之徒，結連順刀會、掖刀會等項名色，沂鄭費蒙一帶，多有鹽梟保鏢販私、抗官拒捕發覺懲治之案。他如學習拳棒，或名紅拳，或名義合拳，雖稱藉以防身，實皆勇悍無賴。而其尤甚者，則唯各項邪教以唸經修善為名，愚夫愚婦既易被其煽惑，而王倫等拳棒也易托足邪教，尤滋事端，是編查保甲實為第一要務。

楊景素在奏摺中提出關於施行保甲的十項條款，他特別強調：「如有倡立邪教、學習拳務及一切違禁之事，並形跡詭祕之人，斷難逃脫牌頭、甲人等之耳目。」

這份施行保甲條款重在「餌盜」，不但要控制定居人口，同時要嚴密監視流動人口：「凡有遷移增減戶口，牌頭隨時告知甲長、保長。庵觀寺院之內，遊方僧道借此托足，最易容奸，應隨行隨即告知牌頭人等，查問明確方準存留，仍以三日為限，過期即行驅逐。坊店、飯館，過客往來，其中奸民混雜，最宜加意稽查。」

向如拿獲鄰省巨盜及越獄等項人犯，多從坊店、飯館物色而得，應照例設循環二簿，填注往來客商姓名，所帶何項貨物及車輛頭畜數目，按半月繳送州縣查閱。

其他如孤廟土窯，微山湖和登萊海島的居民，蒙山中搭棚燒炭的住戶，崂山上懸崖結宇之僧，或兩個村莊接壤之地，或兩邑交界之區，以及洞穴幽深的祖徠山，「均易窩藏奸匪，皆須隨時嚴行稽查」。

按照這個條款的繁密禁令，朝廷對人民的控制更加強了。最後，朝廷決定收繳民間的鳥槍。舒赫德鎮壓王倫起義以後，根據這次鎮壓的經驗，給乾隆上了一道奏摺，請求明令嚴禁民間鑄造和私藏鳥槍。

乾隆對此非常重視，他將舒赫德的奏摺發交部議。部議：「應如所請，令各省督撫轉飭地方官遍行示諭，嚴定限期，將民間私藏鳥槍等項令其赴本州縣呈繳，查收完後匯送督撫衙門，將收到數目分晰報部。」並且詳細議定處罰條款：「民人逾限不繳杖一百，徒三年，私行製造杖一百，流兩千里。每一件加一等。其不實力稽查之地方專管文武各官，罰俸一年。」

隨後，吏部又制定條款，規定各督撫年終匯奏查禁鳥槍情形時，要將所屬道府州縣失察民間按用鳥槍應行開參之例匯奏，其處分是：「州縣官失察一次者降一級留任，二次者降一級調用。該管道府失察所屬一次者罰俸一年，二次者降一級留任。」

這樣一來，就把收繳民間鳥槍定為法令，違者按律處治。為了防止農民

反抗，乾隆一方面對起義軍的殘餘部隊給予了嚴厲的懲罰，另一方面又推行了保甲法和收繳民間鳥槍，想以此來穩固統治，但是，由於清朝統治的日益腐敗，各地的起義如星星之火，不止不休。

王倫起義揭開了清中葉農民起義的序幕。乾隆四十六年，甘肅爆發了蘇四十三、田五起義。乾隆六十年又發生了湘黔苗民起義。嘉慶元年，爆發了清中葉規模最大的農民起義，就是川楚白蓮教起義。伴隨著農民起義的不斷爆發，乾隆王朝各地烽煙四起，清朝也從鼎盛時期轉入衰敗時期。

閉關鎖國的內憂外患

乾隆統治的六十年，是世界發生巨大變化的六十年。在乾隆統治的這六十年間，在西方，英國的工業革命促進了生產力的大幅提高，英國的國力日益強盛；各國爆發了資產階級革命，資產階級正式登上政治舞台。伴隨著經濟和政治的變革，西方國家的經濟快速發展，國家日益強盛。

乾隆三十年，英國紡織工哈格李維斯發明新式紡車珍妮紡紗機；乾隆五十年，英國卡特萊特發明水力織布機；同年，英國瓦特改良蒸汽機。西方開始了工業革命。

乾隆三十九年，美國獨立戰爭開始，到乾隆五十三年，美國在紐約召開第一屆國會。乾隆五十四年，華盛頓宣誓就任美利堅合眾國第一任總統，美國開始在北美崛起。

乾隆二十年，俄國建立莫斯科大學；乾隆四十五年，美國科學院在波士頓成立；

乾隆四十九年，哥倫比亞大學成立；同年，德國出現第一位女醫學博士。

乾隆五十四年，法國爆發了大革命，攻占了巴士底監獄，後來把法王

路易十四送上斷頭台，並發表人權宣言，一個法蘭西的資產階級國家開始興起。

整體而言，在乾隆時代，西方世界發生了三件大事：第一件事是英國工業革命，第二件事是美利堅合眾國成立，第三件事是法國大革命。

這三件大事再加上此前的英國資產階級革命，具有劃時代的意義，影響了世界歷史的進程，改變了整個世界的格局。

而此時，大清帝國仍然陶醉在「天朝上國」、「千古第一全人」的迷夢之中。

乾隆統治的早期，由於外族和外國的頻頻入侵，乾隆為了保衛國土，一律採取強硬的回擊政策，保護了國土的完整。到了乾隆後期，西方國家想透過商業與中國加強往來，乾隆卻表現出強硬的排外態度，封鎖國門，導致了中國的落後。

乾隆時期，北方的沙俄開始強大起來，屢屢進犯中國北方邊境，如果不能有效地打擊這些進犯者的氣焰，勢必危及乾隆在國內的統治。為此，乾隆組織了強大的機動兵團守衛邊境，同時義正詞嚴地拒絕任何敢於窺視中國領土的談判，從而有效地保證了中國領土的完整性，同時也強化了乾隆對國內各派政治力量的制衡。

早在雍正時期，沙皇已派遣「堪察加勘察隊」到遠東和清朝寧古塔將軍轄境內進行所謂的「探險」活動。

乾隆二年，由沙皇俄國科學院派出的兩名測量人員在哥薩克騎兵的護送下，偷越中國邊界到黑龍江北岸的雅克薩城。

他們不但越界偷測地形、繪製地圖，竊取情報，而且公然於乾隆五年炮製了一份關於黑龍江的《備忘錄》，肆意歪曲《中俄尼布楚條約》的性質，硬說該約是「俄國上當受騙了」，是「被迫簽訂的」，而現在是到了「揭露已犯的錯誤，趕緊補救」的時候了！

盛極而衰

　　韜光養晦的雍正皇帝，曾為謀求邊境安寧，以讓步的態度與沙俄簽訂了《布連斯奇條約》和《恰克圖條約》。但沙俄政府欲壑難填，對中國東北、西北和蒙古地區繼續採取蠶食政策，尤其對東北黑龍江地區更是垂涎三尺。

　　由於國力的增強，乾隆一改雍正時的被動姿態，他滿懷重振國威的激情與沙俄鬥智鬥勇。他從歷史上中俄交涉的來龍去脈中認識到，如果使俄國侵占黑龍江的陰謀得逞，那麼康熙時期簽訂的《中俄尼布楚條約》規定的邊界勢必會任其改變，八旗將士們用鮮血收復的雅克薩城將會重新喪失，這是絕對不能答應的。

　　乾隆二十一年，沙俄想以「葡萄牙借澳門」的方式來蠶食中國領土，提出俄國船隻借道黑龍江的要求，遭到乾隆的斷然拒絕。這就是歷史上著名的「假道」黑龍江事件。

　　此時隨著沙俄捲入對普魯士與英國的七年戰爭的展開，無法以武力來謀取黑龍江的航行權力，沙皇的御前大臣便自作聰明，想出所謂「假道」的新招數。

　　經過一番策劃，沙皇伊麗莎白‧彼得洛夫娜決定派大臣勃拉季謝火經辦，以「東北沿海居民貧困並且處在極端饑饉之中」為託詞，要求清政府准予沙俄「假道」黑龍江航道運載糧食，並沿途給予「可能之協助」。

　　乾隆識破了沙俄這一「假道」的侵略陰謀，他態度明確地給予回絕，並說：「當初與俄羅斯議定的十一條協議內，並沒有俄羅斯可以越界運送貨物這樣一項內容。」

　　為了防止沙俄船隻強行闖入黑龍江，乾隆命令黑龍江邊防台站官兵必須加緊防守卡座，不得讓俄羅斯船隻私自透過，如果他們不聽阻止，想要憑藉武力強行透過，立即派官兵擒拿，按照私越邊界的罪名處理。

　　乾隆的政策有力地挫敗了沙俄利用「假道」中國內河黑龍江吞食中國領土的特大陰謀。為了保住大清江山，乾隆對外國商人在中國的勢力非常重視，不斷地加強對外國商人在華貿易的控制。

18 世紀中葉，西方資本主義國家已開始工業革命，海外貿易日益擴張。特別是以英國東印度公司為首的西方商人，一直強烈渴望尋找機會打開中國市場。

乾隆即位後，在海禁方面基本上沿襲了先祖的嚴格控制的政策。當時，在中國沿海的四個通商港口，前來進行貿易與投機的洋商日益增多。與此同時，南洋一帶也經常發生涉及華人的事端，這些情況很快引起了清朝政府的警覺和反感。

乾隆五年（1740 年），荷蘭殖民者在南洋的爪窪大肆屠殺華僑，製造了駭人聽聞的「紅溪慘案」。消息傳來後，舉國震驚。同時，澳門等外國人聚集的地方也經常有洋人犯案。

另一方面，當時的英國商人為了填補對華貿易產生的巨額逆差，不斷派船到寧波、定海一帶活動，就近購買絲、茶。乾隆第二次南巡到蘇州時，從地方官那裡瞭解到，每年僅蘇州一個港口就有一千餘艘船出海貿易，其中有幾百條船的貨物賣給了外國人。

乾隆二十二年，乾隆南巡迴京後，發布聖旨，規定洋商不得直接與官府交往，只能由「廣州十三行」辦理一切有關外商的交涉事宜，從而開始實行全面防範洋人、隔絕中外的閉關鎖國政策。

在乾隆閉關鎖國的聖旨發布後不久，又發生了洪任輝狀告地方官的事件，乾隆進一步感受到洋人多事，堅定了閉關的決心。

洪任輝原名詹姆士·弗林特，英國人，是東印度公司的翻譯。

1755 年，洪任輝帶領商船前往寧波試航，希望擴大貿易範圍，開闢新的貿易港。當洪任輝抵達寧波港時，受到當地官員的熱烈歡迎。更令他們驚喜的是，浙海關關稅比粵海關低，各種雜費也比廣州少很多。

於是，在此後兩年中，英國東印度公司屢屢繞開了廣州口岸，派船到寧波貿易，致使粵海關關稅收入銳減。

盛極而衰

　　兩廣官員上奏乾隆，乾隆通知浙江海關把關稅稅率提高一倍，想透過此手段讓洋商不再來寧波貿易。不料東印度公司仍不斷派商船來寧波。

　　於是，乾隆在 1757 年關閉了寧波等地的口岸，只留廣州一口通商口岸。東印度公司指示洪任輝再往寧波試航，如達不到目的，就直接航行至天津，設法到乾隆的面前去告御狀。

　　1759 年，洪任輝由廣州出航，向當地官員假稱回國，實際卻駛往寧波。洪任輝的船在定海海域被清朝水師攔住，無法駛入寧波。洪任輝便駕船來到天津。

　　在天津，洪任輝透過行賄手段將一紙訴狀送到直隸總督的手中，轉呈乾隆御覽。洪任輝在訴狀中控告粵海關官員貪汙及刁難洋商，並代表東印度公司希望清政府改變外貿制度。

　　乾隆看了他的訴狀後，勃然大怒。乾隆認為洪任輝不聽浙江地方官的勸告，擅自赴天津告狀，不但有辱天朝的尊嚴，而且懷疑他是「外借遞呈之名，陰為試探之計」。

　　洪任輝被驅逐出境。洪任輝事件發生後不久，乾隆感到要防止外商侵擾，除了將對外貿易限制於廣州一地外，還必須加強對他們的管理與防範。

　　1759 年，朝廷又頒布了《防夷五事》，規定外商在廣州必須住在指定的會館中，並且不許在廣州過冬，不得外出遊玩；而中國商人不得向外商借款或受僱於外商，不得代外商打聽商業行情。

　　在此後的近百年間，為了打破封閉的中國市場，歐洲諸國，如沙俄、英國等國曾多次向中國派出使團，試圖說服清朝皇帝改變閉關鎖國的國策，但都無功而返。其中，英國代表馬戛爾尼是最典型的一次。

　　乾隆五十八年，就是 1793 年，英國為了通商，派特使馬戛爾尼和副使斯當東到中國。馬戛爾尼是在英國任職很久、經驗豐富的外交官，有勛爵身分，擔任過英國駐俄國聖彼得堡的公使，後來英國政府委任他為孟加拉總

督，他辭而未去。

1792 年，英國政府委任馬戛爾尼為訪華全權特使，斯當東爵士為副使兼祕書，率領官員兵丁役夫船員七百餘人，乘坐獅子號、豺狼號、印度斯坦號等五艘船隻，從普利茅斯港出發，透過英吉利海峽，朝中國方向航行。

馬戛爾尼乘船從天津上岸，沿運河到了通州。清政府接待使團由圓明園前往承德避暑山莊。經過古北口時，馬戛爾尼看到了雄偉的長城，非常讚歎。到了避暑山莊之後，和珅陪著他參觀了避暑山莊。

在馬戛爾尼使團啟程之前，英國東印度公司董事長弗蘭西斯‧培林爵士給兩廣總督、廣東巡撫郭世勳寫了一封信，用英文和拉丁文各寫了一份，通知清政府馬戛爾尼勳爵奉命訪華。

在這封信裡，培林爵士說：

> 最仁慈的英王陛下聽說貴國皇帝慶祝八十大壽的時候，為了對貴國皇帝樹立友誼，為了改進北京和倫敦兩個王朝的友好來往，為了增進貴我雙方臣民之間的商業關係，英王陛下特派遣自己的表親和參議官、賢明幹練的馬戛爾尼勳爵作為全權特使，代表英王本人謁見中國皇帝，探望透過他來奠定兩者之間的永久和好。

從這封信的行文方式、用詞和口氣看，都是按雙方是同等的地位、是平等的關係來敘述的。郭世勳不敢如實轉奏，便把英文、拉丁文的信函原件呈上，又將信譯成漢文，把平等的口氣譯成下對上、外夷對天朝的稟帖口氣。

其譯文為：

> 咭唎總頭目官、管理貿易事百靈謹稟請天朝大人鈞安。敬稟者，我國王兼管三處地方，向有夷商來粵貿易，素沐皇仁。今聞天朝大皇帝八旬萬壽，未能遣使赴京叩祝，我國王心中惶恐不安。

盛極而衰

馬戛爾尼進獻的火槍今中國王命親信大臣，公選妥干貢使馬戛爾尼前來，帶有貴重禮物進呈天朝大皇帝，以表其慕順之心，唯願大皇帝恩施遠夷，準其永遠通好，俾我國百姓與外國遠夷同沾樂利，物產豐盈，我國王感激不盡。

乾隆看到郭世勛的奏摺及培林爵士之信的譯稿，以為強大的遠夷國王遣使前來祝壽，非常高興，命令廣東及沿途官員好好接待，優待使者。使團攜帶的貨物，「免其納稅」，供給上等食物，「賞給一年米石」。

乾隆要接見使團，但是禮儀方面發生了矛盾。清朝要求三跪九叩，但是，在英國沒有這個禮節，雙方反覆地交涉。

乾隆五十八年八月初十日，乾隆在避暑山莊萬樹園接受馬戛爾尼入覲，馬戛爾尼「單腿下跪」行禮。

十三日，舉行乾隆八十三歲的祝壽大典，馬戛爾尼一行與緬甸國使臣和蒙古王公一起，向皇帝祝壽，「全體祝壽人員根據指揮行三跪九叩禮」，馬戛爾尼及其隨從「行深鞠躬禮」。

馬戛爾尼拜訪了中堂和珅，詳細說明英國政府的「和平仁愛政策」，對發展中英貿易提出了八項要求。

乾隆於八月十九日，就英國特使請求的事，寫了兩道諭旨，但未立即下達，延遲到九月初一日，由和珅遣人恭奉諭旨，以及送給英王及使節團的禮物，送到承德英國使者的住處。

禮品很多，英王、正使、副使、司令官、船長、官兵、船員、僕人、廝役，以及留在浙江的官員、船長、船員、兵士，都得到了優厚的禮品，尤其是賜給英王的禮品，又多又「俱系中國出產的精品」。

乾隆給英王的敕諭共有兩道。第一道敕諭是正式國書性質的，主要是講英王「傾心向化」，遣使來庭，「恭齎表章」，「叩祝萬壽」，「備進方物」，故特許使臣朝觀，賜宴賞齎，並賞賜其隨行人員，及通事兵役。現使臣返

國，特頒敕諭，並賜齎英王「文綺珍物」。

同時，這道敕諭還專門講了，英王表內請派一人留京照管英國買賣的要求不能批准的各種理由。對於英國提出的另外七項要求，乾隆在第二道敕諭中逐條列舉理由駁斥，不允其請。

英國提出的請求是：多口通商，可到寧波、珠山、天津、廣東地方交易；在北京設立英國商行；在珠山附近給一小島；撥給鄰近廣州的一塊地方；英國貨物自廣東到澳門免收稅或少收稅；英船照其他地方稅率交稅；允許英國傳教士在中國自由傳教。

在乾隆的嚴諭督促下，馬戛爾尼一行由欽差大臣松筠陪同下，於五十八年九月初離京，乾隆五十八年九月六日到達兩年前始發港普利茅斯港，結束了使華之行。

乾隆以「天朝上國」自居，馬戛爾尼帶來了一次中西文化交流的機會，萬里迢迢送到北京，送到承德避暑山莊。但是，乾隆因為對他的一系列要求都予以拒絕，所以把中西方交流的窗戶關上了。

乾隆實行的閉關自守政策和「天朝上國」的態度在一定的程度上導致了大清帝國的封閉和落後。在西方社會發生翻天覆地的變化的時候，大清朝依然在封建經濟的約束下自以為是。

繁華落盡，盛世轉衰。乾隆王朝由於吏治貪汙無法根治，農民起義風起雲湧。雖然乾隆從思想上大施文字獄，在國策上閉關以防止外國勢力入侵；但是，清朝這艘大船已經破爛不堪，隱伏著內憂外患。

盛極而衰

禪位新皇後駕崩

乾隆在四十五歲左右，就有左耳重聽的毛病，到了六十五歲以後，左眼又視力欠佳。乾隆四十五年，即和珅見用的時候，乾隆已處於老境來臨的衰態中。這一年他因臂痛而一度不能彎弓射箭。

而後，乾隆四十八年、乾隆四十九年的郊祀大典，乾隆也因氣滯畏寒派皇子代行。而且，老皇帝夜裡常常失眠，記憶力明顯減遲，乾隆五十九年，八十五歲的乾隆竟衰老健忘到剛吃過早飯不過一個時辰，又命令安排早飯的程度。

乾隆已經漸漸意識到生老病死是大自然的永恆規律，自己已經步入老年，精力和體力大不如以前。如此衰弱的體力，怎能應付得了那紛繁複雜的國家政務呢？老年乾隆帝因體力漸衰，精神不支。

然而，已習慣於站在權力之巔上的乾隆，絕不會因體力和精神的減弱而讓出權力，對於一切軍國要務，他仍要親自裁斷；用人等行政大權，他仍要掌握在手中。

而另一方面，乾隆統治的後期已進入了國家財力耗竭的階段，由於乾隆性喜奢華，巡遊無度，又好大喜功，不僅敗壞了社會風氣，且使國庫有虧，僅乾隆之遊幸一項就耗資數億兩白銀，其惡果是可想而知的。

乾隆一方面想獨攬大權，又覺得無心腹可托；另一方面又想極盡享樂卻苦於無人為之籌集巨額財力。權力與體力和精力產生了不可調和的矛盾。

晚年的乾隆有一種既想使大清王朝永世不衰，又欲極盡奢華享樂的矛盾心理，並進而影響到他的統治政策與措施，於是便出現了他在晚年用人上的矛盾——既用賢能又用奸佞。

同時任用阿桂與和珅似乎實現了乾隆的這兩種要求。任用阿桂，乾隆在戰場上完成了「十全武功」，而任用和珅，則加劇了官員的貪汙腐化。

為了讓大清江山後繼有人，乾隆多次選擇可以傳承皇位的皇子。雖然乾隆子女甚多，但是兒子大多數短命。乾隆生有十七子、十女，到晚年的時候，身邊只有四個兒子，即皇八子永璇、皇十一子永瑆、皇十五子永琰、皇十七子永璘。

乾隆先後立過三個皇太子。第一個皇太子是皇后富察氏所生的皇次子永璉。乾隆認為「永璉乃皇后所生，朕之嫡子，聰明貴重，氣宇不凡」。乾隆即位後，親書密旨，立永璉為皇太子，藏在乾清宮「正大光明」匾額之後，但永璉九歲時死去。

第二位皇太子是永琮。乾隆在永璉病故後，又立皇七子永琮，但他兩歲時又因痘症早殤。乾隆非常傷心，說：

皇七子永琮，毓粹中宮，性成夙慧，甫及二周，岐嶷表異。聖母皇太后因其出自正嫡，聰穎殊常，鍾愛最篤。朕亦深望教養成立……而嫡嗣再殤，推求得非本朝自世祖章皇帝以至朕躬，皆未有以元後正嫡紹承大統者。豈心有所不願，亦遭遇使然耳，似此竟成家法。乃朕立意私慶，必須以嫡子承統，行先人所未曾行之事，邀先人所不能獲之福，此乃朕之過耶。

第三位皇太子是皇十五子永琰。乾隆四十三年九月二十一日，乾隆宣諭：至六十年內禪。他說：

昔日皇祖康熙在位六十一年，我不敢與他老人家相比。如果老天保佑我長壽，至乾隆六十年，我壽八十有五，即當傳位太子，歸政退閒。

這道諭旨的意思是說，他的祖父康熙皇帝在位六十一年，自己不敢相比。如果能在位六十年，就當傳位給太子。乾隆六十年九月初三日，八十五歲的乾隆御圓明園勤政殿，召見皇子皇孫、王公大臣，宣示立皇十五子嘉親王永琰為皇太子，以明年為嗣皇帝嘉慶元年，屆期歸政。

嘉慶元年正月初一日，乾隆御太和殿，舉行內禪大禮，授璽。永琰即皇

帝位，尊乾隆為太上皇，訓政。由禮部鴻臚寺官詣天安門城樓上，恭宣嘉慶欽奉太上皇帝傳位詔書，金鳳頒詔，宣示天下。

「金鳳頒詔」是指皇帝從太和殿頒發的詔書，抬上黃輿，鼓樂高奏，禮儀隆重，由禮部官員送上天安門。天安門城樓上有一隻「金鳳」，口銜詔書，從城樓上徐徐降下；城樓下的禮部官員跪接詔書，分送各地，公布天下。

乾隆歸政之後，以太上皇名義訓政。當時有兩個年號：宮內皇曆仍用「乾隆」年號，各省改用「嘉慶」年號。乾隆退位後，本應住在寧壽宮，讓新皇帝住在養心殿，但他不願遷出，而讓嘉慶居毓慶宮，賜名「繼德堂」。

乾隆經常御殿，受百官朝賀，嘉慶則處於陪侍的地位。朝鮮使臣到北京，目擊記載說：

嘉慶「侍坐太上皇，上喜則亦喜，笑則亦笑」。

又記載：

賜宴之時，嘉慶「侍坐上皇之側，只視上皇之動靜，而一不轉矚。」

乾隆內禪皇位後，又訓政三年零三天。嘉慶四年正月初三日，乾隆崩於紫禁城養心殿。乾隆駕崩後，嘉慶帝永琰親政。嘉慶在辦理大行皇帝乾隆大喪期間，採取斷然措施，懲治權相和珅。

在乾隆當太上皇期間，和珅竭盡全力限制嘉慶，培植任用自己的親信。嘉慶即位時，他的老師朱珪當時任廣東巡撫，向朝廷上了封表示慶賀的奏章。和珅就到乾隆面前告朱珪的狀，不過乾隆未予理睬。

嘉慶元年，乾隆準備召朱珪回京，升任大學士，嘉慶寫詩向老師表示祝賀。和珅又到乾隆那裡告狀，說嘉慶皇帝籠絡人心，把太上皇對朱珪的恩典，算到自己身上。

這一次，乾隆生氣了。他問軍機大臣董誥：「這該怎麼辦？」

董誥跪下勸諫乾隆說：「聖主無過言。」

　　乾隆才作罷。不久，和珅還是找了個藉口，慫恿乾隆將朱珪從兩廣總督降為安徽巡撫。和珅還將他的門下吳省蘭派到嘉慶身邊，名義上是幫助整理詩稿，實際上是監視嘉慶的言行。

　　嘉慶二年，領班軍機大臣阿桂病故。和珅成為領班軍機大臣。這時的乾隆，已年老體衰，記憶力很差，和珅成了乾隆的代言人，更加為所欲為。

　　乾隆駕崩，和珅失去靠山。嘉慶一面任命和珅與睿親王等一起總理國喪大事，一面傳諭他的老師朱珪來京供職。初四，嘉慶發出上諭，譴責在四川前線鎮壓白蓮教起義的將帥玩嬉冒功，並借此解除和珅的死黨福長安的軍機處大臣職務。

　　嘉慶命和珅與福長安晝夜守靈，不得擅離，切斷他們與外界的聯繫，削奪了和珅的首輔大學士、領班軍機大臣、步軍統領、九門提督的軍政大權。正月初五日，給事中王念孫等官員上疏，彈劾和珅弄權舞弊。

　　初八，嘉慶宣布將和珅革職，逮捕入獄。初九，在公布乾隆遺詔的同時，嘉慶將和珅、福長安的職務革除，下刑部大獄。命儀親王永璇、成親王永瑆等，負責查抄和珅家產，並會同審訊。

　　十一日，在初步查抄、審訊後，嘉慶宣布和珅二十大罪狀，主要有欺騙皇帝、扣壓軍報、任用親信、違反祖制、貪汙斂財等。十八日，在京文武大臣會議，奏請將和珅凌遲處死，將同案的福長安斬首。

　　和珅被誅後，其黨羽皆惶恐不安，嘉慶宣諭：「凡為和珅薦舉及奔走其門者，悉不深究。勉其悛改，咸與自新。」此諭一下，人心始安，政局穩定。

　　和珅的仕途起伏和乾隆盛世由盛轉衰的起伏有著密切的聯繫。和珅得寵於乾隆盛世之末，正是乾隆功業將成、好大喜功之時。隨著乾隆年歲益老，他越發寵愛和重用和珅，而和珅正是清朝貪官的代表。在貪汙積弊日漸深入清朝的統治骨髓的時候，乾隆盛世的風采也隨之逝去，取而代之的是人民的起義和清朝的衰落。

 **盛極而衰**

　　乾隆終年八十九歲，統治中國六十三年，躬歷四朝，親見七代，歷代帝王都無法望其項背。他沒有坐享其成，在父祖余蔭的庇佑下度過一生，而是憑藉自己的才幹與謀略把大清王朝的強盛推向了頂峰。乾隆統治時期的清朝邊疆穩固、社會安定、國庫充裕、文治武功都達到了極盛。

　　但盛極而衰，國內的階段矛盾日益尖銳，在乾隆後期各地起義此起彼伏。而這時國際環境風雲變幻，外國資本主義勢力叩關而至，清朝日益臨近幾千年來中國從未有過的嚴重危機時期。

　　正如和珅的盛極而衰一樣，乾隆的盛世也在閉關自守中越來越衰敗，大清的國運和國勢也日漸沒落，走入了清朝末年的凋敝。

附錄：乾隆年譜

乾隆元年（1736 年丙辰），弘曆即皇帝位。準噶爾遣使入覲，清釐僧道，定江南水利歲修章程，禁百工當官貼費。

乾隆二年（1737 年丁巳），命直隸試行區田法，仍設軍機處，遣使封黎維禕為安南國王，減臺灣「番餉」銀。

乾隆三年（1738 年戊午），準噶爾使臣奉表至京，準民人置買公產旗地，加恤各省貧生，定八旗家奴開戶例，皇太子永璉殤。

乾隆四年（1739 年己未），禁民越省進香，官修《明史》編成。

乾隆五年（1740 年庚申），重修《大清律例》成書。

乾隆六年（1741 年辛酉），乾隆帝初舉木蘭秋狝，徐元夢去世。

乾隆七年（1742 年壬戌），定拔貢十二年舉行一次。

乾隆八年（1743 年癸亥），乾隆帝初次往盛京謁陵，纂修《醫宗金鑒》告成。

乾隆九年（1744 年甲子），撥銀興修直隸水利，圓明三園建成。

乾隆十年（1745 年乙丑），大學士鄂爾泰去世，普免各省錢糧。

乾隆十一年（1746 年丙寅），查禁弘陽教，《九宮大成譜》編成。

乾隆十二年（1747 年丁卯），方貞觀逝世，準旗人入民籍居外省，準福建商民赴台販米，準民開墾福建沿海諸島。

乾隆十三年（1748 年戊辰），皇后隨駕東巡落水死，定軍法從事律。

乾隆十四年（1749 年己巳），金川事平。

乾隆十五年（1750 年庚午），定旗員迴避莊田例，西藏珠爾默特作亂。

乾隆十六年（1751 年辛未），第一次下江南，停止知縣三年行取例。

乾隆十七年（1752 年壬申），馬朝柱招軍起義，溫台縣貧民搶米。

乾隆十八年（1753 年癸酉），清查南河虧空。

乾隆十九年（1754 年甲戌），阿睦爾撒納兵敗內附，小說家吳敬梓去世。

乾隆二十年（1755 年乙亥），清軍征討達瓦齊，阿睦爾撒納逃歸作亂。

乾隆二十一年（1756 年丙子），伊犁得而復失，定八旗駐防兵丁置產留養例。

乾隆二十二年（1757 年丁丑），第二次下江南，清軍再定準噶爾，回部大、小和卓叛亂。乾隆二十三年（1758 年戊寅），雅爾哈善得庫車空城，黑水營圍解。

乾隆二十四年（1759 年己卯），平定回疆。

乾隆二十五年（1760 年庚辰），乾隆帝第十五子愛新覺羅·永琰生授回疆諸伯克，移民實邊。

乾隆二十六年（1761 年辛巳），密摺奏報京員賢否。

乾隆二十七年（1762 年壬午），第三次下江南。

乾隆二十八年（1763 年癸未），果親王弘瞻被革爵，定州縣官無故赴省參處例。

乾隆二十九年（1764 年甲申），馳禁蠶絲出洋，著名小說家曹雪芹去世。

乾隆三十年（1765 年乙酉），乾隆帝第四次南巡，定巡查與俄國疆界例，詩人畫家鄭燮去世。

乾隆三十一年（1766 年丙戌），普免各省漕糧，皇后那拉氏去世。

乾隆三十二年（1767 年丁亥），明瑞征緬破蠻結。

乾隆三十三年（1768 年戊子），明瑞敗死小猛育，學者齊召南去世。

乾隆三十四年（1769 年己丑），傅恆征緬議和罷兵。

乾隆三十五年（1770 年庚寅），再免全國地丁錢糧一次。

乾隆三十六年（1771 年辛卯），渥巴錫回歸入覲。

乾隆三十七年（1772 年壬辰），桂林兵敗墨壟溝，停五年編審造冊制。

乾隆三十八年（1773 年癸巳），溫福兵敗木果木。

乾隆三十九年（1774 年甲午），定聚眾結盟罪例，波格爾拜會六世班禪。

乾隆四十年（1775 年乙未），禁廣西商民出口貿易。

乾隆四十一年（1776 年丙申），追諡明季殉難諸臣，清廷刪銷書籍。

乾隆四十二年（1777 年丁酉），民壯停止演習火槍，清廷恢復翻譯科試。

乾隆四十三年（1778 年戊戌），追復多爾袞封爵，乾隆帝東巡盛京，乾隆帝宣諭內禪年限。

乾隆四十四年（1779 年己亥），命和珅在御前大臣上學習行走。

乾隆四十五年（1780 年庚子），乾隆帝第五次南巡，六世班禪進京圓寂。

乾隆四十六年（1781 年辛丑），禁直省大吏設立管門家人收受門包。

乾隆四十七年（1782 年壬寅），永琰次子，愛新覺羅・旻寧誕生；

給袁崇煥裔孫官職。

乾隆四十八年（1783 年癸卯），乾隆帝第四次東巡盛京。

乾隆四十九年（1784 年甲辰），乾隆帝第六次南巡，定綠營告休人員食俸例。

乾隆五十年（1785 年乙巳），乾隆帝登基五十年舉行慶典活動，乾隆五十年災害嚴重。

乾隆五十一年（1786 年丙午），增定武職官階，臺灣林爽文起義。

乾隆五十二年（1787 年丁未），準漢人娶蒙古婦女為妻。

乾隆五十三年（1788 年戊申），廓爾喀興兵侵藏；復封黎維祁為安南國王。

乾隆五十四年（1789 年己酉），封阮興平為安南國王，清政府在西藏設站定界，定立禁約回民章程。乾隆五十五年（1790 年庚戌），海島民居不得盡行焚燬。

乾隆五十六年（1791 年辛亥），回疆設立滿文學校，廓爾喀侵據扎什倫布，清政府在西藏開爐鑄錢。

乾隆五十七年（1792 年壬子），治仲巴呼圖克圖等罪。

乾隆五十八年（1793 年癸丑），頒布《欽定西藏章程》，準將鐵器等販入新疆。

乾隆五十九年（1794 年甲寅），裁革兩淮鹽政衙六所有商人日費供應。

乾隆六十年（1795 年乙卯），宣立永琰為皇太子，乾隆帝連續制裁貪官，弘曆禪位。

嘉慶四年（1799 年）正月初三日，清高宗愛新覺羅・弘曆逝世。

大清金孫乾隆：

內定皇帝不用爭，享盡人間福；十全武功定盛世，難逃情愛糾葛

編　　著：孟飛，華斌

發 行 人：黃振庭

出 版 者：崧燁文化事業有限公司

發 行 者：崧燁文化事業有限公司

E-mail：sonbookservice@gmail.com

粉 絲 頁：https://www.facebook.com/
　　　　　sonbookss/

網　　址：https://sonbook.net/

地　　址：台北市中正區重慶南路一段六十一號八
　　　　　樓 815 室

Rm. 815, 8F., No.61, Sec. 1, Chongqing S. Rd.,
Zhongzheng Dist., Taipei City 100, Taiwan

電　　話：(02)2370-3310

傳　　真：(02)2388-1990

印　　刷：京峯彩色印刷有限公司（京峰數位）

律師顧問：廣華律師事務所 張珮琦律師

國家圖書館出版品預行編目資料

大清金孫乾隆：內定皇帝不用爭，
享盡人間福；十全武功定盛世，難
逃情愛糾葛 / 孟飛，華斌編著 . --
第一版 . -- 臺北市：崧燁文化事業
有限公司 , 2022.08
　面；　公分
POD 版
ISBN 978-626-332-594-4(平裝)
1.CST: 清高宗 2.CST: 傳記
627.4　　111011517

定　　價：399 元

發行日期：2022 年 08 月第一版

◎本書以 POD 印製

電子書購買

臉書